D1702921

CUSTOMER RELATIONSHIP MANAGEMENT

Mitarbeit: Corinna Schindler

Prof. Dr. Reinhold Rapp ist Visiting Professor für *Relationship Marketing* an der Cranfield University in England. Zuvor war er Partner in der Beratungsfirma *CRM Group* und Leiter *Zielkundenmanagement* der *Deutschen Lufthansa*.

Reinhold Rapp

CUSTOMER RELATIONSHIP MANAGEMENT

Das neue Konzept zur Revolutionierung der Kundenbeziehungen

Campus Verlag
Frankfurt/New York

Die Deutsche Bibliothek – CIP-Einheitsaufnahme

Ein Titeldatensatz für diese Publikation ist bei
Der Deutschen Bibliothek erhältlich
ISBN 3-593-37809-4

3. Auflage 2005

Copyright © 2005 Campus Verlag GmbH, Frankfurt/Main
Umschlaggestaltung: Init, Bielefeld
Satz: Leingärtner, Nabburg
Druck und Bindung: Druckhaus Beltz, Hemsbach
Gedruckt auf säurefreiem und chlorfrei gebleichtem Papier.
Printed in Germany

Besuchen Sie uns im Internet: www.campus.de

Für Berit, Katharina und Niklas.
Ohne sie wäre alles nichts.

Inhalt

Vorwort zur Neuauflage

Als ich das Buch *Customer Relationship Management* im Jahr 2000 publizierte, war es das erste Buch zu diesem Thema in Deutschland. Inzwischen ist die Themenkonjunktur nach oben gegangen, und dieses Buch ist ein anhaltender Erfolg geworden. Gerne gebe ich dem Drängen des Verlages nach, eine neue Auflage herauszubringen.

Inzwischen ist das Thema *Customer Relationship Management* populär geworden. In zahlreichen Firmen wurden entsprechende Initiativen gestartet. Häufig wurde diesen das Etikett *Customer Relationship Management* erst in letzter Minute aufgeklebt. In vielen Fällen hatten diese Initiativen nicht den Erfolg, den man sich von ihnen versprochen hatte.

Mit diesem Buch möchte ich klären, wie richtiges *Customer Relationship Management* gestaltet wird und was die Faktoren für ein erfolgreiches Projekt sind.

Das systematische Management der Kundenbeziehungen bekommt in Umfragen unter Vertriebs- und Marketingleitern immer wieder den höchsten Stellenwert. Ebenso ist in den Strategieabteilungen der führenden Unternehmen auf der Suche nach möglichen Wettbewerbsvorteilen das Thema *Customer Relationship Management* eine der wenigen Quellen, die langfristige Positionierungsvorteile versprechen. Zudem sind nicht nur die Informationstechnologieexperten mit der Implementierung von Software und Systemen, die unter dem Begriff CRM-Tools zusammengefasst werden, beschäftigt, sondern inzwischen haben sich weitere Bereiche und Abteilungen mit der Theorie und der Praxis des Kundenmanagements auseinandergesetzt. Man denke nur an die Personalbereiche, die Kundenorientierung als Führungselement und Kulturgut

postulieren und bemüht sind, dies zu realisieren. Oder die Controlling-
und Finanzbereiche, die Geschäftsmodelle auf Kundenwerte (wie
potenzielle Umsätze oder Kundenlebenswerte) ausrichten oder Kosten-
senkungen basierend auf Kundenprofitabilität realisieren möchten.

Nach Jahren der Beschäftigung mit *Customer Relationship Management* und einigen Irrwegen, die häufig durch zu starke Technolo-
giegläubigkeit eingeleitet wurden, hat das Thema nichts an seiner
Aktualität und Relevanz verloren – im Gegenteil: Bei der Verwirklichung steht es in vielen Firmen und Bereichen erst am Anfang.

Dabei ist die Erkenntnis, dass eine intensive Kundenbeziehung der
wichtigste Wettbewerbsvorteil ist und den Wert eines Unternehmens
messbar steigert, hingegen mangelnde Kundenbeziehungen einen enormen Kostenfaktor darstellen, keinesfalls neu. Während jedoch bisher
Konzepte wie allgemeine Kundenzufriedenheit, Kundenorientierung
oder Kundenbindungsmanagement vorherrschten, ist die Kundenbeziehung unter ökonomischen Aspekten zum interessanten Instrument
für Analysten und den Aktienmarkt geworden. Wie wertvoll ist eine
Kundenbeziehung? Wie langfristig ertragreich? Wie lassen sich ihre
Potenziale sinnvoll nutzen? Und wie werden unterschiedliche Kundenbeziehungsmodelle aufgebaut, die finanziell überprüfbar sind und
langfristig profitabel? Kundenbeziehungen stehen damit nicht mehr
nur im Interessenfokus von Personen, die Unternehmen bewerten und
kaufen, sondern werden zur Maxime und zum Leitfaden für das
zukunftsgerichtete Management. Neben immer raffinierteren Methoden, den Kundenwert festzustellen und zu steuern, trieb vor allem die
technische Entwicklung – und hier vor allem die des Internets – dieses
Interesse an *Customer Relationship Management* an.

Allerdings war das Internet nicht die Ursache, dass Kundenbeziehungen immer mehr ins Blickfeld des ökonomischen Interesses geraten,
sondern nur ein verstärkender Faktor. Die Präsidentin von *American
Express Relationship Services*, Anne Busquet, stufte den Stellenwert der
Kundenbeziehung als die zentrale Herausforderung des 21. Jahrhunderts bereits zu Hochzeiten des Internets realistisch ein: »Viele Leute
glauben, dass wir das Zeitalter des Internets erreicht haben. Tatsächlich
ist es eher zutreffend, dass wir das Zeitalter des Kunden vor Augen
haben.« Jeden Tag realisieren Unternehmen mehr und mehr, dass die

Kunden die Kontrolle übernehmen. Sie haben mehr Zugang zu immer detaillierteren und besseren Informationen als je zuvor und machen davon intensiven Gebrauch. Es gab niemals eine Zeit, wo es besser war, ein Kunde zu sein – oder eine forderndere Zeit für Unternehmen, diese Kundenbeziehungen zu managen. Alle Unternehmen sind gezwungen, ein bisher nicht gekanntes Maß an Flexibilität zu entwickeln, mit höchster Geschwindigkeit auf Anforderungen zu reagieren und immer stärker personalisierte Produkte und Dienstleistungen dem Kunden zu offerieren, und zwar genauso, wie er es möchte und wann er es möchte. Die Unternehmen, die es schaffen, diesen Wandel zu vollziehen, werden von dem veränderten Stellenwert der Kundenbeziehung enorm profitieren und durch ihn wachsen. Die, die sich dagegen sträuben oder keine adäquaten Antworten entwickeln, werden scheitern.

Unternehmen, wie der Computerdirektversender *Dell*, der sein Modell des Kundenbeziehungsmanagements schon viele Jahre vor dem Internet aufbaute und immer mehr perfektioniert hat, oder europäische Pioniere, wie die Supermarktkette *Tesco*, die deutschen Finanzdienstleister *MLP* und *AWD* oder der Autovermieter *Sixt* sowie dynamische und wertschöpfungsorientierte Mittelständler zeigen deutlich, welche Potenziale durch konsequentes *Customer Relationship Management* freigesetzt werden. Diese Unternehmen haben eine enorme Adaptionsgeschwindigkeit realisiert. Zudem ist das Management der Kundenbeziehung nicht nur in Marketing und Vertrieb, sondern insbesondere in das Finanz- und Organisationsumfeld so eingebettet, dass es zum unternehmerischen Prinzip geworden ist. Kaum einer verkörpert diese Unternehmensstrategie besser als Michael Dell und seine Mitarbeiter im Hauptquartier in Round Rock, Texas. Nahezu in jedem Raum und an jeder Tafel hängen Schilder, auf denen die berühmten Worte stehen, die nach dem Gründer die Zukunft des Unternehmens bestimmen: »Die Kundenerfahrung: besitze sie.« Alle Faktoren zeigen, dass Wachstum und Gewinn und damit ebenfalls die Bonusse jedes einzelnen Mitarbeiters an die Kundenbeziehung geknüpft sind. *Dell*-Mitarbeiter werden ständig aufgefordert, das Management dieser Beziehung neu zu definieren und zu optimieren. Für *Dell* findet die grundsätzlich wichtigste Beziehung im Geschäftsleben zwischen *Dell* und seinen Kunden statt.

Vorgenannte Unternehmen verstehen jede Kundenbeziehung als eine Möglichkeit, ihre Leistungen immer mehr zu personalisieren, die Kunden immer profitabler zu machen und die Beziehung konstant zu optimieren. Damit stehen die herkömmlichen Konzepte der allgemeinen Kundenzufriedenheit in einem krassen Gegensatz zu der von ökonomischen Zusammenhängen gestalteten Kundenorientierung. Für die meisten Unternehmen, die nach den traditionellen Konzepten arbeiten, ist der Kunde häufig eine anonyme Größe, die immer noch mit den Mitteln des *Massenmarketings* und des allgemeinen *Vertriebs-* und *Kanalmanagements* global kontaktiert und sehr undifferenziert bedient wird. Die Reaktionen der anspruchsvollen Kunden ist entsprechend. Sie fühlen sich nicht ernst genommen und sie wandern unkontrollierbar von einem zum anderen Unternehmen. Aber auch diejenigen Unternehmen, die den Wert ihrer einzelnen Kunden und des systematischen Beziehungsmanagements erkannt haben, stehen vor gewaltigen Herausforderungen. Wie kommunizieren beispielsweise Banken zielgerichtet mit Tausenden von Kunden? Und wie können sie ihr vielfältiges Produktangebot maßschneidern und auf unterschiedliche Kundengruppen ausrichten? Wie vor allen Dingen können diese unterschiedlichen Beziehungsmodelle ökonomisch erfolgreich sein, und wie kann dieser Erfolg systematisch gemanagt werden? Noch komplizierter und komplexer wird es, wenn Unternehmen, wie beispielsweise die sehr stark produktausgerichtete Automobilbranche, komplett von ihren Endkunden abgeschnitten sind, weil dazwischen der Handel steht. Wie also können sie ihre Kundenbeziehung erfolgreich gestalten, wenn sie ihre Kunden überhaupt nicht kennen und nicht einmal wissen, mit welchen man Gewinne erwirtschaftet?

Unternehmen stehen heute vielfach vor dem Dilemma, dass sie, obwohl sie täglich erfahren müssen, dass ihre herkömmlichen Managementansätze nicht mehr greifen, nicht mehr wissen, welche Strategien, Instrumente oder Ansätze zum Erfolg führen. Obwohl sie sich anstrengen und enorme Mittel in undifferenzierte Kundenbindungsmaßnahmen investieren, erzielen sie keine Verbesserungen der Kundenbeziehungen und ihres ökonomischen Ergebnisses in der gewünschten Form. Nur bei einer konsequenten Neuorientierung zum *Customer Relationship Management* hin ist aufzeigbar und nachweisbar, warum und wie Kundenbeziehungsmanagement als Strategie zur Unternehmenswertsteigerung zum entscheidenden Wettbewerbsvorteil wird und das zukünftige Wachstum sichert.

Wenn dieses Konzept vom Topmanagement verinnerlicht und von den Mitarbeitern verstanden wird, lassen sich die Potenziale dieses Ansatzes und der mit ihm verbundenen Technologien – wie *Data Warehousing*, *Salesforce Automation* oder des Internets – erst sinnvoll nutzen. Zukünftiges *Customer Relationship Management* baut auf Technologie auf, aber es wird nicht allein durch Technologie möglich. Charles Schwab, der Gründer und Vorsitzende des gleichnamigen Investmenthauses und Pionier in der Anwendung von Technologien in der Kundenbeziehung, antwortete auf die Frage, wie die Technologie den Unternehmensansatz veränderte: »Die Technologie hat nichts Wirkliches verändert. Anstatt unser Erwerbsleben zu verändern, hat sie eher den Weg verstärkt, den wir seit unserer Gründung im Jahr 1971 gehen. Unsere Wettbewerber haben durch eine sehr starke interne Orientierung und mangelndes Veränderungsvermögen den Blick auf ihr wichtigstes Vermögensteil, eben ihren individuellen Kunden, verloren. Wir hingegen haben es immer als ein Grundprinzip verstanden, die Investition für jeden sich leistbar und zu jeder Zeit verfügbar zu machen und mit einer Vielzahl von Wahlmöglichkeiten und hohen Serviceansprüchen die Beziehung zu unseren Kunden zu gewinnen und ertragreich zu gestalten. Unser wachsender Erfolg wurde durch die Technologien unterstützt, aber nicht durch die Technologien verursacht.«

Nicht jede neue Technologie ist also per se sinnvoll oder erfolgreich, sondern sie muss dem Prinzip des systematischen Managements der Kundenbeziehung dienlich sein und untergeordnet werden. Nur wenn ein Unternehmen versteht, welche unterschiedlichen Kundenbeziehungsmodelle ökonomisch zum Erfolg führen, lässt sich der Einsatz von neuen Technologien und die Umstrukturierung von Kanälen oder Betriebsaktivitäten sinnvoll bewerten. Zielsetzung dieses Buches ist es, dafür das notwendige Rahmenkonzept zu bieten und anhand von erfolgreichen, aber auch weniger erfolgreichen Praxisbeispielen vor dem Hintergrund der umwälzenden Veränderungen in Strategie, Marketing, Vertrieb, Controlling, Organisation und Personalmanagement die strategische Bedeutung, Zielsetzung, Inhalte und Umsetzungen eines *Customer Relationship Managements* aufzuzeigen. Es wird dargelegt, wie Unternehmen durch ein systematisch implementiertes Kundenbeziehungsmanagement ihren ökonomischen Wert steigern können, um sowohl für ihre Kunden als auch für Besitzer und Investoren attraktiver zu sein.

Um die grundlegende Bedeutung und ökonomischen Zusammenhänge von *Customer Relationship Management* zu verstehen, wird zunächst dargestellt, warum das bestehende, alte Geschäftsmodell nicht mehr greift und herkömmliche Marketing- und Vertriebsmaßnahmen immer heftiger scheitern. Anschließend wird der Zusammenhang zwischen *Customer Relationship Management* und Gewinnerzielung sowie des Managements in der Steigerung des Unternehmenswertes betrachtet. Darauf aufbauend wird das CRM-Konzept, das Strategie, Prozesse und Tools der Implementierung und des Erfolgscontrollings umfasst, dargestellt und in seiner Einsatzfähigkeit Schritt für Schritt erläutert. Das Buch zeigt anhand von Fallstudien aus dem deutschen und internationalen Umfeld auf, wie das übergreifende und kundenprozessorientierte *Customer Relationship Management*-Konzept mit den kundenrelevanten Funktionen – wie Service und Kundendienst, *Callcenter-Management*, Internet, *Beschwerdemanagement* und Marktkommunikation, unterstützende Informationssysteme und kundenausgerichtete Herstellungs- und Bereitstellungsprozesse – verbunden werden kann, und wie die Zukunft des neuen Geschäftsmodelles *Customer Relationship Management* für den unternehmerischen Erfolg aussieht.

Customer Relationship Management wird dazu führen, dass planlose Diversifikationen technologiegetriebener Innovationen der Vergangenheit angehören können. Diejenigen Unternehmen werden erfolgreich sein, die die wichtigste Beziehung im Geschäftsleben, eben die zwischen Unternehmen und Kunden, auf eine neue und langfristig dauerhafte Ebene heben und auf diesem Weg für und mit allen damit verbundenen Anspruchsgruppen (wie Mitarbeitern oder Anteilseignern) die Grundlagen des zukünftigen Erfolgs legen werden.

Dr. Reinhold Rapp, Visiting Professor, Cranfield University

1. Das Ende des bisherigen Geschäftsmodells

Neue Geschäftsmodelle bestimmen die Welt

Das 21. Jahrhundert beginnt mit dramatischen Umbrüchen im Wirtschaftsleben. Gerade in den ersten Jahren lässt sich die Einleitung von radikalen Veränderungen beobachten, die die Art, wie Unternehmen und Organisationen erfolgreich geführt werden, auf lange Sicht beeinflussen werden. Nichts dokumentiert diese Verschiebung der Perspektiven deutlicher als folgende Entwicklungen:

- *Permanenter Niedergang der traditionellen Industriebereiche*
  Die anhaltende Arbeitslosigkeit im Industriesektor wird durch eine Vielzahl von Insolvenzen, Firmenpleiten und Fabrikschließungen weiter beschleunigt werden. Insbesondere in der Produktion gehen immer mehr Arbeitsplätze an internationale Wettbewerber und Standorte verloren. Ebenso können viele mittelständische Unternehmen nicht mehr mit Billiganbietern, vor allem aus dem asiatischen Raum, wettbewerbsfähig bleiben, oder sie scheuen die Investitionen, die notwendig sind, um dort einen eigenen Vertrieb und Service für die immer anspruchsvolleren Kunden aufzubauen. Diese Beispiele aus der deutschen Wirtschaft sind keine länderspezifischen Einzelfälle. In allen westlichen Nationen steht die Industrie vor ähnlichen Problemen. Einige Länder, insbesondere die USA und Großbritannien, versuchen aktiv dem wirtschaftlichen Wandel zu begegnen und zu ihren Gunsten zu steuern, indem sie ihre traditionellen Stärken betonen und attraktive Rahmenbedingungen schaf-

fen. Andere hingegen verharren in Passivität und überlassen die einzelnen Unternehmen ihrem eigenen Schicksal.

- *Wachstum durch Megafusionen und Akquisition*
Parallel zu der Schrumpfung verschiedener Sektoren schlossen sich Wettbewerber zusammen, um mit gebündelter Kraft neue Wachstumspotenziale zu ermöglichen. Doch die erfolgreichen Fusionen und Akquisitionen wurden zum Ausklang des letzten Jahrhunderts meist nur in den Bereichen Dienstleistung und Zukunftstechnologien, vor allem der Computer-, Telekommunikations- und Pharmaindustrie realisiert. Als Orientierung seien hier die erfolgreiche Integration des Beratungsteils von *PriceWaterhouseCoopers* durch *IBM* genannt, mit der man nicht nur die Wertschöpfungskette hinsichtlich Beratung und Service erweitert hat, sondern neue Kunden gewonnen und die Beziehung zu existierenden enorm erweitert hat. Oder die erfolgreichen Akquisitionsanstrengungen von *Vodafone*, die aus einem kleinen Unternehmen, das erst vor 20 Jahren gegründet wurde, die größte Kundenbasis in Europa im Bereich Mobilfunk geschaffen haben. Die Konzentration im Pharmabereich, bei der aus *Hoechst* erst *Aventis* wurde, und heute das früher führende deutsche Pharmaunternehmen ein Teil von *Sanofi-Aventis* ist. Der Kampf um Märkte und damit um den Zugang zum Endkunden hat damit eine neue Stufe erreicht, die ein Modell für viele andere Branchen sein wird. Entscheidend ist auch hier, dass es nicht die Größten sind, die die kleinen Unternehmen aufkaufen, sondern die tragfähigsten Geschäftsmodelle, die den Kunden klare Vorteile versprechen können, den Erfolg bringen.
- *Einkaufsmacht und Wissen der Kunden*
Nicht nur als Resultat der Fusionen ergibt sich eine immer stärkere Machtposition der Kunden im Business-to-Business-Bereich. Die Transparenz durch Internet-Plattformen und elektronische Auktionen führt dazu, dass die meisten Anbieter in einen Preisdruck geraten sind, und ihre Kunden oft besser informiert sind als der eigene Vertieb. Diese neue Stärke der Kundenseite gibt es zudem auch im Privatkundenbereich, denn hier ist der Individualverbraucher auch auf einem hohen Informationsniveau und spielt verschiedene Anbieter über die immer größer werdende und komple-

xere Anzahl von Kanälen aus. Sie kaufen direkt oder haben keine Scheu, Grenzen zu neuen Anbietern zu überschreiten oder die existierende Beziehung auf ganz andere Beine zu stellen. Man denke nur an die Reisebranche, die durch Internetanbieter enorme Verschiebungen erfährt, oder die unabhängigen Finanzdienstleister, die Vermögensanalysen und -beratungen beim Kunden vor Ort anbieten.

Alle drei Entwicklungen – der Niedergang prosperierender Industriebereiche trotz erfolgreicher Rationalisierungs- und Restrukturierungsmaßnahmen, die Megafusionen von Unternehmen im globalen Wettbewerbsumfeld und die wachsende Einkaufsmacht von Unternehmen und informierten Privatpersonen – sind als Einzeltatbestände schwer verständlich. Zusammengefasst und auf ihre dahinter liegenden marktverändernden Kräfte reduziert, ergeben diese Tendenzen aber durchaus ein einheitliches Bild. Die treibenden Faktoren, die den Wert von Unternehmen schaffen und steigern, haben sich radikal verändert. Im Mittelpunkt der Unternehmenswertschöpfung und -steigerung steht nicht mehr der systematische Einsatz von Ressourcen wie Kapital und Arbeit. Wachstum und Unternehmenswertgenerierung werden nicht länger primär basierend auf Ressourcen oder Kompetenzen entstehen.

Dies gilt sehr beispielhaft für *MLP*, einen der größten Pioniere in der europäischen Finanzdienstleistungsindustrie. Obwohl sich das *MLP*-Produktangebot nicht von dem der existierenden Banken, Versicherer und anderer Spezialdienstleister unterscheidet, kombiniert das Unternehmen diese Leistungen mit einer einzigartigen Fähigkeit: Es richtet seine Strategie nicht produkt- oder kompetenzbezogen aus, sondern orientiert sich an einer profitablen Kernzielgruppe, mit der es eine Kundenbeziehung aufbaut und diese sukzessiv weiterentwickelt. *MLP* hat frühzeitig die Kernzielgruppe Hochschüler beziehungsweise Studenten fokussiert und begleitet diese bereits an den Universitäten mit einem intensiven Betreuungskonzept. Bei den kundenorientierten Aktivitäten stehen weniger die Versicherungen im Vordergrund als der Erfolg der *MLP*-Kunden. Um diesen zukunftsorientiert voranzutreiben, bietet *MLP* beispielsweise Bewerbungsseminare und Berufsberatungen an. Auf diese Weise schafft *MLP* eine Vertrauensbasis zu einer zukünftig sehr lukrativen Zielgruppe, die erfahrungsgemäß beruflich erfolgreich sein wird und die Verantwortung für eine Familie trägt. Die Strategieessenz ist, dass *MLP* nicht über einzelne Produktbestandteile den Kontakt zum Kunden aufrechterhält, sondern dazu beiträgt, die Probleme des Kunden zum jeweiligen Zeitpunkt adäquat zu lösen. Obwohl sich auch *MLP* nicht vom Niedergang zahlreicher Kurse an den Börsen loskoppeln konnte und zudem unter einem Bilanzierungsproblem litt, ist es auch heute noch ein enorm substanzstarkes Unternehmen. Mit der Basis einer ertragsstarken Kundenbeziehung lassen sich solche Krisen besser durchstehen, und selbst in den schwierigsten Monaten der Unternehmensgeschichte gab es immer noch einen hohen Nettozuwachs von Kunden – und dies waren oft auch noch ehemalige Kunden traditioneller Banken.

Die Unternehmen, die es schaffen, sich auf eine lukrative Kundenzielgruppe hin auszurichten und Modelle zu erstellen, mit denen sie ihre Kundenbeziehung systematisch und langfristig managen können, haben den CRM-Ansatz verstanden. Dazu gehören Unternehmen wie eben *MLP* oder *AWD*, aber auch die schwedische Möbelkette *IKEA*, das Direktversandhaus *Dell*, der Sanitärhersteller *Grohe*, die britische Einzelhandelskette *Tesco* oder die Fluggesellschaft *Deutsche Lufthansa*. Sie alle setzen zur Steigerung des Unternehmenswerts gezielt *Customer Relationship Management* als Unternehmensstrategie ein und fokussieren die Kundenbeziehung als Instrument zur Wertschöpfung. Vor diesem Hintergrund konnten sie ein enormes Wachstum realisieren und ihren Unternehmenswert nachhaltig steigern.

Das Ende des Marketings, so wie wir es kennen

In den letzten Jahren hat die Bedeutung des klassischen Marketings für den Unternehmenserfolg dramatisch nachgelassen. Bei einem weiteren Fortschreiten dieser Entwicklung lässt sich vom Ende des Marketings als Unternehmensführungskonzept und von der zentralen Rolle des Marketings und der Marketingverantwortlichen in den Unternehmen sprechen.

Viele Indikatoren weisen auf diese Entwicklung hin. Große, international operierende Unternehmen wie zum Beispiel *BMW*, die *Deutsche Lufthansa, British Telecom (BT)* oder *Bertelsmann* haben damit begonnen, ihre Marketingvorstandsbereiche aufzulösen und Marketing an verschiedenen, dezentralen Schwerpunkten und Positionen anzusiedeln. Parallel zu dieser Destrukturierung sind auch enorme Einschnitte in den Budgets, Mitteln und Ressourcen für das Marketing zu beobachten. Mehr und mehr werden in allen Unternehmen die Rolle und die Ergebnisse des klassischen Marketings in Frage gestellt. Das Hinterfragen der Marketingeffizienz, stringenteres Marketingcontrolling und zielgerichtetere Analysen über den Beitrag, den das Marketing zum Unternehmenserfolg beisteuert, deuten hier weitere grundlegende Veränderungen an. Heute gehen strategische Themen vielfach am Marketing vorbei oder werden nicht vom Marketing gelöst. Beispiele hierfür sind der Internet-/E-Commerce-Ansatz in vielen Unternehmen oder Elemente der strategischen Vertriebssteuerung wie *Sales Force Automation (SFA)*. In vielen Unternehmen sind bei solchen strategischen Projekten der Strategiebereich oder spezielle Gruppen im operativen und meist dezentralisierten Vertrieb federführend. Das Marketing erfüllt nur noch eine Kommunikationsfunktion und wirkt nicht als der aktive Treiber solcher Projekte. Wenn überhaupt, hat Marketing in den letzten Jahren zur Kundenorientierung eher verhaltensspezifische Ansätze wie Kundenzufriedenheitsmessungen und globale Kundenorientierungsveränderungsmaßnahmen beigesteuert. Systematische Verbesserungen der Prozesse wurden nicht vorgenommen oder von den operativen Einheiten direkt realisiert. Das Marketing hat es versäumt, ein Gesamtkonzept zu erstellen und dies in allen kundenrelevanten Unternehmenseinheiten zu implementieren.

Darüber hinaus haben nur ganz wenige Unternehmen tatsächliche Fortschritte in der globalen Kundenzufriedenheitsorientierung gemacht, häufig sind gut gemeinte Maßnahmen relativ schnell wirkungslos verpufft. Das Marketing selbst und die Marketingverantwortlichen sind zu wenig prozessorientiert, sondern agieren losgelöst und kampagnenorientiert. Viele Marketingbereiche sind Inseln im Unternehmen, die unabhängig und unabgestimmt Aktivitäten vorantreiben, die sich häufig mit klassischen Kommunikationsmaßnahmen oder Verkaufsunterstützungsaktionen beschäftigen. Diese Maßnahmen sind nur in seltenen Fällen in die Aktivitäten an der Kundenfront integriert. Marketing ist in vielen Fällen zur Servicefunktion und outsourcebaren Kommunikationseinheit verkommen.

Wenn sich diese Entwicklung fortsetzt, wird die Marketingleistung im Unternehmen weiter an gestalterischer und strategischer Bedeutung verlieren. Marketingkonzepte und -gedanken müssen wieder viel stärker auf das fokussiert werden, was sie eigentlich darstellen sollen, nämlich die konkrete Herausarbeitung von Kundennutzen und dessen permanente Lieferung in einer langfristigen Kundenbeziehung. Ausschlaggebender Faktor für dieses Ziel ist nicht die Kommunikation, sondern die differenzierte Leistung, die ein Kunde von seinem Lieferanten erwartet und die viel stärker individualisiert und in der jeweiligen Lebensphase des Kunden erbracht werden muss. Diese Leistung vollbringt ein moderner *Customer Relationship Management*-Ansatz und nicht die klassische, auf die Marketingfunktion orientierte Managementphilosophie. *Customer Relationship Management* erfüllt, indem es das Kundenmanagement in den Vordergrund stellt, eine weit über die klassischen Marketing- und Vertriebsfunktionen hinausgehende Aufgabe. Sein Fokus liegt auf der Generierung von Unternehmenswert auf der Basis der existierenden Kundenplattform, und sein Kerninhalt ist die langfristig angelegte Schaffung von Werten nicht nur durch Produktdifferenzierung, sondern vor allem durch Prozessdifferenzierung. Damit thematisiert der CRM-Ansatz sämtliche Kundenkontaktpunkte der zu »steuernden« Kundenbeziehung und nicht nur isolierte Kommunikationspunkte.

Die Situation der heutigen marketingorientierten Führung:

- Die derzeitigen allgemeinen und häufig mit Typologien arbeitenden Marketingkonzepte spiegeln nicht das gewandelte Selbstbild des Kunden wider, der sich als Individuum begreift.
- Die klassischen Kommunikationsinstrumente werden zunehmend ineffizient, weil sie die veränderte Medienlandschaft nicht berücksichtigen und lediglich zur Informationsüberflutung führen.
- Die Unternehmensstrategien fokussieren nicht auf den Kunden. Nach wie vor dominieren Produkt- und Technikausrichtung, statt das Interesse am Kunde in den Mittelpunkt der unternehmerischen Inhalte zu stellen.
- Man stellt sich zu wenig den Herausforderungen und Chancen, die sich durch die neuen Technologien eröffnen. Diese gehen wie beispielsweise *Data Base Management* analytisch vor und verfolgen nicht wie im klassischen Marketing emotionale Ansätze. Damit versäumt man eine alle Bereiche betreffende Entwicklungsdynamik sowie die synergetische Vernetzung dezentraler Kontaktpunkte und die Verarbeitung großer Datenmengen.

Die überholten Strategien des klassischen Marketings

Alois Harung, Vertriebsleiter eines Versicherungsunternehmens, liest nun zum vierten Mal die Jahresbilanz und versteht noch immer nicht die Gründe für die schlechten Zahlen. Obwohl das Unternehmen die Anzahl seiner verkauften Policen in den einzelnen Versicherungssegmenten in den letzten zwölf Monaten plus/minus ein paar Prozent in der Waage halten konnte, verringerte sich der Gewinn stetig. Wie konnte das sein? Müssten nicht, wenn jeden Monat ungefähr die gleiche Anzahl Policen verkauft wird, der Umsatz und zuletzt auch der Gewinn relativ gleichmäßig verteilt sein? Alois Harung nimmt sich die Unterlagen einiger seiner Agenten vor. Zuerst vertieft er sich in die von

Dirk Immelauer, dessen Aktivitätsraum das Ruhrgebiet ist. Nach Abschluss der Lektüre ist er hochzufrieden. Dirk Immelauer konnte überprozentual viele neue Kunden gewinnen und Abschlüsse tätigen. Dann liest er die Unterlagen von Florian Bins, der im wesentlich dünner besiedelten Schleswig-Holstein aktiv ist. Schon nach kurzem Einlesen wird erkennbar, dass Bins weit weniger Kunden akquiriert hat. Der Vertriebsleiter führt diesen Umstand zuerst auf den schlechteren Standort sowie auf einen verminderten Einsatz von Florian Bins zurück. Immerhin gehört Bins nicht mehr zu den Jüngsten. Über die Jahre hinweg hat sein Engagement wahrscheinlich nachgelassen. Er nimmt sich vor, mit Florian Bins zu sprechen und ihn anzuregen, mehr Energie in den Aufbau neuer Kunden zu stecken. Doch als er die Gewinne seiner beiden Agenten vergleicht, ist er erstaunt. Florian Bins hat wesentlich mehr zum Gewinn beigetragen als der scheinbar um ein Vielfaches aktivere Dirk Immelauer. Alois Harung steigt noch tiefer in die Materie ein und stellt fest, dass Dirk Immelauer genauso viele Kunden, wie er dazugewonnen hat, auch wieder verloren hat, während Florian Bins einen konstant gepflegten Kundenstamm und dessen gezielte Ausweitung vorweisen kann. Der Vertriebsleiter wird nachdenklich und forscht im Zahlenmaterial der anderen Agenten. Doch das Ergebnis bleibt gleich. Diejenigen Agenten, die ihre Energie in die Akquisition gesteckt haben, stehen bezüglich der Gewinnsituation weit hinter ihren Kollegen, die systematisch ihre Kunden pflegen.

Das Ziel des Vertriebsleiters, die unternehmerische Strategie mit der quantitativen Akquisition von Neukunden gleichzusetzen, spiegelt die strategische Ausrichtung vieler Unternehmen wider. Die Mehrzahl ist auf die Gewinnung von Neukunden und nicht auf den Erhalt ihres Kundenstamms gerichtet. Im Durchschnitt verlieren Unternehmen alle fünf Jahre die Hälfte ihrer Kunden. Und das Erstaunliche ist, dass sie es noch nicht einmal wissen, weil sie die Fluktuation nicht messen. Doch diese Strategie erinnert an die Feuerlöschaktion der unvergesslichen Komödianten Laurel & Hardy. Verzweifelt schöpft Laurel mit einem löchrigen Eimer Wasser aus einem Brunnen. Während er zur Feuerstelle rast, sprudelt das Wasser, von ihm unbemerkt, aus den Löchern, sodass ihm, beim Feuer angekommen, kein Tröpfchen mehr zum Löschen verbleibt. Er wiederholt die ergebnislose Aktion ein ums andere Mal. Ähnlich verfährt die Mehrzahl der Unternehmen mit ihren Kunden. Während sie alle Anstrengungen darauf ausrichten, neue Kunden zu gewinnen, wandern unbeobachtet die bestehenden Kunden ab, weil sie unzufrieden sind, weil der Vertrieb nicht funktioniert, die Kommunikation mangelhaft ist, die Produkte nicht ihren Bedürfnissen entsprechen, und weil sie schlichtweg nicht gepflegt werden. Ein kostenintensiver und ineffizienter Teufelskreis, bei dem die Gründe für die Abwanderung der Kunden unberücksichtigt bleiben. Aus der Abwanderung werden keine strategischen Rückschlüsse gezogen und entsprechend keine Optimierungen vorgenommen. Der bestehende Kunde wendet sich enttäuscht ab, weil nicht in ihn investiert wird, und er durch die Geschäftsbeziehung keinen sichtbaren Nutzen erhält. Der Kundennutzen aber ist die Grundlage jedes erfolgreichen Geschäftssystems. Auf die Generierung von Kundennutzen folgt eine erhöhte Kundenbindung, und Kundenbindung wiederum bringt Wachstum, Gewinne und noch mehr Wertschöpfung hervor. Gewinn ist nicht die Zahl, die bei der Jahresbilanz herauskommt, sondern eine Konsequenz der Wertschöpfung, die gemeinsam mit der Kundenbeziehung das wirkliche Herzstück eines erfolgreichen und dauerhaften Geschäftssystems ist. Kundenbeziehungen rechnen sich, Kundenschwund hingegen ist äußerst kostenintensiv. Im vorgenannten Beispiel muss der erste Versicherungsagent Zeit und Geld investieren, um seine immer neuen Kunden über die Produkte, Leistungen und Vorteile aufzuklären. Ein ineffektiver Ansatz. Ein neuer Kunde ist immer beratungsintensiver und deswegen weniger kostendeckend. In anderen Branchen wie beispielsweise bei Supermarktketten kommen weitere kostenintensive Faktoren hinzu. Da der Neukunde das Angebot nicht kennt, also eine höchst unspezifische Erwartungshaltung hat, der nur ein breites Angebot entsprechen kann, ist der Supermarkt gezwungen, eine größere Produktpalette anzubieten und hat damit höhere Lager-, Verwaltungs- und Werbekosten. Ein Kunde, der mit einem Unternehmen verbunden ist, kennt das Angebot, hat Vertrauen und steigert den Wert eines Unternehmens durch Mehrkäufe.

Die Kompensation von abgewanderten Kunden durch Neukunden hat noch einen weiteren gravierenden Nachteil. Bei der Akquisition

geht es vorrangig um Quantität, nicht um Qualität. Es findet keine
Unterscheidung der Kunden statt, und alle Kunden werden einheitlich
behandelt. Man gewinnt und verliert sie, ohne Kenntnis über ihr Profil zu haben, ohne zu wissen, ob es profitable Kunden oder unrentable
sind, ob es sich wirtschaftlich rentiert, in sie zu investieren, oder ob
eine Betreuung in Relation zum möglichen Gewinn zu aufwändig ist.
Das vorgenannte Beispiel hat dies verdeutlicht. Während der eine Vertriebsmitarbeiter nur darauf aus war, so viele Kunden wie möglich
anzuwerben und keinen Wert darauf legte, nachzurecherchieren, ob
diese Neukunden an einer dauerhaften Beziehung interessiert sind, hat
der zweite Vertriebsmitarbeiter erkannt, dass die Pflege seiner Kunden
zu einer intensiven Beziehung führt. Die Kunden fühlen sich wohl,
behalten ihre Versicherungen dauerhaft bei und sind offen, weitere
abzuschließen. Darüber hinaus verfügt Florian Bins noch über den
Vorteil, dass die zufriedenen Kunden ihn weiterempfehlen und zwar
solchen Kunden, die ebenfalls an einer dauerhaften Beziehung interessiert sind. Leider verfahren die meisten Unternehmen wie der erste
Vertriebsmitarbeiter. Sie unterscheiden nicht zwischen sprunghaften
oder loyalen Kunden, zwischen profitablen und weniger oder absolut
unrentablen Kunden. Genau das ist die Hauptursache für die Krise des
Marketings und gleichzeitig der zentrale Ansatz des *Customer Rela-
tionship Managements*. Die Mehrzahl der Unternehmen kennt ihre
Kunden nicht und ist vor diesem Hintergrund nicht in der Lage, den
Wert ihrer einzelnen Kunden systematisch aufzuschlüsseln und ihre
Marketingstrategien gezielt auf die profitablen Kunden auszurichten.
Sie kommunizieren mit allen Kunden gleich und bieten auch allen die
gleichen Produkte und Leistungen an.

Die Nachteile des Massenmarketings

- Das Unternehmensziel liegt in der Neukundenakquisition, mit
  der abgewanderte Kunden kompensiert werden.
- Es findet sowohl bei der Neukundenanwerbung als auch bei
  den bestehenden Kunden keine Unterscheidung zwischen profitablen und unrentablen Kunden statt.

- Alle Kunden werden gleich behandelt.
- Die Ursachen für die Abwanderung werden nicht erforscht beziehungsweise abgestellt.
- Es findet kein systematisches *Kundenbeziehungsmanagement* statt.
- Die Kommunikation ist auf die Masse gerichtet und entsprechend kostenintensiv und ineffizient.
- Die Marketingmaßnahmen bieten immer weniger Möglichkeiten, den Kunden zu erreichen.

Das Massenmarketing, das den Kunden in den Hintergrund rückt, wird wesentlich durch die Führungsspitzen selbst definiert. Langjährige Topmanager sind häufig tief von der Zeit geprägt, in der die Produkte, die Produktion und die Marktanteile eines Unternehmens im Mittelpunkt standen. Vor dem Hintergrund, dass kundenbezogene Strategien ein vollkommen neues Denken und neue Systeme erfordern, fällt ihnen die Neuorientierung hin zu kundenbezogenen Leistungsgrößen und Leistungsrechnungen mehrheitlich schwer.

Mit wachsendem Erfolg eines Unternehmens verlagerte sich im Massenmarketing zwangsläufig das Zentrum der Aufmerksamkeit vom Kunden weg hin zu unternehmensinternen Prozessen. Die Unternehmen reagierten auf die wachsende Nachfrage und versuchten ihre Unternehmenssysteme und -prozesse möglichst effizient und effektiv zu gestalten. In dem Maße jedoch, wie der Aufwand für die Selbstverwaltung und Steuerung von beispielsweise Budgets und Ressourcen zunahm, verloren die Unternehmen ihre Kundendynamik. Erst jetzt, wo die Kunden- und Marktprobleme, die aus dem Massenmarketing resultieren, nicht mehr zu bewältigen sind, setzt ein Umdenken und eine Refokussierung auf die Stärken ein.

Aber selbst wenn Unternehmen erkannt haben, dass Kundenbeziehungsmanagement ein wichtiger Wettbewerbsfaktor ist, gehen sie vielfach von der Fehlannahme aus, dass ihr Ziel die Zufriedenheit der Kunden sei. Doch Kundenzufriedenheit ist kein Gradmesser für die positive Entwicklung eines Unternehmens. Beispielsweise geben in der Automobilindustrie 85 Prozent der Kunden an, zufrieden zu sein, und doch kaufen lediglich 40 Prozent die gleiche Marke wieder. In der Airlinebranche sind in bestimmten Segmenten laut Umfragen 60 Prozent der Kunden zufrieden, aber ein wesentlich höherer Prozentsatz, nämlich 85 Prozent, loyal. Dabei wird »Zufriedenheit« als Gefühl und »Loyalität« als tatsächliches Verhalten, etwa ein Wiederkauf oder eine Weiterempfehlung, verstanden. Der Einzelne kann unzufrieden, aber trotzdem loyal sein – ebenso wie ein Kunde zufrieden sein kann, aber trotzdem nicht loyal sein muss, weil andere Elemente die Kundenbeziehung beeinflussen, beispielsweise die Neigung, immer neuere Produkte kaufen zu wollen.

Abbildung 1:
Der Wirkungskreislauf des klassischen Marketings

Die Zahlen beweisen, dass Zufriedenheit nur ein bedingter Gradmesser für Kundenverhalten ist. Zufriedenheit fragt den augenblicklichen Zustand ab und berücksichtigt weder die zukünftigen Kaufentscheidungen noch die Position der Wettbewerber. Um den Kunden auch zukünftig auf seiner Seite zu wissen, ist eine dynamische Entwicklung der Kundenbeziehung unverzichtbar. Was der Kunde heute positiv bewertet, kann morgen bereits wieder überholt sein. Nicht anders ergeht es den zusätzlichen Werten, die neben dem Produkt oder einer Dienstleistung den Kunden als »Bindungsfaktoren« offeriert werden. Fasst er sie heute als etwas Besonderes auf, so bedeuten sie für ihn morgen schon Standard, und übermorgen erwartet er weitere Zusatzangebote. Genau diese dynamische Entwicklung der Kundenbeziehung realisiert der CRM-Ansatz. Er stellt, wie man später sehen wird, die Strategie und die entsprechenden Tools zur Verfügung, um konstant durch messbare Aktionen zu lernen und dadurch die einzelne Kundenbeziehung immer mehr zu verfeinern. Auf diese Weise erweitert CRM die Einsicht: »ohne den Kunden kann ich nicht leben«, durch die zielgerichtete Strategie »mit dem Kunden wachsen«.

Fallstudie *Direkt Bank*: Kundenmanagement und Kundenzufriedenheit

Kundenmanagement auf Basis von Zufriedenheitswerten berücksichtigt keine emotionalen und kognitiven Potenziale für eine Geschäftsbeziehung. Nach eigenen Angaben sind 94 Prozent der Kunden der *Direkt Bank* zufrieden und 62 Prozent sogar überzeugt. Auf den ersten Blick ein sehr gutes Ergebnis. Bei genauerer Betrachtung allerdings zeigt sich ein anderes Resultat. Genauere Untersuchungen der *Direkt Bank* belegen, dass sich die Kunden in fünf Zufriedenheitstypen einteilen lassen:

• Der fordernde Unzufriedene (1 Prozent), der offenkundig die Mängel der Geschäftsbeziehungen äußert und erwägt, die Geschäftsbeziehung einzuschränken oder zu beenden – für die Bank eine positiv zu bewertende Gruppe, weil sie sehr aktiv ist, weil sie ihren Handlungsbedarf definiert und damit die Chance bietet, gezielt auf den einzelnen Kunden einzugehen, um seine Abwanderung zu verhindern.

- Der stabile Unzufriedene (2 Prozent), der seine Enttäuschung nicht äußert und erwägt, die Geschäftsbeziehung einzuschränken – eine schwierige Gruppe, weil sie sich nicht im Vorfeld zu den unerfüllten Erwartungen äußert, keinen Handlungsbedarf kundtut, sondern still die Geschäftsbeziehungen immer weiter einschränkt.
- Der fordernde Zufriedene (77 Prozent). Er ist im Prinzip zuversichtlich, dass die Bank seine Erwartungen erfüllt. Er verlangt aber, dass die Bank auch zukünftig mit ihm Schritt hält und erwägt, die Geschäftsbeziehung zu erweitern. Eine für die Bank äußerst attraktive, aber gleichfalls bearbeitungsintensive Gruppe – diese Kunden sind prinzipiell sehr offen, mit der Bank weiter zu wachsen, fordern dafür aber auch hohe Leistungen.
- Der stabile Zufriedene (18 Prozent), der möchte, dass alles so bleibt, wie es ist und erwägt, seine Geschäftsbeziehung auszuweiten – eine für die Bank leicht zu befriedigende Gruppe.
- Der resignierte Zufriedene (2 Prozent), der glaubt, dass man von einer Bank sowieso nicht mehr erwarten kann und der seine Geschäftsbeziehungen nur vor diesem Hintergrund beibehält – eine für die Bank nur bedingt zugängliche Gruppe, weil sie keine konkrete Unzufriedenheit äußert, sondern schlichtweg von der prinzipiellen Unerfüllbarkeit ihrer Erwartungen ausgeht.

Das größte und attraktivste Segment für die *Direkt Bank* ist eindeutig der fordernde zufriedene Kunde, der einen aktiven Bankpartner erwartet, also dafür offen ist, sich – falls die Voraussetzungen stimmen – immer weiter zu entwickeln und die Beziehung zu der Bank auszubauen. Er äußert exakt seine Erwartungen beziehungsweise seine Unzufriedenheit und ermöglicht der Bank, mit ihrem Angebot und ihren Leistungen darauf zu reagieren. Das Beispiel dokumentiert, dass Zufriedenheit kein Gradmesser für eine funktionierende Kundenbeziehung ist, sondern lediglich den Ist-Moment definiert.

Die Zukunft: Erlaubnis-Marketing ermöglichen

Frederic Holler, Marketingleiter eines Konsumgüterunternehmens, ist verzweifelt. Obwohl er in die letzte Kampagne viele Millionen Euro investiert hat, die Informationskanäle von klassischer Werbung, Direktmailings und groß angelegter Promotion auf die zusätzliche Einrichtung eines Callcenters ausgeweitet hat, geht der Absatz weiter zurück. Auch die Anstrengungen, die angebotenen Produkte weiter zu optimieren, scheinen keinen positiven Effekt auf die Entwicklung zu haben. Eine Analyse seiner Investitionen offenbart, dass er in den letzten zehn Jahren kontinuierlich das Marketingbudget aufgestockt hat, und dass parallel dazu der Umsatz kontinuierlich sank. Waren die Kampagnen nicht aufmerksamkeitsstark genug? Hätte er noch mehr Geld investieren müssen, um die Kunden zu erreichen? Oder liegt es gar nicht am Marketing, sondern der Wettbewerb ist im Vorteil, weil seine Produkte oder sein Vertrieb besser sind? Doch als Frederic Holler am Abend mit einem befreundeten Marketingleiter eines anderen Unternehmens ein Glas Wein trinkt, beklagt dieser haargenau die gleiche Problematik. Beide müssen sich eingestehen, dass ihre Maßnahmen ganz offensichtlich an den Kunden vorbeigehen.

Was aber verlangt der Kunde? Erst nach vielen Spekulationen wird ihnen klar, dass sie diese Frage niemals zufriedenstellend lösen können, weil sie ihren Kunden gar nicht kennen. Doch wie realisiert man in stark umkämpften Märkten eine langfristige und zugleich profitable Bindung der Kunden an ein Unternehmen, wenn der Kunde an sich anonym ist? Und das insbesondere vor dem Hintergrund, dass der Kunde sozusagen ein bewegliches Ziel ist. Wie nie zuvor ändern sich seine Bedürfnisse und Erwartungen in einem immer rasanteren Tempo. Und noch gravierender ist, dass der Kunde durch den starken Wettbewerb in allen Wirtschaftsbereichen eine ungeheure Auswahl hat. Die Produkte und Dienstleistungen von miteinander konkurrierenden Unternehmen unterscheiden sich kaum noch voneinander.

Im Zeitalter der Industrialisierung und des Massenkonsums ist einer immer mehr vereinsamt: der Kunde. Anonym und gleichgestellt avancierte er zu einer »No-Name-Adresse« und sehnt sich nicht selten nach der alten Tante-Emma-Laden-Beziehung zurück. Sein Briefkasten quillt über von Mailings, deren Inhalte ihn nicht interessieren, er bekommt Kauf- und Leistungsangebote, mit denen er nichts anfangen kann, und es ärgert ihn, dass er bei seiner Autowerkstatt zum fünften Mal seine persönlichen Daten angeben muss, die scheinbar immer noch nicht gespeichert sind. Beim Zeitungslesen erregt nur selten eine Anzeige seine Aufmerksamkeit, und die vielen Werbegeschenke, mit denen er nichts anfangen kann, empfindet er als Verschwendung. Seit Henry Fords Präsentation des T-Modells hat sich nicht viel geändert. Er beglückte seine Kunden mit der Aufforderung: »Beim T-Modell können Sie jede Lackfarbe wählen, geliefert bekommen Sie allerdings stets eine schwarze Karosserie.« Genauso fühlt sich der heutige Kunde. Geliefert bekommt er eine unfassbare Menge von Produkten, Leistungen und Zusatzwerten. Darunter sind in sich durchaus exzellente Dinge. Aber genau das, was er persönlich gerne hätte, findet er kaum und muss lange danach suchen. Entsprechend träumt er von einer Geschäftsbeziehung, bei der ein Unternehmen ihn und seine Wünsche kennt. Auf den Anruf dieser Firma würde er sich geradezu freuen, weil er weiß, dass sie ihm attraktive Angebote und Leistungen unterbreiten wird.

Der Kunde hat sich gewandelt. Er ist anspruchsvoller, besser informiert und möchte den Wert seines Geldes durch Zusatz- beziehungsweise Mehrwerte über das Produkt hinaus steigern. Aber er ist im Interesse, die beste Einkaufsentscheidung zu tätigen, auch bereit, Informationen über sich zu geben und mit Unternehmen zu kooperieren. Diesem gewandelten Kundenbild kann das klassische Marketing nicht gerecht werden, weil es sich produktorientiert auf Märkte mit kritischer Masse konzentriert und nur darauf abzielt, mit einem Produkt kurzfristig möglichst viele Marktanteile zu gewinnen. Die neuen technologischen Entwicklungen ermöglichen es zu Beginn eines neuen Jahrtausends, die vom Kunden ersehnte Tante-Emma-Laden-Beziehung wieder Realität werden zu lassen und dem Kunde seinen alten Stellenwert zurückzugeben. Insbesondere durch die Fortschritte in der Datenverarbeitung und durch das Internet können sich auch Unternehmen mit einem großen Kundenkreis die traditionellen Stärken von Kleinunternehmen aneignen. Sie haben jetzt wieder die Möglichkeit, eine enge Beziehung zu jedem einzelnen Kunden aufzunehmen und ihn ganz individuell zu bedienen. Denn schon bei Tante Emma stand nicht das einmalige Verkaufen und damit eine einzelne Transaktion im Mittelpunkt, sondern eine langfristige, enge und vertrauensvolle Kundenbeziehung.

Obwohl dieses gewandelte Kundenselbstverständnis kein Geheimnis ist, reagieren Unternehmen nur bedingt darauf. Stattdessen kommunizieren sie nach wie vor global mit den Instrumenten des Massenmarketings und sind erstaunt, dass ihre Strategien und Marketingkonzepte ins Leere zielen. Genau an diesem Punkt greift das *Customer Relationship Management* ein. CRM bildet das Herzstück des so genannten *Erlaubnismarketings (Permission Marketing)*, das zukünftig den klassischen *Unterbrechungsansatz (Interruption Marketing)* ablösen wird. Der ehemalige Marketingleiter von *Yahoo*, Seth Godin, bringt die Gründe für die Wirkungslosigkeit der klassischen Marketingkommunikation auf den Punkt. Seine These ist, dass klassische Marketing- und Vertriebsmaßnahmen den Kunden in seinem Tagesablauf unterbrechen und nicht dann zur Verfügung stehen, wenn der Kunde diese Nachrichten, Produkte oder Leistungen wirklich empfangen möchte. Darüber hinaus bergen Marketingmaßnahmen, und hier vor allen Dingen die repetitiven Maßnahmen der Massen- und klassischen Direktkommunikation, ihre eigene Wirkungslosigkeit in sich. Da dem Kunden nur ein feststehendes Maß an Zeit zum Empfangen aller Nachrichten zur Verfügung steht, werden mit zunehmender Menge der ausgesandten Nachrichten die einzelnen Aktivitäten wirkungsloser. Unternehmen reagieren, um wieder die Aufmerksamkeit des Kunden zu erlangen, darauf mit der Ausweitung ihrer Anstrengungen – mit noch ausgefalleneren Kampagnen, noch stärkeren Mailings und noch mehr Internetbannern. Dieses Verfahren hat Sogkraft, denn es zwingt den Wettbewerber, in gleicher Weise zu verfahren und das bedeutet, dass eine nochmals erhöhte Informationsmenge auf den Kunden hereinprasselt. Die Zeit des Kunden aber, in der er alle diese Informationen empfangen und verarbeiten kann, bleibt immer konstant. Die Folge ist, dass der Kunde stärker selektiert und damit zu einer weiteren Wirkungslosigkeit der Kommunikationsmaßnahmen beiträgt. Das Ergebnis ist entsprechend. Je mehr Kommunikation, desto geringer die Wirkung, und desto mehr müssen

Unternehmen in Kommunikation investieren. Um aus diesem tödlichen Zyklus herauszukommen, empfiehlt Godin *Permission Marketing*, eben *Erlaubnismarketing*. Beim *Permission Marketing* signalisiert der Kunde aktiv seine Erlaubnis für einen Dialog zwischen ihm und dem Unternehmen, danach erwartet er eine Kommunikation, und im Idealfall freut er sich sogar darauf.

Dieses positive Prinzip beinhaltet der *Customer Relationship Management*-Ansatz. Der Kunde hat bereits eine existierende Beziehung zu einem Unternehmen, hat Transaktionen erlebt und hat Informationen an das Unternehmen weitergegeben. Das Unternehmen kennt den Kunden und weiß, was seine Bedürfnisse und Erwartungen sind. Mit diesem Wissen lässt sich eine zielgerichtete und wertgestützte Kommunikation mit dem Kunden realisieren statt der undifferenzierten und häufig auf Kundenakquisition ausgerichteten Marketingkommunikation. Auf der Basis der existierenden Kundenbeziehung lassen sich viel leichter zusätzliche Geschäfte tätigen, und diese Basis kann eine sehr positive und profitable Plattform für eine spätere Akquisition von weiteren Kunden sein, die ähnliche Profile aufweisen. Unternehmen, die diese dramatischen Konsequenzen verstehen, werden mit *Customer Relationship Management* eine erfolgreiche Reorientierung ihrer markt- und kundengerichteten Aktivitäten erleben.

Ein gutes Beispiel für *Erlaubnismarketing* ist das Angebot im Internet. Hier geht die Aktivität stets vom Kunden aus. Er entscheidet, was, wann und wie lange er sich etwas anschauen möchte. Aber es gibt auch noch eine Vielzahl anderer Instrumente, den Kunden zu einem von ihm selbst angestoßenen Kontakt anzuregen. Die Softwarehersteller *Palm Pilot* und *Quicken Software* machen es vor. Bis dato kannten weder die Hersteller noch die Händler ihre Kunden. Es existierte kein Mechanismus, bei dem der Kunde angeregt wurde, von sich aus in einen Dialog mit den Unternehmen zu treten und seine Interessen sowie Adresse zu offenbaren. Diesen Missstand stellte man mit einer simplen Marketingaktion ab. Jedem Produkt der beiden Softwarehäuser liegt nun eine Rückantwortkarte bei, die dazu anregen soll, dass der einzelne Kunde sich mit dem Unternehmen in Verbindung setzt. Um die Aufforderung für den Kunden interessant zu machen, erhält jeder, der die Rückantwortkarte zurücksendet, einen

Incentive. Dieses Arrangement ist für beide Seiten attraktiv. Die Unternehmen lernen ihren Kunden kennen, und die Kunden erhalten nicht nur einen Zusatzwert in Form des Stiftes, sondern ihnen kommt ebenfalls ein Upgrade-Service zugute.

Ein weiteres, sehr ausbaufähiges und erfolgsorientiertes Instrument, *Permission Marketing* zu initiieren, sind Loyalitätsprogramme. Sie subsumieren unter sich die Zielsetzung, Realisierungsphasen und Tools von CRM. Vor dem Hintergrund ihres großen Gewichts im Rahmen des *Customer Relationship Managements* wird in Kapitel 4 gesondert auf die Möglichkeiten und Durchführung von Loyalitätsprogrammen eingegangen.

Diejenigen Unternehmen, die dabei verbleiben, in die Breite zu kommunizieren, werden, wie sich heute schon zeigt, Millionen investieren und auf Dauer keine Aufmerksamkeit mehr erregen. Das Ziel muss im Rahmen des CRM-Ansatzes sein, den Kunden genau zum richtigen Zeitpunkt zu informieren und ihm das Gewünschte zu offerieren.

Die Vorteile des Permission Marketings:

- Unternehmen und Kunde kennen sich.
- Eine zielgerichtete und wertgestützte Kommunikation wird realisiert.
- Die Bereitschaft steigt, Zusatzgeschäfte zu tätigen.
- Kunden mit ähnlichen Profilen können akquiriert werden.
- Die markt- und kundengerichteten Aktivitäten werden re-orientiert.

Fallstudie *Ernst Klett Verlag*: Von der Produkt- zur Beziehungsorientierung

Die Entwicklung vom *Interruption Marketing* hin zum *Permission Marketing* wird exemplarisch anhand des *Ernst Klett Verlags* demonstriert. Der Bekanntheitsgrad von *Klett* als Schulbuchlieferant für

Grund-, Haupt-, Realschulen und Gymnasien ist bei Jugendlichen und Erwachsenen gleichermaßen hoch. *Klett* ist seit vielen Jahrzehnten in seinem Bereich Marktführer, und ganze Generationen von Schülern sind mit »Learning English« oder anderen Büchern von *Klett* groß geworden. Bis zu seiner Umorientierung waren die Strategie und Organisation des Unternehmens hundertprozentig produktzentriert. Denk- und Verkaufsprozess verliefen wie folgt: Die jeweiligen Fachbuchredaktionen arbeiteten beispielsweise an einem neuen Titel wie »Learning-English-Greenline New«. Sie informierten den Vertrieb über das neue Buchkonzept, und der richtete seine Anstrengungen darauf, den entsprechenden Fachlehrern an den Schulen das neue Werk so attraktiv wie möglich anzupreisen. Eine Lehrerkonferenz bewertete alljährlich die Produkte unterschiedlicher Verlage, und die Kollegien in den einzelnen Schulen trafen auf dieser Basis ihre Entscheidung, welche neuen Schulbücher angeschafft werden sollten.

Bis zur nächsten Einführungsentscheidung fand zwischen Lehrerkollegium und dem Außendienst von *Klett* keinerlei Kontakt statt. Der Vertrieb beschäftigte sich in dieser Zeit mit dem nächsten Produkt und versuchte nun, beispielsweise den Mathematiklehrern ein neues Buch in diesem Segment zu verkaufen. Kundenkontakt, Kundenservice und langfristiges Beziehungsmanagement spielten in diesem Markt zwar bisher auch eine Rolle, aber nur zu den Zeitpunkten von Produktneuerscheinungen. Symptomatisch für den Schulbuchmarkt war der strategische Ausgangspunkt, dass das beste Produkt sich gegen den Wettbewerb durchsetzen würde. Doch aktuelle Marktforschungen, die seitens des *Klett Verlags* initiiert wurden, ergaben ein anderes Bild. Geschäftsführer Johannes Lessmann und Marketingleiter Jochen Bäuerle fanden heraus, dass die Kunden die Produkte als immer ähnlicher wahrnehmen und vor diesem Hintergrund die Produktunterschiede die Kaufentscheidung nur noch bedingt beeinflussen würden. Um seine Position als Marktführer auch weiterhin zu sichern, reagierte der Verlag auf dieses Ergebnis und ersetzt das produktorientierte Marketing nach und nach durch *Customer Relationship Management*. Zukünftig geben die zentrale strategische Ausrichtung nicht mehr die Produkte und der Produktionsplan vor. An ihre Stelle sind attraktive Kundensegmente getreten, die gemeinsam mit den Produktverantwortlichen, den Marketingverantwortlichen und Vertriebsvertretern bearbeitet werden. Die Kundensegmente umfassen jetzt nicht mehr nur einzelne Lehrer, sondern ebenfalls Schulen und Schulgruppen. *Klett* führt auf Basis des Kundenwerts und des Kundenverhaltens eine Typisierung durch und richtet daran angelehnt die Außendienstbetreuung aus. Heute steht die Pflege des Kundenportfolios im Mittelpunkt der Außendiensttätigkeit. Die jeweiligen Kundensegmente werden in unterschiedlichen Abständen besucht, und es herrscht abseits der Produktneuerscheinungen ein enger Kontakt. Kundenservice, Diskussionen, Vortragsrunden und die Einbindung von Autoren in schulinterne Veranstaltungen verfolgen nicht mehr nur das Ziel, ausschließlich als Podium zum Verkauf zu dienen, sondern auch als weitere Dialogmöglichkeit mit dem Kunden. Um in einen intensiven und persönlichen Kontakt zum Kunden zu treten, hat man darüber hinaus zentrale Ansprechpunkte, die so genannten *Klett*-Treffpunkte aufgebaut. In diesen Treffpunkten können sich Lehrer sowohl gezielt über das Produktangebot und die Dienstleistungen des Verlags informieren als auch einkaufen. Diese Maßnahme erlaubt es *Klett*, neben der Vertriebsbetreuung einen weiteren direkten Kontakt zum Kunden zu generieren. Im Jahr 2000 wurde die *Klett*-Kundenkarte eingeführt. Die Informationen, die der Verlag über die Kundenkarte erhält, ermöglichen eine noch bessere Kundensegmentierung, da sich mit ihr Kundenverhalten und die Kundenwertigkeit feststellen lässt. Vor der Entwicklung der Karte blieben die Kunden nach einem Besuch der Treffpunkte weiterhin anonym. Sie kamen herein, kauften und gingen wieder hinaus, ohne dass *Klett* einen Dialog mit ihnen eröffnen konnte. Auf Basis der neuen Erkenntnisse über die Kundenkarte wird der Verlag eine Maßnahmenkette und Systeme installieren, um treue und wichtige Kunden über einen noch besseren Service, wie beispielsweise kostenlose Buchlieferung oder einen Infoletter über Zusatzprodukte wie zum Buch gehörende CD-ROMs, gezielter und individueller zu pflegen. Für *Klett* bedeuten diese Ansätze erst den Anfang auf seinem Weg von einer Produktorientierung zu einer konsequenten Kundenorientierung. Die nächsten Innovationen sind bereits in der Entwicklung. Wie Marketingleiter Bäuerle getreu dem *Klett*-Motto betont: »Als Marktführer sind wir gezwungen, permanent Innovationen auf den Markt zu bringen. Ganz einfach, weil unsere Wettbewerber uns schnell kopierten. Bis jetzt haben wir aufgrund von besseren Konzepten stets unseren Vorsprung gehalten, und diese Stärke werden wir auch zukünftig weiter konsequent ausbauen.«

Mit der konsequenten Neuausrichtung hat *Klett* die Grundlagen gelegt, auch in den nächsten Jahrzehnten Marktführer im Umsatz und

Checkliste 1:
Anpassung des Geschäftsmodells

	Trifft zu	Trifft bedingt zu	Trifft nicht zu
1. Wir haben eine klare Orientierung an der Steigerung des Unternehmenswertes			
2. Wir haben ein klares Verständnis, wie unsere Kundenbeziehungen den Unternehmenswert steigern können			
3. Unsere Maßnahmen hinsichtlich Steigerung von Kundenzufriedenheit und Kundennähe waren sehr erfolgreich			
4. Die Bedeutung von Marketing hat in unserem Unternehmen in den letzten Jahren zugenommen			
5. Der Einsatz der klassischen Marketinginstrumente ist weiterhin sehr erfolgreich			
6. In unserem Unternehmen haben wir Plattformen für Erlaubnis-Marketing geschaffen			
7. Der Wandel von der Produkt- zur Kundenorientierung ist bei unserem Unternehmen bereits erfolgreich vollzogen			
8. Kundenprofitabilitäts- und -differenzierungsüberlegungen spielten bisher bereits eine große Rolle			
9. Wir werden auch weiterhin mit undifferenzierten Konzepten sehr erfolgreich im Markt sein			
10. Das Management der Kundenbeziehung spielt für uns in der Zukunft eine untergeordnete Rolle			

in der Kundenwahrnehmung zu bleiben – in einem äußerst interessanten Markt, der durch Softwareprodukte und internetbasiertes Lernen weiter an Attraktivität zunehmen wird. Die strategische Neuausrichtung hat bei *Klett* aber keinesfalls die klassische Stärke der Produktleiter untergraben. Im Gegenteil: Sie stellten schnell fest, dass sie aufgrund der besseren Marktinformationen bezüglich der Produktneuentwicklung ihre Bücher zielgruppengerechter gestalten und ausbauen können. Frau Kersten, Leiterin des Bereichs Englisch, bestätigte uns, dass gerade die internetbasierten Lernformen von der strategischen Umorientierung sehr profitieren würden: »Es geht nicht mehr nur um Produktentwicklungen, die in einem drei- bis fünfjährigen Zyklus hergestellt werden. Wir stellen teilweise jeden Monat, manchmal sogar jede Woche neue Angebote ins Internet. Doch um unsere Produkte maßzuschneidern, müssen wir unsere Zielgruppen kennen. Kennen wir sie nicht, merken wir das sofort an der geringen Resonanz. Es ist unverzichtbar zu wissen, welche Zielgruppen beispielsweise internetaffin sind und auf welche Produkte sie ansprechen. Doch diese Erkenntnisse konnten wir erst gewinnen, als wir im Rahmen der Einführung von CRM in unserem Unternehmen unsere Daten verknüpften. Ich sehe die jetzigen Kundenbindungsmaßnahmen nicht als Konkurrenz zu unseren traditionellen Stärken, sondern als Weiterentwicklung im Hinblick auf eine stärkere Kundenfokussierung.«

2. CRM: Die Kundenbeziehung als Unternehmenswert entdecken

Die Grundlagen des CRM-Ansatzes

Customer Relationship Management (CRM) ist ein wissenschaftlich fundiertes Konzept, das maßgeblich an den Universitäten von Atlanta, Cranfield und Stockholm entwickelt wurde. Sein Ausgangspunkt waren die wachsenden Zweifel an der Gültigkeit des traditionellen Marketingansatzes und die wachsende Bedeutung von langfristigen Kundenbeziehungen. Die sich immer stärker herauskristallisierenden Vorbehalte gegen die Relevanz des klassischen Marketingansatzes führten zu einer Reihe von Forschungsprojekten zum Thema Relation Marketing und Kundenbeziehungen. Man untersuchte eine Anzahl von Unternehmen und erarbeitete auf Basis der Ergebnisse einen umfassenden CRM-Ansatz, der sich auf andere Unternehmen übertragen lässt.

Was ist nun der neue Ansatz im Rahmen des *Customer Relationship Managements*? *Customer Relationship Management* definiert die Neuorientierung vom funktionalen, klassischen Marketing, das produktorientiert ist und sich auf die Kundenakquisition konzentriert, hin zum übergreifenden, ganzheitlichen Marketing, das auf die Beziehungen zwischen Unternehmen und Kunden fokussiert ist. Sein Kerngedanke ist die Steigerung des Unternehmens- und Kundenwerts durch das systematische Management der existierenden Kunden. CRM ist gleichzeitig eine optimale Plattform zur gezielten Kundenakquisition. Das heißt: Mittels CRM werden neue Geschäftspotenziale in bestehenden Kunden identifiziert und attraktive Neukunden hinzugewonnen. Das Hauptanliegen von CRM ist der Erhalt der Kunden durch

Konzepte wie Personalisierung, Loyalitätsmaßnahmen und Kundenlebenswertbetrachtung im Controlling. Der Fokus liegt dabei neben der Produktdifferenzierung vor allem auf der Prozessdifferenzierung. Durch die Analyse des Wert schöpfenden Kundenprozesses werden Kunden bei ihrer Wertschöpfung unterstützt.

Der CRM-Ansatz unterscheidet sich grundsätzlich von anderen Kundenbindungsmodellen durch seine kundenprozessorientierte Perspektive und seinen langfristigen Unternehmenswert generierenden Ansatz.

Statt Kunden für Produkte gilt es, Produkte für die Kunden zu finden.

Vier grundsätzliche Veränderungsperspektiven unterstreichen diese Erkenntnis.

Erstens: Das klassische Marketing geht vom Produkt und der Fragestellung aus: Wo finden wir so viele Kunden wie möglich für unsere Produkte, um diese in kurzfristiger Zeit maximal abzusetzen? Der produktorientierte Geschäftsfokus konzentriert sich somit auf die Entwicklung bestmöglicher Produkte, die in einem für den Kunden angemessenen Preis-/Leistungsverhältnis stehen, und ihre zügige Verbreitung. Die unternehmerische Strategie erfolgt entsprechend von innen nach außen. Die Vorgehensweise, vom Unternehmen aus gesehen den Kunden zu erobern, ist die grundlegende Stoßrichtung von *Total Quality Management*, dessen Inhalte noch weit bis in die neunziger Jahre des vergangenen Jahrhunderts bei der Mehrzahl der Unternehmen das unternehmerische Denken bestimmten. Um die Wertschöpfungskette auszuschöpfen, zielt *Total Quality Management* auf die Optimierung der inneren Prozesse (Führung, Arbeitsabläufe und Kommunikation), die ebenfalls Auswirkungen auf die äußeren (Marketing, Vertrieb und Kundenbetreuung) haben. Im Vordergrund steht die produktions- und funktionsorientierte Verbesserung. Doch in Zeiten, in denen die Produkte und Leistungen immer ähnlicher werden, hat *Total Qualtity Management* als unternehmerische Strategie ausgedient. Der Kunde erwartet prinzipiell das ausgereifteste Produkt und die dazu gehörenden Leistungen wie Service oder Erreichbarkeit. Diese Faktoren definiert der Kunde für seine Kaufentscheidung nicht mehr als ausschlaggebend, da er heute die Wahl hat. Erhält er sie nicht von dem einen Unternehmen, wechselt er ohne zu zögern zum nächsten.

Der CRM-Ansatz geht den umgekehrten Weg und setzt an die Stelle des produktorientierten Denkens das kundenwertschöpfende. Die Fragestellung lautet nicht mehr: Wo können wir Kunden für unsere Produkte finden? Sondern: Wie schaffen unsere Kunden für sich selbst Werte? Das heißt: Wie können Unternehmen den Wertschöpfungsprozess des Kunden unterstützen, und das nicht als eine einmalige Aktion, sondern mit Blick auf eine lebenslange Verbindung? Die Perspektive wechselt somit von der unternehmerischen Seite auf die Kundenseite, und das Denken erfolgt von außen nach innen. Im Rahmen des CRM steht immer der Kunde am Anfang. Aus seiner Sicht betrachtet, erfolgt eine kundenorientierte Prozessgestaltung der Gesamtorganisation. Der Ausgangspunkt sind nicht mehr wie beim *Total Quality Management* die aktuellen Unternehmens-, sondern die Kundenprozesse, und es ist auch nicht mehr das Ziel, die größten Unternehmensprobleme zu lösen, sondern Antworten auf die Kundenprobleme zu geben. Ziel ist

Abbildung 2:

Vom TQM zum CRM-Ansatz

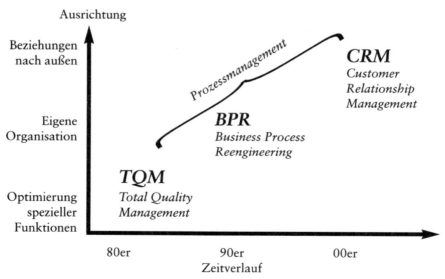

es, auf Basis der Kenntnis seiner Kunden die Unternehmensprozesse entsprechend kompatibel zu machen.

Um aber die Kunden in ihrem Alltag, bei ihren Bedürfnissen und möglichst in jeder Lebensphase unterstützen zu können, muss man nicht nur die Kundenprofile und die Prozesse, die sie in ihrer Arbeitswelt, ihrer Freizeit oder bei sonstigen Anlässen durchlaufen, kennen, sondern sich ebenfalls kontinuierlich mit ihnen weiterentwickeln. Der innovative Kern von CRM ist somit der Geschäftsfokus, der sich zusätzlich zum produktorientierten auf den kundenorientierten richtet und der Bedeutung der persönlichen Nutzenvorstellung des Kunden einen hohen Wert beimisst. Die Analysesystematik ermöglicht die Ermittlung der kritischen Kundenbegegnungen.

- Über eine kritische Kundenbegegnung gelingt die Stärkung der Kundenbeziehung durch die Veränderung der internen Prozesse entsprechend der Kundenprobleme.
- Durch die Erarbeitung der Verbesserungsmöglichkeiten werden die Kundenbeziehungen gestärkt und Möglichkeiten der Kundenbegeisterung geschaffen.

Zweitens: Im Rahmen des kundenorientierten Denkens tritt an die Stelle des einmaligen Massenprodukts die individuelle Maßfertigung (*Customization*). Jeder Kunde ist anders, durchläuft andere Prozesse und hat andere Bedürfnisse. Auch das hervorragendste Produkt hat keinen Wert, wenn es am Leben des Kunden vorbeigeht und für ihn ganz persönlich keinen Nutzen bringt. Ein einfaches Beispiel aus dem Dienstleistungsbereich ist das Verhältnis von einem Kunden zu einem Hotel. Der Kunde kann dort lediglich übernachten oder auch dinieren oder sich mit jemandem auf privater sowie geschäftlicher Ebene treffen. Jedem dieser individuellen Ansprüche sollte ein Hotel gerecht werden.

Die Versicherungsbranche, speziell im Automobilbereich, macht es vor. Der Kunde erhält nicht mehr eine Autoversicherung, die Tausenden von anderen Kunden ebenfalls angeboten wird, sondern eine Police, die seine persönliche Situation berücksichtigt. Ob er jung ist, das Auto als Zweitwagen versichert, es ein Garagenfahrzeug ist, ob er regelmäßig oder eher weniger fährt, ob er der alleinige Fahrer ist oder noch andere Personen den Wagen benutzen.

Drittens: Im traditionellen Marketing und ebenfalls aus der Sichtweise von *Total Quality* haben, von innen heraus betrachtet, alle Kunden den gleichen Stellenwert. Aber Kunden haben keinesfalls stets dieselbe Attraktivität. Unternehmen erwirtschaften in der Regel mit 20 Prozent der Kunden die absoulute Mehrheit des Umsatzes. Vor diesem Hintergrund unterscheidet CRM die Kunden gemäß ihrer Profitabilität, dem individuellen Gewinn. Und entsprechend selektiv erfolgt die Behandlung der Kunden nach ihrer Wertigkeit. Es lohnt sich kaum, in einen »Schnäppchenjäger« zu investieren, der von Unternehmen zu Unternehmen wandert. Ein solcher Kundentypus belastet das Unternehmen, ohne kalkulierbare Gewinnsituationen hervorzurufen. Im klassischen Marketing verlief die Investitionsstrategie linear. In der Hoffnung, mehr Umsatz zu machen, investierte man mehr ins Marketing und in die Werbung. Der Erfolg konnte nur schwer gemessen werden. Bei CRM hingegen investiert man zielgenau in die Kunden beziehungsweise Kundengruppe, die messbar den Unternehmenswert steigern.

Viertens: Bei CRM tritt an die Stelle des kurzfristigen Verkaufens die neue Betrachtungsgröße der Kundenlebenszeitperspektive (*Lifetime Value*). Vor dem Hintergrund, dass die Mehrzahl der Unternehmen ihre Kunden nicht kennen, sind sie weder in der Lage, ihre Profitabilität zu messen, noch verfügen sie über Kenntnisse, welche Gewinne das Unternehmen mit einem einzelnen Kunden im Laufe seines Lebens erwirtschaften könnte. Hierbei wird nur punktuell das Potenzial der Kunden genutzt. Wenn wir uns an das Beispiel *MLP* erinnern, beruht der Erfolg des Finanzdienstleisters nicht nur auf der richtigen Wahl seiner Kernzielgruppe, sondern ebenfalls auf der langfristig angelegten Kundenbeziehung. Das Interesse von *MLP* ist, den Kunden lebenslang zu begleiten und ihm in den jeweiligen Phasen das entsprechende Produkt anzubieten. Auf diese Weise rentieren sich die Investitionen in die Kunden um ein Vielfaches. Die untrennbare Beziehung von Kundenlebenszeitperspektive und Profitabilität wird später näher erläutert.

Zusammengefasst beruht der Erfolg von CRM auf der Beantwortung der strategischen Fragen:

- Welche Kunden sind meine profitabelsten, bezogen auf die Dauer der Kundenbeziehung?
- Welche Leistung muss ich ihnen bieten, dass sie langfristig, bestenfalls ihr gesamtes Leben meinem Unternehmen verbunden bleiben?
- Wie kann ich ähnliche neue profitable Kunden gewinnen, ebenfalls mit dem Ziel einer dauerhaften Verbindung?

Damit verfolgt CRM drei Ziele:

- Die Erhöhung des *Share of Wallets* des einzelnen Kunden
- Die Optimierung der Kundenbeziehung unter ökonomischen Gesichtspunkten
- Die Gewinnung hochwertiger Neukunden

Als *Share of Wallet* wird der Anteil bezeichnet, den ein Kunde von seinen Gesamtausgaben für einen bestimmten Bereich bei einem Anbieter ausgibt. Mit der Ausrichtung auf diese drei Ziele unterscheidet sich CRM von einer herkömmlichen Kundenorientierung.

CRM ist ein systematisches Konzept, das alle Unternehmensbereiche eines Geschäftssystems betrifft. Es bietet einen Rahmen, der das Management dazu befähigt, Unternehmensstrategien derart anzulegen, dass sie langfristig den Interessen der Kunden dienen. Genauso wichtig ist, dass CRM die Entwicklung und Steuerung konkreter Maßnahmen erlaubt, um den Wertschöpfungsprozess messbar zur Quelle der Gewinne und des Wachstums des Unternehmens zu machen.

CRM revolutioniert das Marktgeschehen

Woher stammt der Bedarf nach *Customer Relationship Management*, und was treibt den Wandel, der ein neues Denken, ja sogar ein neues Geschäftsmodell erfordert, an? Die Symptome und Probleme des existierenden Geschäftsmodells wurden bereits im Vorfeld umfassend beschrieben. Wenn wir zu seinen Anfängen und Wurzeln zurückgehen, entdecken wir, dass unser Wirtschaftsmodell und die Aktivitäten von Unternehmen und Konsumenten trotz aller Beteuerungen immer noch von der Produktion geprägt werden. Um die Grundbedürfnisse der Verbraucher – man sprach damals nicht von Kunden – zu befriedigen, mussten riesige Produktionsanlagen gebaut werden. Damit wurden die Fabriken zum Herzstück des Geschäftsmodells, und die Unternehmensstrategie war ausschließlich darauf ausgerichtet, sie bestmöglich auszulasten. Die Ingenieure und Techniker, die diese Produktionsanlagen konzipierten und betrieben, avancierten zu den wichtigsten Personen im Unternehmen. Den nächsten Schritt definierte die Verfeinerung der Produktion und die Herstellung von unterschiedlichen Produktvarianten und -qualitäten. Es folgte die Phase des *Produktmanagements*, in der das Thema Diversifikation in den Mittelpunkt des Unternehmensinteresses rückte. Basierend auf Produktion und Produktqualitäten begannen die Unternehmen im Anschluss mit dem Aufbau und der Verfeinerung der Vertriebsaktivitäten und der Optimierung des bestehenden Geschäftsmodells sowie der Unternehmensorganisation. Verkaufsförderung, *Kanalmanagement* und Vertriebsstrategien dominierten immer stärker die primären Unternehmensaktivitäten, bis das auf den internen Fähigkeiten aufgebaute Geschäftsmodell durch die immer weiter wachsenden Anstrengungen der Marketingkommunikation und die fortschreitende Optimierung der Distribution und Preispolitik ausgereizt war. Doch trotz aller Bestrebungen, das existente Businessmodell zu verfeinern, trat kein grundsätzlicher, strategischer Wandel ein. Nach wie vor fokussierten die Unternehmen vorrangig auf die internen Kapazitäten und Kompetenzen, und die Kunden blieben auf ihrer angestammten Position ganz am Ende dieses Prozesses. Die Befriedigung ihrer Bedürfnisse bildete trotz anderweitiger Beteuerungen der Unternehmen das Schlusslicht.

Darüber hinaus wirkte sich das klassische Geschäftsmodell negativ auf das Verhältnis von Investitionen und Rückfluss aus. In seinem Rahmen erfolgt im Anschluss an die Produktion, die Verbesserung der Produktqualitäten und die Investitionen in den Vertriebsapparat die Transaktion zum Kunden, und erst mit dem Verkauf fließt das investierte Geld wieder zurück zum Unternehmen. Dieser enorme Zeitverzug zwischen Investition und Rückfluss des Geldes minimierte sowohl

Abbildung 3:
Das alte Geschäftsmodell

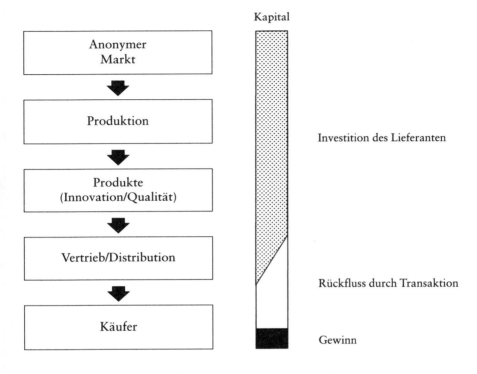

die Erfolgschancen von Unternehmensgründungen als auch die Implementierung von kreativen Geschäftsideen. Die Folgen waren geringe Wettbewerbsintensität, hohe Preise, unbefriedigte Kundenerwartungen, lange Lieferzeiten, unfreundlicher Service und eine geringe, einseitig von den Produzenten gesteuerte Auswahl. Das klassische Produktionsmodell verfolgten nicht nur die Hersteller von materiellen Gütern, sondern ebenso viele Bereiche der Dienstleistung. Die Flugreiseindustrie, Finanz- und Versicherungsdienstleistungen waren genauso produktions- und produktorientiert wie Automobilhersteller oder Produzenten von Gütern des alltäglichen Bedarfs. So sind heute beispielsweise noch immer viele Bankbereiche nach Produkten ausgerichtet. Der Wertpapierhändler verkauft seine Leistung in seinem Fachgebiet und ein anderer Bankangestellter einen Kredit. Beide konzentrieren sich nur auf ihre Leistung. Sie haben untereinander keinen Kontakt und wissen oft nicht, dass sie ein und denselben Kunden haben. Vor diesem Hintergrund betrachten sie nur einen kleinen Ausschnitt des Kunden und haben keine Kenntnis von dem umfassenden Kundenportfolio. Die Unternehmensstrategie einer Fluglinie wiederum ist stark davon geprägt, welche Flugzeuge zu welchem Zeitpunkt geliefert werden. Ist die Lieferung erfolgt, werden die Maschinen auf vorgegebenen Routen eingesetzt, unabhängig davon, ob sich die Bedürfnisse und die Kaufgewohnheiten der Kunden in dem langen Planungs- und Lieferzeitraum, der häufig drei bis vier Jahre umfassen kann, geändert haben. Wie vorgenannte Beispiele belegen, sind im Rahmen des klassischen Geschäftsmodells sämtliche Unternehmensinhalte auf die internen Leistungen ausgerichtet, nach denen sich der Kunde zu orientieren hat. Zudem steht zwischen Unternehmen und Kunden noch eine Vielzahl von Kanälen – wie Großhändler, Verteiler oder Einzelhandelsstufen –, die den Prozess zwischen beiden noch weiter komplizieren, verlangsamen und noch stärker auf Produzentenbedürfnisse ausrichten.

Erst durch erfolgreiche Ansätze von neuen Geschäftsmodellen wie beispielsweise beim Direktvertrieb im Finanzdienstleistungsgeschäft oder bei innovativen Maklern wie *MLP*, die eine Komplettlösung konkret auf den einzelnen Kunden abstimmten, erfolgte eine Revolution im Zusammenspiel zwischen Unternehmen und Kunden. Ein unangefochtenes Vorbild für diesen neuen Weg ist der Texaner Michael Dell. Er brach aus den tradierten Schienen aus und revolutionierte das Handelsgeschäft mit Computern. Bei den klassischen Herstellern wie den PC-Produzenten *Apple* und *IBM*, aber auch *Hewlett Packard* und *Compaq* ist der Geschäftsprozess wie folgt: Die Hardware wird in verschiedenen Produktqualitäten produziert und geht dann über den Groß- und Einzelhandel in den Verkauf. Der Kunde trifft direkt im Ladengeschäft oder über einen Katalog seine Auswahl und muss häufig sein Wunschprodukt über verschiedene Handelsstufen bestellen. Erst nach Anlieferung der Ware erfolgen der Kauf und die Bezahlung. *Dell* drehte diese Prozesskette bereits lange vor den innovativen Möglichkeiten, die das Internet heute bietet, um und beschritt einen neuen Weg.

Abbildung 4:

Das CRM-Geschäftsmodell

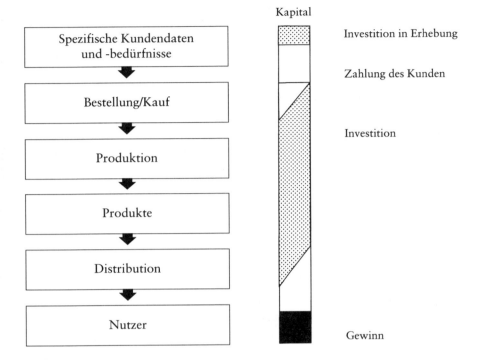

Kapital

Spezifische Kundendaten und -bedürfnisse

Bestellung/Kauf

Produktion

Produkte

Distribution

Nutzer

Investition in Erhebung

Zahlung des Kunden

Investition

Gewinn

Fallstudie *Dell Computer*: Die radikale Umkehrung der klassischen Prozesskette

Dell Computer ist heute das zweitgrößte und am schnellsten wachsende PC-Unternehmen der Welt. Diese rasante Entwicklung wurde erst möglich, nachdem *Dell* sich einer grundlegenden Umstrukturierung unterzogen hatte und seine Unternehmensphilosophie auf drei Pfeiler stellte:

- *Make it easier to do business with Dell*
  Produkte und Prozesse laufen im Sinne des Kunden ab und erleichtern es ihm, seinen persönlichen Nutzen so einfach, verständlich

und praktikabel wie nur möglich aus der Beziehung zu *Dell* zu ziehen.

- *Reduce the cost of doing business*
  Die Konzentration der Aktivitäten auf die Prozesse garantiert eine Wertschöpfung und statt der Streuung von Marketingmaßnahmen gezielte Investitionen in die wichtigsten Zielgruppen und ihre Bedürfnisse.
- *Enhance customer relationships*
  Die kontinuierliche Beseitigung von Problemen und konstantes Lernen führen zu einer immer stärker verfeinerten Kundenbeziehung durch die Fokussierung auf Wert schöpfende Prozesse und die Umstellung von Prozessen, die keinen erkennbaren Nutzen beinhalten.

Dell kehrt die oben geschilderte, herkömmliche Prozesskette um. Bevor der PC-Hersteller Kosten produziert, fragt er den Kunden, welchen PC er haben möchte. Dann erfolgt seitens des Kunden die Bestellung und durch eine Zahlungstransaktion, wie die Nennung seiner Kreditkartenangaben, die Kaufbestätigung. Erst dann wird das auf die individuelle Kundenanforderung maßgeschneiderte Modell produziert. Vor dem Start des internen Prozesses steht somit der externe, der sowohl durch das Kennenlernen der Kunden und durch die Konfiguration der Produkte auf seine Anforderungen definiert ist als auch durch die vorweggenommene Zahlungsaktion. Damit verbucht *Dell* bereits eine Einnahme, ohne etwas produziert zu haben. Bei *Dell* erfolgen noch weitere Optimierungen im Sinne des Kunden. Ein auf Logistik spezialisiertes Unternehmen liefert den Kunden die PCs viel schneller als über den klassischen Vertriebsweg. Die über den Geschäftsprozess an sich sowie über einen breit angelegten Kundenservice gesammelten Kundendaten nutzt *Dell* zum kontinuierlichen Auf- und Ausbau seiner Kundenbeziehungen. Durch *Dells* radikale Neuorientierung weg vom Produkt und hin zum Kunden werden beide Parteien zufrieden gestellt. Der Kunde bekommt ein maßgeschneidertes Produkt in schnellstmöglicher Zeit und in der Regel zu einem günstigeren Preis. Der Lieferant erhält im Vorfeld der Produktion sein Geld, produziert exakt nach den Kundenbedürfnissen und vermeidet auf diesem Weg sowohl unbefriedigte Erwartungen als auch hohe Lagerkosten. Mit diesem Konzept hat sich *Dell* in seiner Branche auf die Position des Vorreiters katapultiert und zwingt auch die klassischen Hardwareproduzenten, ihre alten Geschäftsmodelle radikal zu verändern. Das neue Geschäftsmodell, das auf Kundeninformationen und dem gelernten Wissen aus den Kundenbeziehungen basiert, revolutioniert nicht nur die Computerindustrie. Wie die vielen im Buch skizzierten Beispiele dokumentieren, ist das Modell auf alle Branchen und Bereiche übertragbar.

Im Rahmen eines revolutionären Geschäftsmodells erhebt *Dell* das Internet zu seinem primären Kommunikations- und Aktionsinstrument. Das Internet ist aber keinesfalls wie bei vielen anderen Unternehmen nur ein neuer Vertriebskanal, sondern vielmehr ein von *Dell* intensiv genutztes Instrument, Werte zu schaffen. Werte, indem es

- zum Nutzenstifter wird. Der europäische *Dell*-Online-Laden ist global ausgerichtet, mehrsprachig, berücksichtigt verschiedene Währungen, ist EU-konform, erleichtert den Einkauf durch einen klaren Aufbau in Homepage, Produkt-, Order- und Serviceseite und bietet Corporate-Kunden eine Ermäßigung;
- auf Basis der neuen Technologien durch zeitgleiche Kommunikation und zeitgleiches Bestellverhalten die Angebots- und Lieferkette optimiert, maßgeschneiderte Produkt- und Leistungskomponenten und eine effiziente Lagerhaltung ermöglicht;
- den Kunden Informationen zur richtigen Zeit und im richtigen Umfang zur Verfügung stellt;
- den Mitarbeitern ihren Arbeitsablauf sowie die Kundenkommunikation durch den schnellen Zugriff auf die einzelnen Kundenhistorien erleichtert.

Auf die Hintergründe und Details der Reorientierung der Kundenbeziehungen durch Antrieb und Nutzung des Mediums Internet gehe ich später intensiver ein.

Warum Kundenbeziehungen häufig scheitern

Einige Unternehmen haben bereits damit begonnen, ihre Marketinganstrengungen auf die Kundenbeziehungen auszurichten. Doch die gutgemeinten Ansätze, die Kundenloyalität zu verbessern, scheiterten oft in der Praxis, weil sie lediglich Insellösungen waren, und dahinter kein systematisches Konzept stand. Die losgelösten Aktivitäten wie die Einrichtung von Callcentern belasten das Marketingbudget enorm und führen dennoch zu keiner Unternehmenswertsteigerung. Die Einrichtung eines Callcenters als Kommunikationsinstrument ist nur dann von wirtschaftlich messbarem Nutzen, wenn es in die anderen Marketinginstrumente Produkt, Preis und Distribution eingebettet ist und in die Anforderungen sowie Fähigkeiten eines CRM-Callcenters. Dieses zeichnet sich aus durch eine hohe Erreichbarkeit, die freie Wahl des Kommunikationsmediums und eine kompetente, zeit- und kosteneffiziente Betreuung. Doch CRM heißt keinesfalls, jede nur erdenkliche Maßnahme zu realisieren. Wie so oft ist auch hier weniger mehr. Das zeigt ein Beispiel aus dem Bankbereich. Ausgehend von der Annahme, dass es für den Kunden von Nutzen sei, plante eine Bank mit enormem Aufwand, jedem einzelnen Kunden einen persönlichen Betreuer in seinem Callcenter zuzuordnen. Ein weit kostengünstigeres Mailing an die Kunden hatte zum Ergebnis, dass lediglich im Bereich

Gründe für das Scheitern der bis dato praktizierten Kundenorientierung:

- Sie wird ohne Gesamtkonzept als losgelöste Initiative gestartet.
- Sie wird aus Kostengründen inkonsequent umgesetzt.
- Es fehlt als Ausgangsbasis für das Verständnis der Kunden die erforderliche Datengrundlage.
- Die Initiativen sind sehr allgemein gehalten und berücksichtigen nicht individuelle Kundenbedürfnisse.
- Die organisatorischen Auswirkungen werden nicht bedacht und die Aktionen gehen als Marketinggags unter.

Vermögensverwaltung ein konstanter Ansprechpartner gewünscht wurde. Weiterhin scheitern Maßnahmen zur Kundenbeziehung, weil viele Unternehmen Kundenbindung lediglich mit IT-Ansätzen gleichsetzen und der Meinung sind, mit der Fokussierung auf *Sales Force Automation*, *E-Commerce* oder *Data Mining* die gewünschte Kundenloyalität zu erzielen.

In den meisten Unternehmen tritt man mit unterschiedlichen funktionalen Einheiten über mehrere Kanäle mit den Kunden in Kontakt: über Callcenter, *Kanalmanagement*, Innovationen, Verkaufsförderungen, *E-Commerce*, Kundendienst, Kundenzufriedenheitsbefragung und *Qualitätsmanagement*. Doch die Aktivitäten sind unzureichend koordiniert, inhaltlich und kommunikativ nicht abgestimmt und vermitteln nicht selten widersprüchliche Botschaften. Zudem basieren die Aktivitäten nicht auf einer klaren Zielgruppensegmentierung. Vor diesem Hintergrund ist es nicht planbar, wer wann welche Kundenbetreuung systematisch erhält. Und zu guter Letzt sind die Ergebnisse der einzelnen Aktionen nicht messbar, weil sie sich teilweise überlagern, gegenseitig beeinflussen oder sogar aufheben.

Die Ergebnisse der Aktivitäten, die unter der Flagge Optimierung der Kundenloyalität fahren, sind meist unbefriedigende und kostenaufwändige Investitionen ohne großen Nutzen. Wie aber macht ein Unternehmen das Feld der Kundenloyalität zu seinem wichtigsten Wettbewerbsfaktor? Die bisher praktizierte Kundenorientierung blieb wirkungslos, weil sie nicht zielgerichtet zu einem systematisch implementierten *Kundenbeziehungsmanagement* führte. Den Kunden- und Unternehmenswert steigern, und damit messbar den Gewinn, werden aber nur jene Unternehmen, die Schritt für Schritt ein übergreifendes und alle Bereiche des Unternehmens betreffendes *Customer Relationship Management* betreiben.

Zusammengefasst ergibt sich also:

- CRM ist kein neuer Begriff für Kundenzufriedenheit, Kundenorientierung oder Kundennähe
- CRM ist keine neue Art von *Direktmarketing*
- CRM ist keine IT-Lösung

Selbstverständlich ist bei der Neuorientierung der Unternehmen von der Produktorientierung hin zur Kundenorientierung und damit organisatorisch zu einer Prozessorientierung die Installierung von IT-Lösungen wie die Einrichtung eines *Data Warehouse* häufig unverzichtbar. Doch der Aufbau zeigt keinen Erfolg, wenn nicht vorab eine ganz klare Unternehmensvision mit Werten und strategischen Erfolgsfaktoren definiert wird. Die Umsetzung des erfolgreich realisierten personalisierten Marketings erfolgt nicht durch eine Anhäufung strategischer Angebote von *Telemarketing*, *Marketingautomation* oder Callcenter. CRM ist eine übergreifende Strategie zur Verbesserung der Kundenkontaktqualität im Verkauf, Support und Marketing mit dem Ziel einer optimierten Kundenzufriedenheit, optimierten Kundenloyalität und gesteigerten Profitabilität. Um dieses Ziel zu erreichen, implementiert CRM Prozesse und Technologien, um permanente Kundeninteraktion über alle Kontaktkanäle hinweg zu erreichen. Die Aufgabe von IT ist es dabei, den Wert schöpfenden Kundenprozess zu analysieren und Daten zu liefern, die es ermöglichen, die Unternehmen bei ihrer Wertschöpfung zu unterstützen.

Von der CRM-Strategie zur lernenden Kundenbeziehung

Der Weg von der Strategie zur lernenden Kundenbeziehung verläuft im Rahmen des CRM-Ansatzes über ein Fünf-Phasen-Modell. Es gibt den systematischen Weg vor, wie Prozesse gesteuert werden können, um den Kunden wieder in den Mittelpunkt der unternehmerischen Betrachtungen zu stellen und ihn durch die gezielte Befriedigung seiner Bedürfnisse ein Leben lang zu halten.

Die erste Phase wird durch die Kundenanalyse und Segmentierung definiert. Wie bereits dargestellt, ist für die meisten der Unternehmen der Kunde eine anonyme Größe, und vor diesem Hintergrund sind sie nicht in der Lage, den derzeitigen und potenziellen Kundenwert zu bestimmen. Die Kundenanalyse untersucht die existierenden Kunden. Auf der Basis von beispielsweise *Data Warehouses* lernt man die Kun-

Abbildung 5:

Das CRM-Fünf-Phasen-Modell

Phasen	*Inhaltliche Teilschritte*		
1. Kundenanalyse und -typisierung	Kundenseg-mentierung	Kunden-prozesse	Kunden-profitabilität
2. Differenzierte Relationship-Strategien	Fokus-sierung	Angebots-design	Programm-entwicklung
3. Design der Relationship-Prozesse & Tools	Kunden-kontakt	Interne Prozesse	Programm-strukturen
4. Implementierung von systema-tischem Kundenmanagement	Zeitliche, inhaltliche Planung	Kanal-management	E-Commerce Serve Center, IT-Design
5. Lernen aus der Kunden-beziehung	Erfolgs-controlling	Lern-transfer	Data Mining

den und ihren Wert (wertvoll, potenziell, illoyal) kennen, kann ihren derzeitigen und zukünftigen Anspruch identifizieren und sie im Anschluss nach dem Kriterium der langfristigen Profitabilität (*Lifetime Value*) in verschiedene Segmente einteilen. Die Kundentypisierung und -segmentierung sind die Voraussetzungen für langfristig angelegte und differenzierte Relationship-Strategien. In der zweiten Phase von CRM werden auf der Basis der Daten ein zielkundenorientierter Dialog und zielkundenorientierte Lösungen definiert, mit dem Anspruch einer zielgruppenspezifischen Ausrichtung, Individualisierung und Aktivierung aller Unternehmensbereiche. Nach der kundenbezogenen Entwicklung der Strategie geht es im dritten Schritt um die Anpassung des Unternehmensangebots an die Kundenanforderungen. Vor dem Hintergrund, dass Produkte und Dienstleistungen immer austauschbarer werden, erwarten die heutigen Kunden einen Mehrwert. Und die Befriedigung des vom Kunden erwarteten Mehrwerts hängt wesentlich von der Fähigkeit der Unternehmen ab, dem Kunden über das Produkt hinaus etwas zu offerieren, das seine Beziehung zum

Unternehmen fördert. Nach Abschluss der strategischen und konzeptionellen Schritte geht es in der vierten Phase um die Implementierung differenzierter, zielkundenspezifischer Aktivitäten. Dazu werden die strategischen Ziele in operative Maßnahmen heruntergebrochen, die sich in der Optimierung der Distribution (traditioneller Vertrieb, *E-Commerce*) oder in der Optimierung der Kommunikation (Einrich-

Checkliste 2:
Die Grundlagen für CRM schaffen

	Trifft zu	Trifft bedingt zu	Trifft nicht zu
1. Die Geschäftspotenziale in meinen bestehenden Kundenbeziehungen sind mir bekannt			
2. Die Geschäftspotenziale in meinen bestehenden Kundenbeziehungen werden im größtmöglichen Ausmaß genutzt			
3. Wir haben ein klares Bild, wie wir uns durch Prozessdifferenzierung positionieren können			
4. Die Analyse der Wert schöpfenden Kundenprozesse wird bei uns kontinuierlich vorgenommen			
5. Wir haben bereits ein Höchstmaß an kundenspezifischer Produktion (Customization) erreicht			
6. Wir haben ein Gesamtkonzept, in das alle Maßnahmen des Kundenbeziehungsmanagements eingebettet sind			
7. Unsere Kundenbeziehungsmaßnahmen sind in der Vergangenheit immer konsequent umgesetzt worden			
8. Unsere Kundeninitiativen sind sehr stark individuell und weniger allgemein durchgeführt worden			
9. Die bisher durchgeführten Maßnahmen zur Verbesserung der Kundenbeziehung sind in ihren Reaktionen überprüft worden			
10. Die finanzielle Zielerreichung unserer Kundenbeziehungsmaßnahmen sind analysiert worden			

tung eines Callcenters) äußern können. Die letzte Phase, die mit Lernen aus der Kundenbeziehung überschrieben ist, garantiert, dass der Kunde immer individueller umworben wird und dadurch eine lebenslange Beziehung zum Unternehmen aufbaut. Zum Lernen gehört eine quantifizierbare Beurteilung der einzelnen Maßnahmen. Im Gegensatz zu klassischem Marketing, wo kundenbezogene Serviceverbesserungen mit Einzelmaßnahmenüberprüfungen (Responserates) gemessen werden, aus denen aktions- und nicht kundenbezogenes Lernen erfolgt, wird bei CRM eine Marketingmaßnahme danach beurteilt, ob sie messbar dazu beigetragen hat, die einzelne Kundenbeziehung zu optimieren. Das *Erfolgscontrolling* und der Lernprozess werden über *Campaign Measurement* gesteuert, das den richtigen Einsatz von Investitionen ermöglicht und damit teure Streuverluste umgeht.

Auf der Basis der fünf CRM-Phasen können Unternehmen, die ihre Kundenbeziehungen systematisch und ganzheitlich angehen, Erfolg und Misserfolg sehr schnell erkennen und über den Hebel der Kundenprofitabilität und Lebenswertmessung die Steigerung des Unternehmenswerts verfolgen und dokumentieren. Die Kraft und der Wert von CRM liegen in der unternehmensübergreifenden Implementierung von kundenrelevanten Funktionen. In den nachfolgenden Kapiteln werden die einzelnen Phasen, ihre Ziele und die praxisbezogene Umsetzung beschrieben.

3. Die Basis: Kundenverhalten entdecken und die richtigen Kunden erkennen

Die neue Macht des Kunden

Gesättigte Märkte und internationale Überkapazitäten – beispielsweise beträgt die gegenwärtige jährliche Überkapazität in der Automobilbranche weltweit rund 20 Millionen Fahrzeuge –, sich schnell verändernde Kundenbedürfnisse, zunehmender Zeit- und Servicewettbewerb, Erlösverfall und Kostendruck lauten die aktuellen Probleme der Unternehmen. Es wird immer schwieriger, einzelne Produkte zu verkaufen, und deswegen sind Marketing und Vertrieb gefordert, den speziellen Nutzen und die individuelle Bedeutung zu ermitteln, die Kunden in Produkten für sich ganz persönlich sehen. Doch dieses Verständnis setzt eine Individualisierung der Kundenbeziehung voraus, die es ermöglicht, profundes Wissen über den Kunden zu gewinnen.

Die gesteigerten Kundenerwartungen:

- Die Kunden von heute sind selbstbewusster, besser informiert und in der Lage, über neue Medien wie das Internet Vergleiche anzustellen.
- Sie informieren sich gezielt über die Produkte, die sie kaufen, und sie untersuchen genau, welchen Nutzen die Produkte für sie bieten.
- Die Kunden gehen analytischer vor. Sie hinterfragen, ob und inwieweit die Produkte zum Erfolg ihrer Firma (bei Einkäufern

in Unternehmen) beitragen oder ihre persönlichen Ansprüche erfüllen.

- Die Kunden von heute sind fordernder und anspruchsvoller. Sie wollen nicht nur das bestmögliche Produkt zum niedrigsten Preis, sondern ebenfalls einen ausgefeilten Service und eine individuelle Beratung.
- Die Kunden wollen nicht mehr nur ein Produkt, sondern noch etwas, das über das Produkt hinausgeht. Sie verlangen einen *Added Value* (Zusatz- beziehungsweise Mehrwert). Dieser kann in Form von Zusatzleistungen erfolgen oder ideeller Art sein (Imageaufwertung des Kunden durch beispielsweise den Erhalt einer Prestige Card).
- Die Kunden von heute wollen mehr, sind aber auch bereit, mehr zu geben. Um die beste Einkaufsentscheidung treffen zu können, sind sie offen dafür, den Unternehmen Auskunft über sich zu geben. Sie sehen nicht mehr sich auf der einen und das Unternehmen auf der anderen Seite, sondern erkennen die Vorteile einer Kooperation.

Der Kaufimpuls und die Entscheidungen, Produkte von einem bestimmten Unternehmen zu erwerben, basieren heute nur noch bedingt auf der Ware an sich. An ihre Stelle ist die Anforderung getreten, ein individuelles Angebot zu erhalten, das auf die persönlichen Lebensumstände und Bedürfnisse abgestimmt ist und über das Produkt hinaus eine Aufwertung durch Zusatzleistungen, Produktbündelungen oder Servicepakete erfährt. Diese Entwicklung zeigt sich zunehmend im Dienstleistungsbereich wie bei Reiseunternehmen, im Finanz- und Versicherungsbereich sowie bei klassischen Investitionsgütern und auch insbesondere bei höherwertigen Produkten wie Autos. *BMW* und andere Automobilhersteller beispielsweise reagieren auf die gewünschte Individualisierung der Kunden mit dem Angebot, über das Internet ein persönliches Fahrzeug mit dem so genannten *Car-Configurator* zusammenstellen zu können. Auf der Website sind alle wählbaren Komponenten von Karosseriefarbe, Material der Sitze bis hin zur Ausstattung dargestellt, sodass sich jeder Einzelne seinen *BMW* maßschneidern kann. Internet-Banken bieten auf ihren Webseiten einen personalisierten Informationsdienst an. Hier kann sich der Kunde sein Musterdepot zusammenstellen, es verwalten und beobachten oder in der so genannten »Watchlist« interessante Wertpapiere markieren und mit verfolgen, oder sich zu den für ihn interessanten Anlagemöglichkeiten detaillierte Informationen, Charts, Hintergrundberichte und Analyseurteile heraussuchen. Auf sein persönliches Bedürfnisprofil zugeschnitten, kann der Kunde die für ihn relevanten Informationen und Angebote zu den Zeitpunkten abrufen, zu denen er sie vorliegen haben möchte.

Diese Beispiele dokumentieren die zukünftige Entwicklung. Die immer anspruchsvolleren und individuelleren Kundenerwartungen werden die herkömmlichen Systeme der Massenprodukte, Massenmedien und des *Massenmarketings* durch One-to-one-Konzepte verdrängen. Voraussetzung und Grundlage, um auf die spezifischen Bedürfnisse jedes einzelnen Kunden mit maßgeschneiderten und personifizierten Angeboten eingehen, um Markt- und Kundenanteile optimieren und die Kundenbeziehung sicherstellen zu können, ist ein zukunftsorientiertes *Wissensmanagement*. Millionen individueller Kundenbeziehungen erfordern einen völlig neuen Umgang mit Informationen.

Doch bevor dargestellt wird, wie Unternehmen über IT-Technologien Wissen über ihre Kunden generieren, gilt es, im Sinne von CRM – die Steigerung des Kunden- und Unternehmenswerts – einen genauen Blick auf das Phänomen Kunde zu werfen. Das traditionelle Motto »Unsere Kunden sind unser wertvollstes Potenzial« bestimmte das *Massenmarketing* und ist schlichtweg falsch. Vielmehr ist der Erfolg eines Unternehmens davon abhängig, seine profitablen sowie potenziell attraktiven Kunden zu finden und sich von den unrentablen zu verabschieden. Was zählt, ist der optimale Kundenmix. Eine attraktive Mischung aus Kunden, die durch ihr Wachstumspotenzial auf Jahre hinaus den Cashflow steigern, aus potenziellen Kunden, die erst gewonnen werden müssen und die aufgebaut ebenfalls langfristig zur Gewinnsteigerung beitragen, sowie aus treuen Kunden, die vielleicht nicht mehr wachsen, aber durch ihre regelmäßigen Einkäufe zum Unternehmenserfolg beitragen. In stark gesättigten Märkten zählen zukünftig immer stärker die profitablen Kunden, und nur wer Marktrisiken und seine Kunden gut kennt, kann Potenziale ausschöpfen. Bei einem rentabel ausgerichteten *Kundenmanagement* stehen vier Faktoren im Mittelpunkt, die richtig gewichtet und im Zusammenspiel angewandt eine marktorientierte Unternehmensstrategie und eine Minimierung des Marktrisikos erwirken:

- die richtigen Kunden in den richtigen Märkten,
- die richtigen Produkte und Vertriebsaktivitäten,
- das richtige Maß an Service sowie
- die richtigen Investitionen für Vertrieb, Kommunikation und Service.

Auf der Suche nach den Kundeninformationen

Um die attraktiven und loyalen Kunden herauszufinden, müssen Sie im ersten Schritt Ihre Kunden identifizieren und sie nach langfristiger Profitabilität einteilen. Doch um Kunden zu kategorisieren, muss man ihre Neigungen zur Kundenbeziehung kennen, verstehen, wie viel wirtschaftliche Kraft nötig ist, die Abwanderungen von attraktiven Kunden zu verhindern und wie vermieden wird, in illoyale Kunden zu investieren. Der erste Schritt von CRM ist somit auf der Grundlage einer gut strukturierten Datenbasis, zum Beispiel eines *Data Warehouse*, seine Kunden (wertvolle, potenzielle, illoyale) kennen zu lernen, ihren Anspruch und Wert (derzeitigen und potenziellen) zu identifizieren und sie nach langfristiger Profitabilität bis hin zum *Lifetime Value* in verschiedene Segmente einzuteilen. Die erste Phase wird definiert durch die Ermittlung der Kundenprofile:

- Wer ist der Kunde?
- Wie verhält sich der Kunde?
- Welche Bedürfnisse hat er?
- Wie sind seine Serviceansprüche?
- Wie und in welchem Umfang kommuniziert er?
- Wie ist seine Treue zum Unternehmen?

In der zweiten Phase wird das Kundenverhalten in Beziehung zur Unternehmensrentabilität gestellt:

- Wie oft macht der Kunde Geschäfte?
- Wie hoch ist sein aktueller Wert, also sein Beitrag zu Gemeinkosten und Gewinnen?
- Was kann der potenzielle Wert aus zukünftigen Geschäften sein?

Im Anschluss werden auf der Basis dieses Wissens die Kunden in Gruppen eingeteilt. Beispielsweise nach Topkunden, die in der Regel mehr als die Hälfte des Unternehmensgewinns ausmachen, die meist komplexe Bedürfnisse haben und bereit sind, für entsprechende Produkte und Leistungen mehr zu zahlen. Nach Kunden mit Aufstiegspotenzial, die zurzeit der mittlere Umsatzträger sind, meist weniger differenzierte Bedürfnisse haben und bedingt bereit sind, mehr Geld für die richtige Leistung auszugeben. Nach kleineren Gewinnbringern, die wenig zum Gewinn beitragen und geringe Ansprüche haben. Sie müssen aber nicht zwangsläufig Verlustbringer sein. Hier gilt es zu unterscheiden, ob sie zurzeit zumindest die Gemeinkosten decken und zukünftig die Gewinnschwelle überschreiten könnten, oder ob sie als definitive Verlustbringer keine Perspektive bieten.

Ein weiteres, sehr attraktives Segment sind die potenziellen Kunden. CRM ist eine optimale Plattform zur Neugewinnung von hoch profitablen Kunden. Denn wer die Profile, Erwartungen, Ansprüche und das Verhalten seiner Topkunden kennt, kann Rückschlüsse auf potenzielle Kunden ziehen und erfolgreich versuchen, sie zu gewinnen. Durch die Kundenanalyse und die nachfolgende Segmentierung werden Kundentypen strategisch nach Gewinnpotenzialen, Investitions- und Akquisitionskosten und Marktrisiken aufgebaut.

Die Bildung von Typologien ist die grundsätzliche Voraussetzung zur differenzierten Behandlung der einzelnen Gruppen

Die Kundenanalyse und Segmentierung versetzt die Unternehmen in die Lage, die von den Kunden geforderte Individualisierung zu realisieren. Sie bilden die Voraussetzungen für langfristig angelegte und gezielte Marketingprogramme beziehungsweise Investitionen in die wertvollsten Kundengruppen mit dem Marketingziel, den Unternehmensgewinn über den gesamten Lebenszyklus eines profitablen Kunden (*Lifetime Value*) hinweg zu optimieren. Erst mit der Bildung von Kundengruppen ist eine nach Status differenzierte Behandlung durchführbar. Die differenzierte Herangehensweise ist keine Abwertung. Im Gegenteil, sie erhält die Sympathie der Kunden, weil der Kunde das Gefühl bekommt, in den Genuss desjenigen zu gelangen, was er wirklich wünscht. Welche negativen Auswirkungen Kundenbindungsmaßnahmen mit dem Gießkannenprinzip haben, zeigt nachfolgendes Beispiel. Eine renommierte englische Kaufhauskette übersandte ihren wertvollsten 1 000 Kunden als Weihnachtspräsent teuren, französischen Weinbrand. Die Aktion erzielte aber keinesfalls das erwünschte Resultat, die Loyalität der Kunden zu erhöhen, sondern schlug ins Gegenteil um, weil die individuellen Kundenprofile nicht berücksichtigt wurden. Statt seinen Sympathiewert zu erhöhen, wurde das Kaufhaus mit Beschwerden überhäuft. Einige der Topkunden tranken prinzipiell keinen Alkohol, andere konsumierten zwar Alkohol, aber niemals Weinbrand, wieder andere waren Weinbrand-Spezialisten und tranken niemals die verschickte Marke, und bei anderen Kunden wiederum lagerten bereits viele Flaschen des Weinbrands im Keller. Statt die Beziehung zu den Topkunden weiter auszubauen, hatte die Kaufhauskette sie mit einer enorm kostenaufwändigen und unspezifischen Marketingmaßnahme sogar verärgert und möglicherweise die Beziehung damit irreparabel gestört.

Das Wissen über die einzelnen Kundentypen und ihre segmentspezifische Bearbeitung machen zielgerichtete Marketing- und Vertriebsmaßnahmen zu einer hoch profitablen Angelegenheit. Es ermöglicht ein zielkundengerechtes und monitorbares *Direktmarketing*, einen zielkundenspezifischen Vertrieb, das Einbringen des Wissens über den Kunden in die Servicekette und die Implementierung eines Callcenters. Aus den Kundentypen lassen sich folgende Fragestellungen ableiten:

- Wie wird das Marketingbudget eingesetzt – statt inprofitabler Streuung zielgerichtete Investition in die profitabelsten Kundengruppen durch die Unterstützung kundenorientierter Prozesse, individuelle Ansprache und ein maßgeschneidertes Leistungsangebot?
- Wie lässt sich eine profitable Kundensegmentierung (nach historischem Ertrag, zukünftiger Ertragsneigung et cetera) durchführen?
- Wie selektiere ich die Ansprechpartner für Marketingkampagnen?
- Wie ermittele ich die Kommunikationswege, die in praktikabler Zeit einen intensiven und segmentspezifischen Kundendialog aufbauen?

Fallstudie *American Express*: Wie Akquisitionsmaßnahmen wertvolle Kundenbeziehungen beeinträchtigen

Ein schönes Beispiel dafür, wie eine undifferenzierte Vorgehensweise enorme Kosten verursacht, nicht zu den gewünschten Rentabilitäten führt und die Kundenbeziehung zu guten Kunden verschlechtert, liefert *American Express*. Um eine neue Zielgruppe anzugehen, die bisher noch keine *American-Express*-Kunden waren, wurde die Blue Card entworfen. Man hatte die Idee, diese neuen Zielgruppen gerade dort anzusprechen, wo sich die alten Zielgruppen aufhalten: vor allen Dingen an den Gates der Flughäfen in Deutschland. Zwar erzielte man durch diese Direktmarketingkampagne eine erhöhte Aufmerksamkeit, überzeugte aber durch diese sehr direkte Methode die falschen Kunden. Angesprochen fühlten sich insbesondere Personen, die noch keine Kreditkarte besaßen, bereitwillig auf die Vertriebsmaßnahme eingingen, dann aber relativ schnell die Kosten bemerkten und wenig Umsatz über diese Karte generierten. Die meisten der von *American Express* über die Blue Card hinzugewonnenen Neukunden zeichneten sich nicht durch hohe Ertragswerte aus. Zusätzlich kannibalisierte man seine existierenden Gold- oder Platin-Card-Kunden, die auf einmal feststellten, dass ihr Leistungsbündel nicht den hohen Preis rechtfertigte, mit der Folge, dass sie in die Blue-Card-Segmente hineinwechselten. Noch gravierender wirkte sich aus, dass die existierenden *American-Express*-Gold- oder Platin-Kunden an den Flughäfen nicht erkannt und permanent von den Akquisiteuren angesprochen wurden und sich durch diese belästigt fühlten. Ein Vielflieger musste in der Regel circa zehn solcher Kaltakquiseversuche pro Monat abwehren. Seine Beziehung zu *American Express* litt darunter enorm. Der langjährige treue Kunde ärgerte sich, dass er immer wieder in den wenigen ruhigen Momenten, während er sich zu seinem Flugzeug begab, gestört wurde. Die Kunden verstanden nicht, warum *American Express* sie nicht vorab fragte, ob sie schon Mitglied waren und so eine Belästigung vermied. Das Unternehmen hat sehr viel in die Marketing- und Vertriebsaktion der Blue Cards investiert, aber es versäumte, die Wirkung zu überprüfen beziehungsweise die negativen Kundenreaktionen zu registrieren. Hätte man die Ansprechpartner für diese Kampagne im Vorfeld über systematische Selektionskriterien im Sinne einer profitablen Kundensegmentierung ausgewählt, wäre ein zielgerichteter Einsatz des Marketingbudgets möglich gewesen.

Kunden als Individuen identifizieren und ansprechen

Um die Segmente profitabel bearbeiten und eine segmentspezifische Ansprache gewährleisten zu können, müssen die Kundengruppen folgende Voraussetzung erfüllen. Sie müssen

- identifizierbar,
- quantifizierbar,
- ansprechbar sowie
- von hinreichender Größe sein.

Neben den Angaben von Namen und Adresse müssen die gebildeten Gruppen Aussagen betreffend Umsatz, Kosten, Profitabilität, Dialog- und Beziehungsbereitschaft machen. Erfüllen sie diese Voraussetzungen, kann ein Unternehmen im Anschluss dazu übergehen, die einzelnen Segmente zielgerichtet zu bearbeiten und ihnen

- individuelle Produkte,
- individuelle Dienstleistungen sowie
- individuelle Kommunikation

unter übergreifender Berücksichtigung individueller Prozesse zur Verfügung stellen. Immer in Hinblick darauf, die profitablen Segmente so effizient und persönlich wie möglich zu bearbeiten, um eine langfristige Beziehung zu gewährleisten.

Eine Kundensegmentierung verfolgt die Ziele, die amorphe Kundenmasse einzuteilen, Attribute zusammenzustellen, um die Kundengruppen nach Verhalten, Soziodemografika, Lifestyle oder Gewohnheiten zu identifizieren, Segmente von hinreichender Größe für eine strategische Relevanz zu schaffen, herauszufinden, wo mehr Ähnlichkeiten als Unterschiede liegen, und auf der Basis dieses Wissens eine differenzierte Kundenansprache zu realisieren. Der Vorgang der Kundensegmentierung ist pyramidenförmig, wie beispielsweise bei einer Fluggesellschaft von der Gesamtheit bis zur Einzelperson aufgebaut. Hier bilden die Indi-

Abbildung 6:

Segmentierung nach Kundengruppen am Beispiel einer Fluggesellschaft

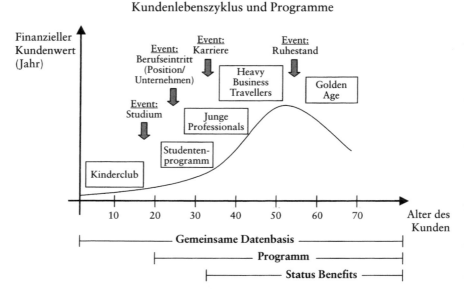

vidual- und Firmendaten sowie die anvisierten Zielgruppen die breite Plattform. Es wird die Frage geklärt: Wer ist unser Kunde? Und die Antwort lautet: ein Student bis hin zum Manager, ein Urlaubsreisender bis hin zum Businessfluggast. Darauf aufgebaut ist der nächste Absatz, der klärt: Was macht unser Kunde? Wie ist sein Buchungs-, Reise-, Konsumverhalten, und wie oft fliegt er? Danach folgt die Charakterisierung des Kunden. Welche Interessen, Ausbildung und welchen Lebensstil hat der Kunde? Zur Bewertung des Kundenpotenzials folgt zuletzt die Frage: Wie attraktiv ist der einzelne Kunde für den Unternehmensgewinn?

Fallstudie *Tesco*: Eine Supermarkt lernt seine Kunden kennen und managt sie segmentspezifisch

Die englische Supermarktkette *Tesco* gilt seit 1996 als einer der Vorreiter auf dem Gebiet des *Customer Relationship Managements*. Bis 1993 stand *Tesco* auf dem dritten Platz im englischen Supermarktgeschäft. Um Marktführer zu werden, entschied sich das Management, Strategie und unternehmerische Ausrichtung zu *Customer Relationship Management* hin zu ändern. Mit enormem Erfolg – heute ist *Tesco* der Marktführer in England und hatte in den letzten drei Jahren eine Umsatzrendite zwischen 8 und 13 Prozent, während Wettbewerber wie *Sainsbury*, der vormalige Marktführer, zwischen 0 und 3 Prozent operieren. *Tesco* wurde in Europa zur viel bewunderten Benchmark im *Customer Relationship Management* und darüber hinaus zu dem am besten geführten Unternehmen in Großbritannien gewählt.

1996 startete *Tesco* mit einem Loyalitätsprogramm, in dessen Rahmen die *Tesco*-Club-Card angeboten wurde. Statt aus der Airlinebranche bereits bekannte Bonusprogramme zu kopieren, ging *Tesco* bei der Implementierung systematisch und analytisch vor. Im Vorfeld führte die Supermarktkette eine Kundenanalyse durch, die *Tesco* das nötige Wissen vermittelte, welche Kundenprofile im *Tesco*-Portfolio waren, welche profitablen Kundengruppen es primär zu halten galt, welche ausbaufähig waren, und welche potenziellen hinzugewonnen werden mussten. Das Loyalitätsprogramm spiegelte von Anfang an die verschiedenen Kundensegmente wider. Gestartet wurde mit sechs Grundkarten, die sukzessive erweitert wurden. Heute gibt es beispielsweise eine spezielle Studentenkarte, eine Karte für Familien, eine Partnerkarte, eine Topkundenkarte und eine Seniorenkarte.

Abbildung 7:

Das Tesco-Kartensystem

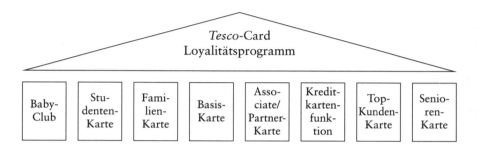

Vor dem Hintergrund, dass ein Rentner andere Bedürfnisse hat als ein Student, steht hinter jeder Karte ein spezielles Programm mit segmentspezifischen Ausrichtungen und segmentspezifischen Vorteilen. Die Fokussierung auf die einzelnen Kundensegmente, die eine zielgerichtete und profitable Bearbeitung der Segmente ermöglicht, stößt bei den Kunden auf großes Interesse. Heute sind mehr als 80 Prozent aller *Tesco*-Kunden Mitglied des Loyalitätsprogramms. Der Erfolg resultiert weniger aus dem Preisvorteil, der sich durch das Sammeln der Bonuspunkte ergibt. Vielmehr haben die Kunden das Gefühl, bei *Tesco* individuell, gemäß ihrer spezifischen Situation, ihren Produktwünschen und ihren Serviceanforderungen bedient zu werden und genau die Angebote und Anreize zu erhalten, die sie persönlich erwarten. Die Bonuspunkte können nicht nur im Supermarkt selbst eingelöst werden, sondern auch bei Partnern von *Tesco*, wie beispielsweise in speziellen Reiseunternehmen. Diese Möglichkeit erhöht nochmals die Attraktivität, Mitglied des Loyalitätsprogramms zu sein.

Tesco kombiniert sämtliche Aktionen seines Loyalitätsprogramms mit selektierten Zielgruppen. Eine große Rolle spielen beispielsweise soziale Einrichtungen wie der Babyclub, in dem sich Eltern von Neugeborenen treffen und ihre Erfahrungen austauschen. Diese Treffen bewirken eine enge Kundenbeziehung, weil sie die Bildung von Gemeinschaften fördern. *Tesco* ist damit nicht nur Supermarkt, sondern ebenfalls Initiator von Netzwerken. Eltern erhalten nicht nur spezielle Angebote von Windeln bis Säuglingsernährung, sondern ihnen wird gleichzeitig ein Forum geboten, wo sie Gleichgesinnte treffen und ihre Fragen und Bedürfnisse um die Elternschaft herum befriedigen können. Jedes Kundensegment bekommt von *Tesco* seine spezifischen Attraktionen. Beispielsweise ist seit Mitte 1999 die *Tesco*-Bank Inhalt des Loyalitätsprogramms und bietet Kunden für sie interessante Finanzdienstleistungen. Genauso großen Erfolg – weil segmentspezifisch durchgeführt – haben die Kundenrückgewinnungsprogramme der Supermarktkette, und *Tesco* hat als ein Pionier im Internet das Medium frühzeitig im Sinne seiner Kunden eingesetzt.

Natürlich versucht der Wettbewerb *Tesco* mit ähnlichen Programmen zu kopieren. Das gelingt aber nur partiell. Zum einen, weil *Tesco* einen enormen Daten- und Wissensvorsprung aufgebaut hat und seine Kunden außergewöhnlich gut kennt. Zum anderen sind die zielgerichteten und segmentspezifischen Marketingaktionen nur bedingt kopierbar, und drittens ist *Tesco* mit seinen Kunden gewachsen und hat die Kundenbeziehungen durch eine immer stärkere Aufteilung in neue Kundengruppen konstant verfeinert. Mit seinen Organisationseinheiten, die eine immer spezifischere Entwicklung von Einsätzen und Kampagnen ermöglichen, ist *Tesco* einzigartig, und aufgrund seines jetzigen Vorsprungs wird die Supermarktkette auch zukünftig weiter expandieren und in neue Geschäftsfelder hineinwachsen.

Noch eine Anekdote zu *Tesco* am Rande. Zu den treuesten und aktivsten Kunden des *Tesco*-Loyalitätsprogramms gehört Königin Elisabeth II. Als sie im Dezember 1999 ihre Weihnachtseinkäufe tätigte, bemerkte sie, dass dadurch erneut eine Vielzahl von *Tesco*-Bonuspunkten angefallen war. Bekannt für ihre Sparsamkeit, löste sie ihre Bonuspunkte nicht gegen Wertgutscheine oder andere spezielle Dienste ein, sondern ließ sich die umgerechnet 120 Euro bar auszahlen. Das Beispiel unterstreicht bestens, dass gut gemachte Loyalitätsprogramme auch bei Zielgruppen wirken, die man auf den ersten Eindruck hin nicht für typische Mitglieder eines Loyalitätsprogramms halten würde.

Doch wie initiiert man einen Dialog mit dem Kunden, um in den Besitz der benötigten Informationen zu kommen? Dazu gibt es drei Verfahren: die Kundenbefragung, die Nutzung externer Daten und die Bildung von Indikatoren:

- *Gezielte Kundenerhebung auf individueller Basis*
  Systematische Kundenbefragung mit dem Ziel, das individuelle Kundenverhalten zum Wettbewerb abzufragen, individuelle Marketingmaßnahmen oder Erkenntnisgewinnung aus dem Beschwerdemanagement
- *Nutzung externer Daten*
  Einkauf externer Daten, aus denen der Umsatz mit anderen Produzenten, Lieferanten und Dienstleistern hervorgeht
- *Bildung von Indikatoren*
  Nutzung statistischer Verfahren (zum Beispiel die Regressionsanalyse), um die Vorhersagekraft spezifischer Indikatoren zu bestimmen

Kundenwissen nutzen durch Informationstechnologien

Der Weg von der Produkt- zur Kundenorientierung wird durch die neuen IT-Technologien wesentlich erleichtert. Sie ermöglichen es, den Kunden kennen zu lernen, die wertvollsten Kunden herauszufiltern, die in Zukunft potenziellen zu erfassen und auf diese Informationen hin die differenzierte Produktgestaltung, die Individualisierung der Beratung und die kundenspezifische Dienstleistung auszurichten.

Der Einsatz der IT-Technologien führt nicht automatisch zu einer Verbesserung der Kundenbeziehung. Entscheidend ist der strategische Ansatz: Ob Kundenmaßnahmen einfach auf der Basis der Daten neu konzipiert werden (»Jetzt sind die Daten da, nun müssen sie auch genutzt werden«), oder ob die Kundenbedürfnisse und Wertschöpfungsprozesse die Struktur der Datenhaushalte dominieren. Diese Unterscheidung erscheint auf den ersten Blick trivial, sie hat jedoch enorme Auswirkung darauf, ob Projekte bezüglich des Generierens von Kundenwissen Erfolg haben oder nicht. Ausgangspunkte für alle Aktivitäten müssen immer der Kundenprozess und die zentrale Frage sein: Wo können wir für den Kunden einen Wert generieren? In der Praxis lässt sich aber beobachten, dass viele Projekte vor dem Hintergrund der vorhandenen Daten (Verbindung aller existierenden Dantenbanken) gestartet werden. Erst wenn die verschiedenen Kundendaten sinnvoll zusammengefügt werden und ein aussagekräftiges Bild ergeben, kann man erfolgsorientierte Maßnahmen aus den Daten generieren. Beispielsweise sollte ein Unternehmen, bevor es mit der Umstrukturierung der Daten beginnt, exakt festlegen, welches Ziel die Marketing- und Vertriebsaktionen bei den Kunden erreichen soll. Der Prozess, Kundenwissen zu generieren, muss somit »top down« vom Kunden her erfolgen und nicht »bottom up« von den Datensystemen determiniert werden. Um diesen richtigen Weg zu beschreiten, muss das systematische Beobachten und Erfassen des Kundenverhaltens am Anfang einer Maßnahme stehen.

Immer mehr setzt sich hierbei *Data Mining* als Instrument zur Beobachtung von Kundenverhalten durch. *Data Mining* ist ein Verfahren zur Gewinnung von Informationen aus Dateien mit der Möglichkeit zur Selektion, Vorbehandlung und Generierung von Aussagen. Doch bevor man durch den Einsatz dieser IT-Technologie relevantes Wissen über die Kunden erhält, muss die Mehrzahl der Unternehmen einige Hürden nehmen. In vielen Fällen existieren Kundendaten in verschiedenen und voneinander unabhängigen Datenbanken. Losgelöste Datensysteme, die nicht konfiguriert werden können und in denen verschiedene Informationen über die einzelnen Kunden gesammelt sind. Der Vertrieb verfügt über andere Kundendetails als die Produktion, und die Innovationsabteilung hat wiederum andere als die Buchhaltung. Hinzu kommt noch ein weiteres Problem. Stellt man die verfügbaren Daten und Informationen dem tatsächlichen Informationsbedarf gegenüber, trifft man auf eine überwältigende Datenmenge, die nur bedingt aussagekräftig ist und entsprechend nur bedingt zur Kundenanalyse und nachfolgenden Segmentierung eingesetzt werden kann. Das Szenario gestaltet sich wie folgt: In operativen Vertriebs- und Marketinganwendungen werden täglich riesige Datenmengen produziert, hinter denen sich wertvolle Informationen verbergen über Kaufverhalten, Kundenwünsche, Markttrends, Vertriebsperformance oder den Wettbewerb. Obwohl die Unternehmen Milliarden von Daten besitzen, werden die Informationslücken nicht geschlossen. Dies ergibt sich aus folgenden Grundproblemen:

- Es existiert keine geschlossene Datenbank, sondern vielmehr losgelöste Datensysteme in Vertrieb, Kundenservice oder Buchhaltung.
- Die Datenbänke sind nicht einheitlich gestaltet. Die Daten liegen in multimedialen Formen vor, als strukturierte Daten, als Fließtext, als grafische Darstellung, als Bilder oder Video- und Audioinformationen.
- Jede Abteilung betrachtet die Daten in einem anderen Zusammenhang. Ein Verkäufer hat eine andere Sicht als der Kundendienst oder das Marketing. Das bedeutet, dass die Analyse der Daten mehrdimensional sein muss.

Erst wenn die isolierten Datenbanken zusammengefasst sind und relevantes Wissen so portionieren, dass sich daraus für den Kunden und das Unternehmen Wert schaffende Informationen ableiten lassen, funktioniert *Data Mining* im Sinne von CRM. Diesen Aufgabenstellungen wird das *Data Warehouse* gerecht. Es schafft die Grundlage, den versteckten, informativen Wert des wachsenden, aber bis jetzt brachliegenden Datenbergs für zukunftsorientierte Aktionen zu nutzen.

Was ist ein Data Warehouse?

Ein *Data Warehouse* ist eine speziell für die Entscheidungsfindung aufgebaute Datenbank, in der historische Daten aus unternehmensweiten, operativen IT-Systemen (Callcenter, Vertrieb, *E-Commerce* et cetera) und externen Datenquellen gesammelt, transformiert, konsolidiert, gefiltert und fortgeschrieben werden. Ergänzt um Berichts- und Analysewerkzeuge lässt es sich – wie der Name schon sagt – mit einem Lagerhaus vergleichen. Ein Informationslagerhaus, in dem gut sortiert und schnell auffindbar alle Informationen auf Lager sind und die Möglichkeit bieten, interessante und wichtige Informationen schnell und einfach auszuwählen.

Ziel von *Data Mining* ist entsprechend, Aussagen im Sinne der Kundenorientierung und Gewinnmaximierung zu treffen. Nach dem Aufbau eines *Kunden-Data-Warehouse*, das relevantes Kundenwissen positioniert, folgt die Analyse der Kundendaten, und wiederum aus den Analyseergebnissen werden zielgerichtete Aktionen abgeleitet. Wie im Rahmen der Segmentierung bereits dargelegt, klärt *Data Mining* den richtigen Einsatzort des Marketingbudgets, nennt Segmentierungskriterien für Kundengruppen, Selektionskriterien für Marketingkampagnen und ermittelt die effizientesten Kommunikationskanäle mit dem Kunden.

Sind die Grundlagen, wie der Aufbau eines *Data Warehouse* und der zielgerichtete Einsatz von *Data Mining* für ein besseres Verständ-

Abbildung 8:
Kundendaten-Konsolidierung

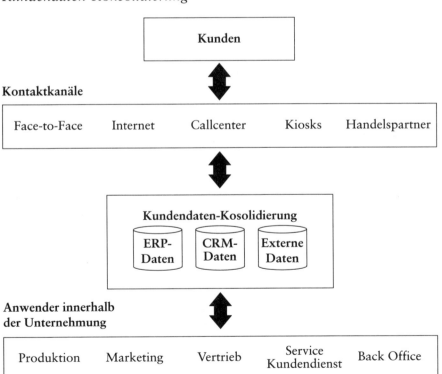

nis der Kundendaten sowie der kulturelle Wandel hin zum Austausch von Kundenwissen, geschaffen worden, stellt sich der Kundendatenkonsolidierungsprozess wie folgt dar: Der Kunde tritt mit dem Unternehmen in Kontakt beziehungsweise wird von selbigem durch Kontaktkanäle angesprochen. Bei allen Kontakten – sei es über Internet-Vertriebspartner oder durch eine persönliche Kommunikation – fallen Daten über die Transaktion, die Reaktion und Kommunikation an. Diese Daten werden dann in verschiedenen Kundendatenbanken beziehungsweise in übergeordneten *Data Warehouses* konsolidiert. Diese konsolidierten Daten, die bereits sinnvoll strukturiert sind, können dann zielgruppengerecht den einzelnen Bereichen und Nutzern im Unternehmen zur Verfügung gestellt werden. Die einzelnen Bereiche erhalten nicht sämtliche Daten, sondern nur die für sie notwendigen, um eine systematische und differenzierte Kundenbetreuung in Vertrieb, Marketing oder Serviceeinheiten zu realisieren.

Fallstudie *Tesco*:
Kundenanalyse durch integriertes Datenmanagement

Vor dem Hintergrund, dass der Erfolg von *Tesco* auch auf seine systematische Pflege seiner Daten zurückzuführen ist, soll an dieser Stelle detaillierter auf das Datenmanagement der Supermarktkette eingegangen werden. *Tesco* verknüpft die aus den Loyalitätsprogrammen generierten Daten mit den Daten, die aus dem Gebrauch der Kreditkarten kommen, sowie mit denjenigen, die an den *Points of Sale* (Kasse, Internet) entstehen, und setzt sie für *Data Mining* und spezifische Marktanalysen ein. Auf diese Weise entsteht eine detaillierte, aussagekräftige und kundenspezifische Datenbank, die beispielsweise genaue Aussagen darüber gibt,

- welcher Kunde welche Produkte kauft,
- in welchen Filialen er dies tut und
- wie seine Kaufgewohnheiten (durchschnittliche Ausgaben, Besuchshäufigkeiten, Besuchszeiten, Produktpräferenzen et cetera) sind.

Diese Daten werden in den Kundenprozess eingebettet, der erkennen lässt, wie sich der Kunde derzeit bei seinem Kauf bei *Tesco* verhält. Ebenso erkennt man, welche Maßnahmen eingeleitet werden müssen, damit sich die Beziehung zwischen Kunde und *Tesco* weiter verfestigt und der jetzige Kunde auch ein zukünftiger bleibt. *Tesco* und seine Partner analysierten die Kundenverhaltensmerkmale und teilten auf der Basis des neu geschaffenen Wissens die Kunden in verschiedene Segmente ein. Die spezifischen Gruppen wie neue, potenzielle Kunden oder profitable Stammkunden konnten damit zielgerichtet angesprochen und durch den zielgerichteten Austausch nach und nach immer stärker verfeinert werden. Die Daten wurden den jeweiligen Segmentmarketingmanagern zur Verfügung gestellt, die entweder ihre Kampagnen an die Bedürfnisse und Erwartungen der Segmente anpassten oder mithilfe der Daten ganz neue Programme entwickelten.

Die Grenzen der Informationstechnologie

Auch wenn der Aufbau eines *Data Warehouse* unverzichtbar für die Implementierung, Durchführung und Optimierung von CRM-Lösungen ist, wie ein schlagkräftiges *E-Commerce* oder ein erfolgreiches Vertriebssteuerungssystem, darf nicht der Fehler gemacht werden, es mit CRM gleichzusetzen. Es gilt, die IT-Lösungen dem ganzheitlichen CRM-Ansatz unterzuordnen. Die ausgefeilteste Datenbank bringt keinen Nutzen, wenn ihr keine systematische CRM-Strategie vorangestellt wird, die sämtliche Unternehmensprozesse kunden- und prozessorientiert im Blick hat und eine Optimierung aller Bereiche sicherstellt. Ein *Data Warehouse* ist ein CRM-Instrument, das Wissen über individuelles Kundenverhalten generiert, um die gesamte Wertschöpfungskette auszunützen. Der Nutzen von *Data Mining* liegt in der Analyse der Daten auf Individualkundenebene, die in Know-how umgewandelt werden können und eine One-to-one-Kommunikation ermöglichen. Also können diese Technologien die datentechnische Grundlage schaffen, um unter ökonomischen Gesichtspunkten

- den richtigen Kunden zu finden,
- zur richtigen Zeit,
- mit dem richtigen Angebot und
- der richtigen Ansprache.

Sie sind aber keine Lösung in sich, sondern nur ein Instrument. Zielgerichtet eingesetzte Technologie kann Kundenbeziehungen stärken, falsch eingesetzte hingegen kann Kundenbeziehungen zerstören.

Fallstudie Kreditkartenunternehmen: Informationstechnologie kann Kundenbeziehungen systematisch zerstören

Robert Wagenhofer erhielt die erste Kreditkartenabrechnung seiner gerade neu erworbenen Karte, die sich auf 0,00 Euro belief. Da er die Karte noch nicht genutzt hatte und ihm die Rechnung unsinnig erschien, ignorierte er sie und warf sie weg. Vier Wochen später erhielt er eine Mahnung, die er ebenfalls ignorierte. Dann reagierte das Kreditkartenunternehmen mit einer mahnenden Erinnerung und drohte ihm, die Kreditkarte zu sperren, wenn nicht umgehend der ausstehende Betrag von 0,00 Euro beglichen würde. Wagenhofer rief die Servicehotline des Kreditkartenunternehmens an und erklärte den Vorfall. Der Agent beruhigte ihn, dass es sich um einen Computerfehler handele und man das Problem lösen würde. Jetzt wollte Robert Wagenhofer erstmals mit seiner Karte bei einem Juwelier in Augsburg ein Geschenk für seine Frau bezahlen. Doch die Karte war gesperrt. Erneut rief er die Hotline an, wo sich ein anderer Agent wiederum für den Computerfehler entschuldigte und ihm die schnelle Lösung des Problems versprach. Einen Tag später erhielt Wagenhofer per Post nochmals eine Rechnung und einen Kontoauszug über 0,00 Euro und die Aufforderung zur sofortigen Begleichung. Da er erst am Tag zuvor mit dem Agenten gesprochen hatte, ging er davon aus, dass sich die Rechnung mit dem Anruf überschnitten und dass das Callcenter den Vorfall bereits bearbeitet hatte. Deswegen warf er die Rechnung weg. Daraufhin erhielt er wenige Wochen später wiederum eine Mahnung mit dem Hinweis, dass, würde er die Rechnung nicht innerhalb von zehn Tagen begleichen, das Kreditkartenunternehmen rechtliche Schritte einleiten und die Forderungen eintreiben würde.

Robert Wagenhofer entschloss sich, nach den Regeln des Kreditkartenunternehmens zu handeln, füllte einen Verrechnungscheck über 0,00 Euro aus und übersandte ihn der Kreditkartenorganisation. Umgehend informierte ihn ein Schreiben, dass nun sein Konto ausgeglichen wäre und er keine weiteren Verpflichtungen hätte. In der darauf folgenden Woche rief ihn jedoch ein Relationship Manager des Privatkundenbereichs einer Großbank an und berichtete ihm, dass der 0-Euro-Scheck die Computersoftware der Bank außer Kraft gesetzt hatte, die Bank über zwei Stunden nicht in der Lage gewesen wäre, Schecks von anderen Kunden einzulösen und diese entsprechend verärgert gewesen wären. Außerdem bedauerte er, dass man den 0-Euro-Scheck nicht hätte verbuchen können. Vier Wochen später erhielt Wagenhofer erneut einen Brief von seiner Kreditkartenorganisation mit dem Hinweis, dass sein Scheck nicht eingelöst werden konnte und, falls er nicht die 0,00 Euro sofort überweisen würde, eine Sperrung der Karte und die Einleitung rechtlicher Schritte unumgänglich wären. Robert Wagenhofer kümmerte das wenig, er hatte bereits die Karte, mit der er noch keinerlei Umsatz getätigt hatte, zerschnitten und im Abfalleimer entsorgt.

Dieses extreme Beispiel verdeutlicht, wie wichtig es ist, dass alle Unternehmensbereiche sich in Strategie und Durchführung auf CRM ausrichten und eng miteinander verknüpft sind. Computersysteme, Transaktionsverfahren, Callcenter-Agenten und Kundenbetreuer, die nicht systematisch ausgerichtet sind, zerstören nachhaltig die Kundenbeziehungen.

Daten und Macht: Wer besitzt das Wissen über die Kunden?

Wer verfügt über die Macht der Information im Unternehmen? Der Vertrieb, der die persönlichen Daten generiert und diese über *Sales-Force-Automation* (SFA)-Tools in das Unternehmen eingibt? Die IT-Abteilung, die die Daten managt? Das Marketing, das diese Daten zentral analysiert und zur Verfügung stellt? Längst hat sich der Satz »Wissen ist Macht« in den Unternehmen als ein politisches und organisatorisches Problem herausgestellt. Dies gilt insbesondere für den Bereich Kundenwissen, das in vielen Fällen im Kopf oder in dem Datenspeicher einer Einzelperson – wie überwiegend bei dem Mitarbeiter des Vertriebs oder dem Agenten für Kundenkontakte – vorhanden ist. Traditionellerweise ist Kundenwissen im Besitz der Vertriebsperson, die sich vor der Einführung von SFA-Informationssystemen häufig erfolgreich sträubte, dieses Wissen systematisch an die Gesamtorganisation oder ihre Kollegen weiterzugeben. Die Vertriebsmitarbeiter hüteten dieses Wissen wie einen Schatz und zogen daraus ihre Unabhängigkeit. Sie nahmen nicht selten bei einem Wechsel der Organisation das Wissen zum neuen Arbeitgeber mit. Selbst durch die Einführung von Vertriebsinformationssystemen ist dieser Machtkampf noch längst nicht entschieden. Zwar geben immer mehr Mitarbeiter wichtige und zeitnahe Informationen in ihre Datensysteme hinein, aber diese Systeme können nicht verhindern, dass wichtige Zusatzinformationen, die wenig strukturiert erhoben werden können oder die nicht auf ihre Eingabe hin überprüft werden können, weiterhin bei der Einzelperson verbleiben. Es hängt von der Bereitschaft des Vertriebsmitarbeiters ab, diese Informationen mit der Organisation zu teilen. Diese Bereitschaft ist natürlich abhängig von der Unternehmenskultur und den Perspektiven, die ein Mitarbeiter beim derzeitigen Arbeitgeber sieht. Durch ständige Reorganisation und Kürzungen im Vertrieb ist aber in vielen Fällen dieses Vertrauen geschmolzen, und Mitarbeiter sträuben sich weiterhin, wichtige Informationen an die Organisation abzugeben, welche diese als Grundlage von zentralen Entscheidungen und für das systematische Kundenmanagement dringend benötigt. Hier gilt es, kulturelle Blockaden zu beseitigen und deutlich zu machen, dass diese Informationen primär dem Unternehmen gehören und dazu notwendig sind, den Unternehmenswert zu stärken. Ein guter Mitarbeiter profitiert von dieser Stärke und sollte zumindest auf der rationalen Ebene die Notwendigkeit des Informationsaustausches sehen. Es ist von grundlegender Bedeutung, dass alle Beschäftigten verstehen, was mit diesen Informationen geschieht, und warum sie für das erfolgreiche Bestehen der

Organisation so wichtig sind. Ebenso muss die emotionale Gefahr – die durchaus real ist –, dass der Vertriebsmitarbeiter einen Teil seiner Stellung, Macht und Position verliert, systematisch abgebaut beziehungsweise es muss auf diese Veränderungen entsprechend offen reagiert werden. Diesbezüglich sind insbesondere das *Vertriebsmanagement*, aber auch die Geschäftsführung gefragt, klar den Nutzen für den Kunden zu kommunizieren und diesen anhand positiver Beispiele zu belegen. Wird die Lösung dieses Problems nicht in Angriff genommen und von den Unternehmen ignoriert, entzieht man dem *Customer Relationship Management* seine Basis. Ohne wertvolle und zeitnahe Informationen über die Kunden und deren Verhalten sind die meisten Marketingkonzepte kaum tragbar und ihre Wirkungen unberechenbar. Deshalb ist es dringlich, dieses zentrale Problem in den Unternehmen zu diskutieren und zu klären. Es muss eine Kultur geschaffen werden, in der das individuelle Kundenwissen auf eine mulitplizierbare Basis gestellt wird.

Die Bewertung der Kunden: die klassischen Ansätze

Hat man sich nun einen Überblick über seine Kunden und ihre Bedürfnisse und Erwartungen verschafft, gilt es, diese zu analysieren und in verschiedene Segmente einzuteilen. Zur Kundenbewertung und Segmentierung existieren vier klassische Techniken, die in mehr oder minder ausgeprägter Form heute in Unternehmen verwendet werden. Meistens werden diese Verfahren nur oberflächlich oder eindimensional eingesetzt und spiegeln nur bestimmte Faktoren des Kundenverhaltens wider. Am häufigsten verbreitet sind die umsatzorientierten Segmentierungsansätze (»Wer sind unsere größten Kunden?«) oder die ressourcenbasierten Ansätze (»In welche Kundengruppen investieren wir welche Marketingmittel?«). Diese Ansätze dienen als eine erste Erklärungshilfe. Sie stellen aber keine ausreichende Segmentierung dar, da bei ihnen einerseits die tiefer gehenden Erkenntnisse der Kundenprofitabilität und andererseits das Wissen über das Verhalten des Kunden und den Kundenprozess fehlen. Zur Übersicht werden sie hier kurz am Beispiel eines Versicherungsunternehmens vorgestellt:

- *ABC-Analyse*: Die ABC-Analyse ordnet Kunden nach den Umsatz-beziehungsweise Gewinnbeiträgen, die sich aus der vorhandenen Kundenbeziehung ableiten lassen. Inwieweit hat der einzelne Kunde, seit er die erste Versicherungspolice unterschrieben hat, zur Steigerung des Versicherungsunternehmenswerts beigetragen?
- *Kundenlebenszyklusanalyse*: Dabei werden die Geschäftsbeziehungen in verschiedene Phasen eingeteilt und jeder Phase ein bestimmtes Kundenverhalten zugeordnet. Auf dieser Basis analysiert man das phasentypische Verhalten des Kunden und untersucht, ob in jeder Phase ein ausgewogenes Verhältnis zwischen Kunde und Phase vorliegt. Versicherungen praktizieren diese Analyse bereits seit langem. Ein Student benötigt andere Versicherungen (eine Kranken- oder eventuell eine Autoversicherung) als ein Berufsanfänger, der zusätzlich vielleicht eine Hausrat- und Arbeitsausfallversicherung braucht, oder ein Berufstätiger im mittleren Alter, der nochmals zusätzlich eine Immobilien- und Rentenversicherung abschließt. Die Kundenlebenszyklusanalyse gleicht ab, ob der Kunde seine Versicherungen an seinen Lebensstandard angepasst hat, oder ob er, versicherungstechnisch betrachtet, immer noch auf dem Niveau eines Studenten ist. Ist Letzteres der Fall, hat die Versicherung die Möglichkeit, den Wert des Berufstätigen für das eigene Geschäft durch ein maßgeschneidertes Angebot zu erhöhen.
- *Kundenkapitalwert*: Hierbei wird versucht, durch die Übertragung investitionsrechnerischer Methoden aus der Differenz zukünftiger Einnahmen und Ausgaben den Kapitalwert von Geschäftsbeziehungen zu ermitteln und auf der Basis dieser Ergebnisse das Kundenmanagement zu gestalten. Die Berechnung des Kapitalwerts schließt die gegenwärtigen Umsätze (ABC-Analyse) und die dynamische Komponente der Lebenszyklusanalyse ein. Ein Student, der erfahrungsgemäß nur wenige Versicherungen benötigt, hat anfangs einen kleinen Kapitalwert für ein Versicherungsunternehmen. Im Rahmen der Kundenkapitalwertanalyse wird ausgerechnet, wie viel das Versicherungsunternehmen in den Studenten investieren soll, um ihn an das Unternehmen zu binden und am Ende aus ihm einen hoch profitablen Kunden gemacht zu haben. Das Ergebnis einer solchen Berechnung berücksichtigt den jetzigen Status des Studenten

und seine berufliche und damit auch finanzielle Entwicklungs-
perspektive. Ein Angestellter im mittleren Alter birgt ein anderes
Potenzial für ein Versicherungsunternehmen und ein erfolgreicher
Unternehmer wiederum ein anderes.

- *Kundenportfolioanalyse*: Das ist eine Weiterentwicklung der allgemeinen betriebswirtschaftlichen Portfolioansätze. Hierbei werden
  Aussagen zu strategischen Investitionsentscheidungen aufgrund der
  Konstellation von Kunden- beziehungsweise Geschäftsbeziehungen
  zueinander getroffen. Bei der Kundenportfolioanalyse wird geklärt,
  wie ein Versicherungsunternehmen sein Marketingbudget – Alloka-
  tion der Marketingmittel – strukturieren muss, um gezielt in die potenziellen Kundengruppen zu investieren und sie an sich zu binden. Die
  Intention dabei ist, die investiven Mittel statt in einer breiten, inprofi-
  tablen Streuung segmentspezifisch einzusetzen. Es würde wenig Sinn
  machen, wenn ein Student von einem Versicherungsunternehmen ein
  Mailing erhielte, das ihn über eine Immobilienversicherung informiert oder über das Angebot einer preisgünstigen Autoversicherung,
  wenn der Student gar kein Auto besitzt. Bei einer segmentspezifischen
  Ausrichtung des Marketings werden nicht nur Kosten gespart, sondern sie hilft auch, den Kunden nicht zu verärgern. Der Student, der
  mit für ihn sinnlosen Mailings überschüttet wird, baut keine positive
  Beziehung zu der Versicherung auf, sondern behält die Versicherung
  als unangenehm und aufdringlich in Erinnerung.

Kundenbasisanalyse: der Schlüsselfaktor des Unternehmensgewinns

Diese klassischen Ansätze zeigen zwar interessante Teilaspekte der
Kundenbeziehung auf, reichen aber für eine genaue Spezifizierung von
Kundentypen nicht aus. Um eine fundierte Grundlage für CRM-Stra-
tegien zu schaffen, ist detailliertes Wissen über die Kundenprofitabilität sowie das Kundenverhalten im Wertschöpfungsprozess maßge-
bend. Nur wer seine Kunden bezüglich ihres Verhaltens unterscheiden
kann, ist in der Lage, dieses Verhalten zielgerichtet zu beeinflussen, und

nur wer zielgerichtet in seine profitablen Kunden investiert, kann langfristig den Unternehmenswert steigern. Deshalb werden wir uns in den nächsten Abschnitten intensiver mit dem Begriff und der Durchführung der Kundenprofitabilität und der Überprüfung der Kundenprozesse als Ausgangspunkte einer systematischen CRM-Strategie beschäftigen.

Der zu Beginn beschriebene Wandel hin zur stärkeren Prozessorientierung hat auch zur Verbesserung der Datengrundlage der Kosten- und Ertragsrechnung geführt. Insbesondere die Prozesskostenrechnung (*Activity based Costing*) hat den Unternehmen tiefere Einblicke in die Struktur der Kostenverursachung durch Kunden gegeben. Theoretisch ist es jetzt möglich, genau die vom Kunden erzeugten Kosten, aber auch die durch ihn generierten Erträge systematisch zu errechnen. Obwohl in der Praxis heute die Möglichkeit dazu besteht, und auch die modernen *Enterprise Resource Planning* (ERP)-Systeme, wie von SAP oder Baan, dies innerhalb eines großen Datenvolumens ermöglichen können, nützen Unternehmen diese Erkenntnisse noch sehr selten. Das entscheidende Element der Kundenprofitabilitätsanalyse ist nicht die Kalkulation an sich, sondern die Erkenntnisse, die aus ihr gezogen werden. Nicht das Wissen ist interessant, sondern wie die Informationen genutzt werden, und welche Handlungsschritte sich daraus ableiten lassen.

Was wissen wir bisher über Kundenprofitabilität? Strategisch ist es äußerst wichtig, die Kundenbasis hinsichtlich ihrer Profitabilität zu analysieren und zu entscheiden, welche Kunden die wertvollsten für ein Unternehmen sind. Die Erfahrungen aus mehreren hundert Kundenbasisanalysen zeigen, dass unabhängig von verschiedenen Industrien und Bereichen gewisse Parallelen über die Profitabilitätsverteilung innerhalb der Kundenbasis gezogen werden können. Im Folgenden wird das Profitabilitätspotenzial der Kundenbasis an verschiedenen Beispielen näher erläutert. Wichtigste Erkenntnisse hierbei sind vor allem:

1. Eine große Anzahl von Kunden in der Kundenbasis ist unprofitabel.

Die meisten Unternehmen, die Kundenprofitabilitätsanalysen durchgeführt haben, stellten zu ihrer Überraschung fest, dass der Anteil ihrer unprofitablen Kunden enorm hoch ist. Es scheint eher die Regel als die Ausnahme, dass mehr als 30 Prozent der existierenden Kunden unprofitabel sind. Die Ergebnisse variieren hierbei je nach Untersuchungsgegenstand bei Anteilen von 20 bis 80 Prozent unprofitablen Kunden in einer Kundenbasis. Dieses Ungleichgewicht führt zu einer Anzahl von strategischen und operativen Problemen. Beispielsweise ist es von erheblicher Bedeutung, dass bei einer solch hohen Anzahl von unprofitablen Kunden bestimmte Kunden subventioniert werden. Der Profit von wirtschaftlich starken Kunden wird dazu verwendet, um unprofitable Kunden zu behalten. Diese Strategie macht Unternehmen stark anfällig für die Attacken des Wettbewerbs. Wettbewerber, die versuchen, nur profitable Kunden abzuwerben, und damit erfolgreich sind, erzeugen schnell enorme Verluste bei den angegriffenen Unternehmen. Denn jeder abgewanderte profitable Kunde trägt ernorm zur Schwächung der Rentabilität bei.

2. *Nur wirklich große Kunden können wirklich sehr unprofitabel sein.*

Bei Profitabilitätsanalysen stellt man das Einkaufsvolumen von Kunden und ihren individuellen Profit gegenüber.

Abbildung 9:
Verteilung Kundenumsätze/-profitabilität

Quelle: CRM-Research

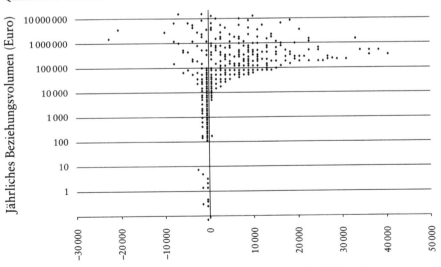

In der Abbildung wird ein solcher Vergleich von individuellem Umsatz und Gewinn deutlich. Die Verteilung der Kunden ermöglicht einige interessante Rückschlüsse. Beispielsweise zeigt sie, dass die Kunden, die nur geringe Umsätze erzielen, in einem Höchstmaß unprofitabel sind. Die Mehrheit in fast allen Kundenbasisanalysen sind kleinvolumige Kunden, und diese sind in den meisten Fällen unprofitabel. Diese Perspektive verdeutlicht, wie sehr der Erfolg eines Unternehmens davon abhängig ist, sich auf seine umsatzstärksten Kunden zu konzentrieren – dies aber durchaus selektiv.

Eine weitere Schlussfolgerung ist, dass der Gewinn mit wachsendem Umsatz zunimmt. Ebenso wird gleichzeitig erkennbar, dass die wirklich unprofitablen Kunden diejenigen mit hohen Umsatzanteilen sind, denn gerade deren negative Deckungsbeiträge – die oft durch zu hohe Rabattierungen erfolgen – schlagen sich mit der hohen Umsatzmenge drastisch nieder. Interessant ist, dass die wirklich profitablen Kunden ebenfalls die umsatzstärksten Kunden sein können, das heißt, dass die paradoxe Situation entsteht, dass ein Kunde mit den gleichen Umsatzausprägungen gleichzeitig der gewinnstärkste wie auch der verlustbringendste sein kann. Diese ungewöhnliche Situation entsteht, weil sich umsatzstarke Kunden enorm in den Konditionen und in den Serviceleistungen, die sie fordern oder die ihnen gewährt werden, unterscheiden – bis hin zur individuellen Nicht-Profitabilität. Gerade wenn diese nicht rentablen Kunden viel Umsatz machen, entwickelt sich die finanzielle Situation bedenklich. Vor diesem Hintergrund ist es dringend notwendig, speziell die umsatzstärksten Kunden einer kritischen Prüfung zu unterziehen und sich mit dieser Gruppe zu beschäftigen. Allerdings wäre die Schlussfolgerung falsch, dass nur die großen Kunden die richtigen Kunden sind. Dies lässt sich an einem anderen Beispiel verdeutlichen.

Wenn man eine existierende Kundenbasis in unterschiedliche Gruppen auf der Grundlage ihrer Umsatzvolumina einteilt und dann die einzelnen Profitabilitäten der unterschiedlichen Gruppen ermittelt, bekommt man einen interessanten Verlauf. Geht man nicht nach Individualkunden vor, sondern nach Kundengruppen, so stellt man fest, dass alle Kundengruppen, die unterhalb eines bestimmten Volumens liegen, unprofitabel sind. Die mittleren und die großen Kunden sind die profitablen. Es ist nicht ungewöhnlich, dass die mittleren Kunden als eine Gruppe einen enormen Anteil der Kundenprofitabilität erzielen. Ebenso zeigt sich, dass die großen Kunden, obwohl zu ihrer Gruppe die wirklich unprofitablen Kunden gehören, immer noch für enorm große Anteile der gesamten Kundenprofitabilität stehen.

Sehr häufig wird in der Praxis die *Pareto-Regel* zitiert, die nachweisen soll, dass 20 Prozent der Kunden 80 Prozent der Gewinne erzielen. Dies ist jedoch nicht zutreffend. Während es sein kann, dass 20 Prozent der Kunden 80 Prozent der Umsätze realisieren, ist in der Regel die Verteilung der Gewinne vollkommen anders. Das resultiert daher, dass es negative Ergebnisse pro Kunde geben kann, und dies verschiebt die Verteilung dramatisch. Die genaue Verteilung der Kundenbasis lässt sich durch die so genannte Stobachoff-Kurve illustrieren.

Abbildung 10:
Beispiel kumulierter Gewinne innerhalb des Kundenstamms
Quelle: CRM-Research

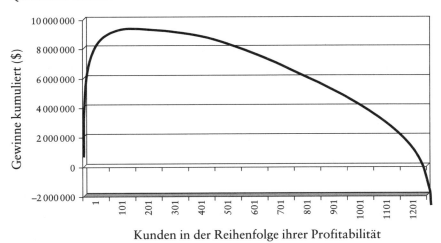

Kunden in der Reihenfolge ihrer Profitabilität

Die Stobachoff-Kurve wird auf der Basis der individuellen Profitabilität des einzelnen Kunden kalkuliert. Anschließend werden die Kunden in der Reihenfolge der Höhe der Profitabilität aufgelistet, sodass in der beschriebenen Fallstudie Kunde Nr. 1 der am meisten profitable und Kunde Nr. 1238 der am geringsten profitable Kunde ist. Abschließend werden die gesamten Kundengewinne aufaddiert. Die so entstehende Kurve zeigt die Profitakkumulation über die gesamte Kundenbasis. Auf der Grundlage dieser Kurve ist es nun möglich, interessante Schlussfolgerungen über den Zustand der Kundenbasis zu ziehen. Mit der beschriebenen analysierten Kundenbasis lässt sich überblicksartig beispielsweise erkennen:

- Solange die Kurve im Steigen begriffen ist, werden profitable Kunden hinzuaddiert. Dies macht es möglich, den Anteil der profitablen Kunden zu bestimmen. Im beschriebenen Fall sind circa 250 von 1 238 Kunden profitable Kunden, also ungefähr 20 Prozent.
- Es lässt sich erkennen, dass die profitablen Kunden einen Gesamtprofit von 9,5 Millionen Euro erwirtschaften.
- Die folgenden 900 Kunden sind alle nicht profitabel, da die Kurve sich zwischen dem 250. und 1 100. Kunden abwärts neigt. Zusammengefasst kreieren diese Kunden einen Verlust von 3,5 Millionen.
- Die 100 unprofitabelsten Kunden zeigen einen noch stärkeren Abwärtstrend der Kurve an, denn sie generieren zusammen beinahe 7 Millionen Verlust.
- Die Gesamtverteilung der Kunden ist so negativ, dass das Unternehmen im Moment einen Gesamtverlust von 3,8 Millionen erzielt.

Dieses Unternehmen ist also finanziell gefährdet und ebenso höchst anfällig für die Attacken von Wettbewerbern. Die Existenz basiert auf ausschließlich 200 profitablen Kunden, und mit der derzeitigen Verteilung und Höhe wäre das finanzielle Überleben der Firma nicht sichergestellt.

Wichtige Schlussfolgerungen allein auf der Grundlage der Kundenbasisanalyse lassen sich insbesondere für zwei Gruppen erkennen:

- Die zu schützende Gruppe; dies sind in diesem Falle die 250 profitablen Kunden. Das Unternehmen muss sicherstellen, dass diese in Zukunft weiterhin die Geschäfte und Geschäftsbeziehungen aufrechterhalten. Eine Strategie muss entwickelt werden, diese Kunden vor Wettbewerbsübergriffen zu schützen. Werden die Kunden entsprechend geschützt und die Beziehung zu ihnen auf- und ausgebaut, so wird der positive Cashflow von diesen profitablen Kunden anhalten. Dies sichert Stabilität und kann ein guter Startpunkt für eine weitere Geschäftsentwicklung sein.

- Die zu verändernde Gruppe; die Veränderungsgruppe besteht aus den am stärksten unprofitablen Kunden in der Kundenbasis. Da Sie ja nun erkannt haben, dass sich hierunter eine große Anzahl von volumenstarken Kunden befindet, ist es nicht so einfach, die Transformierung der Profitabilität dieser Kunden zu erreichen. Da die Unternehmung insgesamt nicht profitabel ist, kann sie nicht die Beziehung unter den gleichen Voraussetzungen wie bisher fortführen. Wenn man die Kunden individuell betrachtet, erkennt man, dass diese Gruppe ein enormes Potenzial der Profitabilität aufweist und diese auch individuell angegangen werden müssen. Ansätze, die ein verändertes Preismanagement beinhalten (um die Beziehungserträge zu erhöhen oder die Veränderungen der Prozesse um den Aufwand zu verringern und damit die Kosten zu senken), werden in den nächsten Kapiteln intensiver besprochen.

Es ist wichtig festzuhalten, dass alle diese derzeit unprofitablen Kunden dramatisches Profitabilitätspotenzial haben und von großem Interesse sind, insbesondere die großen Kunden. Aber auch die Kunden, die zwischen diesen beiden Gruppen stehen, nämlich die circa 900 Kunden in der Mitte der Stobachoff-Kurve, sind näher zu untersuchen. Zumeist handelt es sich hier um kleinvolumige Kunden, und da alle mehr oder weniger unprofitabel sind, scheint es ein strukturelles Problem in der Art und Weise, wie das Unternehmen operiert und seine Kundenbeziehungen unterhält, zu geben. Auch hier kann es wichtig sein, neue Beziehungsansätze zu ermitteln, wie man diese Kundenbasis wieder in eine profitable Art des Beziehungsmodelles überführen kann. Dies wird ebenso Bestandteil der folgenden Kapitel sein.

Nicht profitable Kunden sind interessante Kunden

Häufig werden aus Kundenprofitabilitätsanalysen sehr simple Schlussfolgerungen gezogen, wie zum Beispiel, dass man die unprofitablen Kunden eleminieren muss. Dies gilt häufig für die Menge der am stärksten unprofitablen Kunden, und eine typische falsche Konsequenz wäre es, die Kunden ab circa der Nr. 1 100 in unserem erwähnten Beispiel abzuschneiden. Damit würden auch sehr volumenstarke Kunden abgeschnitten werden, die ein enormes Potenzial einer erfolgreichen Geschäftsbeziehung offerieren. Man würde nicht nur eine große Chance verpassen, sondern es hat sich in allen unseren Analysen gezeigt, dass die Beendigungen von Kundenbeziehungen mit solchen einfachen Mitteln wenig erfolgversprechend sind.

Zwar sollte das Konzept der Eliminierung von Kunden in jeder *Customer Relationship Management*-Strategie beinhaltet sein, und wir werden zu einem späteren Zeitpunkt auch intensiver darauf zurückkommen, jedoch muss an dieser Stelle vor schnellen Urteilen gewarnt werden. Wenn die Beziehungen mit den am meisten unprofitablen Kunden, die die volumenstärksten Kunden sind, beendet werden, verschärft sich die dramatische Situation sehr oft. Der Grund hierfür ist klar: Da die meisten Kosten heutzutage Fixkosten sind, müssen die verschiedenen Fixkosten auf die existierende Kundenbasis neu verteilt werden. Damit werden noch mehr existierende Kunden unprofitabel, und die Stobachoff-Kurve verschiebt sich noch dramatischer. Das einfache Beenden von Kundenbeziehungen ist also nicht die optimale Lösung, sondern eine differenzierte Vorgehensweise ist hierbei von enormer Wichtigkeit.

Unsere Erfahrungen zeigen deutlich, dass bereits kleinere Veränderungen im Kundenbeziehungsmanagement dramatische Wirkungen auf die zu erzielenden Preise und die Kosten haben können. Mit einem Redesign der Kundenbeziehungsmodelle lassen sich solch unprofitable Kunden wieder in profitable Kunden wandeln, und es können je nach Kundengruppe durch unterschiedliche Gestaltungen und Preisfestsetzungen enorme Wirkungen erzielt werden. Gerade der Einsatz von kostengünstigeren Medien und Kanälen, wie Callcenter und Internet, kann hierbei eine dramatische Wirkung haben, wenn man weiß, bei welcher Kundengruppe dies zum Erfolg führen kann und gleichzeitig die Kosten senkt.

Wichtig ist es vor allen Dingen festzuhalten, dass unprofitable Kunden nicht unwichtige Kunden sind, und diese nicht als etwas Negatives per se betrachtet werden müssen. Unprofitable Kunden sind keine schlechten Kunden, sondern sie sind deswegen nicht profitabel, weil die Unternehmensstrategie und die Arten der Kundenbehandlung ein nicht rentables Kundenverhalten möglich machen. Kundenprofitabilität ist immer eine Funktion des Gestaltens der Kundenbeziehung, und dieses Verhalten kann auf verschiedenste Arten und Weisen beeinflusst werden. In Wirklichkeit gibt es keine schlechten Kunden, sondern nur schlechte Kundenstrategien. Bei Veränderung dieser Kundenstrategien kann das Kundenverhalten verändert werden, was wiederum einen positiven Einfluss auf die Kundenprofitabilität hat.

Wie bereits einleitend beschrieben, ist die Profitabilitätsanalyse nur sinnvoll, wenn daraus konsequente Handlungen abgeleitet werden. Um Profitabilitätspotenzial zu erkennen, müssen die Ursachen von Unprofitabilität untersucht werden. Unternehmen müssen verstehen lernen, welche Vorgänge in ihrem Kundenbeziehungsmanagement das Verlust bringende Verhalten erzeugen. Die generellen Ursachen bestehen aus drei verschiedenen Dimensionen: Umsatzhöhe, Aufwendungen und Preise. Große Umsätze haben ein großes Potenzial für Profitabilität, auch wenn diese in der gegenwärtigen Situation nicht immer realisiert wird. Ist ein großes Potenzial da, so müssen die Ressourcen auch auf dieses Potenzial hin ausgerichtet werden. Eine der Schlussfolgerungen kann ein stufenweises Vorgehen nach Umsatzkategorien sein, um verschiedene Levels des Beziehungsmanagements zu ermöglichen. Das Statuskonzept im Loyalitätsprogramm, das bestimmte Leistungen an den Erhalt einer goldenen oder silbernen Karte bindet, ist ein Beispiel eines solchen Beziehungsmanagements, das später detaillierter beschrieben wird. Investiert das Unternehmen zu große Aufwendungen in die Beziehung, so kann diese leicht Verlust bringend sein. Aufwendungen umfassen sämtliche Aktivitäten, die in einer Beziehung durchgeführt werden, sowohl für den Kunden als auch mit dem Kunden. Um das Profitabilitätspotenzial zugänglich zu machen, muss der Lieferant versuchen, alle Aktivitäten zu reduzieren, die nicht kompensiert werden. So können beispielsweise für bestimmte Dienstleistungen, die bisher als Beigabe dienten, spezielle Preise verlangt werden, und die Kunden, die einen Wert darin sehen, nehmen diese Leistungen gegen Gebühr ab, und die Kunden, die den Wert nicht erkennen, werden die Leistungen nicht beziehen.

Preisprobleme sind eine häufige Ursache für das Entstehen von großen Verlusten, denn gerade volumenstarke Kunden können durch ihre Machtposition sehr vorteilhafte Konditionen erreichen. Aber auch ohne diese Machtsituation kann sich allein durch die Rabattierungsfunktion eine solche ungünstige Situation ergeben. Bei vielen Rabattsystemen nimmt bei wachsendem Umsatz auch die Rabattstufe zu. Die Folge ist: Je größer das Umsatzvolumen eines Kunden ist, desto günstiger gestaltet sich der Preis einer zusätzlichen Einheit. In bestimmten Fällen ist der Preis am Schluss so gering, dass der Kunde nicht mehr profitabel ist. Ein Überarbeiten von solchen Rabattstufen erscheint dringend notwendig, und ebenso muss negatives Kundenverhalten mit eigenen Preisen versehen werden. *Preismanagement* in Kundenbeziehungen ist jedoch ein individuelles und häufig komplexes Problem. Deshalb werden wir im Teil der Strategien darauf noch intensiver eingehen. Insgesamt gilt es aber festzustellen, dass es genügend Ansatzpunkte gibt, die Kundenprofitabilität einer Kundenbasis stark zu beeinflussen und aus unprofitablen Kunden wieder profitable Kunden zu machen.

Die bisherige Betrachtung war immer nur auf einen bestimmten Zeitpunkt, wie ein Kalenderjahr, bezogen, um die generellen Schlussfolgerungen aus der Kundenprofitabilität zu verdeutlichen. Noch interessanter wird das strategische Element der Kundenprofitabilität allerdings, wenn man die Ursachen und Wirkungen auf einen längeren Zeitraum bis hin zur Kundenlebenszeit *(Lifetime Value)* betrachtet.

Fallstudie Maschinenbauunternehmen: Kundenprofitabilität durch Fusion?

Nach einer erfolgreichen Akquisition hatte das Management eines Maschinenbauunternehmens realisiert, dass es nun an der Zeit war, einen intensiveren Blick auf die Kundenbasis und die Kundenbeziehungen der aus zwei Unternehmen neu formierten Firma zu werfen. Die Identifikation der wichtigsten Kunden erschien als eine ganz spezielle Herausforderung, da beide Unternehmen diese Einteilung bisher nach unterschiedlichen Mustern und Kriterien vorgenommen hatten.

Obwohl beide nur umsatzbezogene Kriterien heranzogen, hatten sie in ihren Abstufungen und den darauf aufbauenden Systemen ganz unterschiedliche Vorgehensweisen. Prinzipiell war die Charakterisierung bei beiden zu oberflächlich und zu wenig aussagekräftig, um daraus Handlungen abzuleiten. Die erste Aufgabe bestand darin, die 20 wertvollsten Kunden zu ermitteln, um ihnen ein *Account-Management-Programm* zu offerieren.

Die Kundenanalyse wurde auf verschiedenen Stufen durchgeführt. Die erste Stufe umfasste die Identifikation von Kunden, deren jährliche Umsätze eine bestimmte Grenze überschritten. Das Ergebnis waren 100 Kunden, die als zukünftige Account-Kandidaten gewertet werden konnten. In der zweiten Stufe wurden alle Kunden aufgrund von sechs verschiedenen Kriterien analysiert. Die Kriterien wurden zuvor nach der strategischen Bedeutung gewichtet. Wichtig waren hierbei die aktuellen Ergebnisse, wie Umsatzstärke und Profitabilität, aber auch das zukünftige Potenzial und beispielsweise die Empfehlungen, die man von einem solchen Kunden erhalten konnte, oder auch das Lernen aus der Beziehung, das wiederum auf andere Kunden übertragen werden konnte. Folgende Kriterien und Gewichtungsfaktoren wurden festgesetzt:

- Umsatzgröße: 30 %
- Profitabilität: 20 %
- Stärke der Kundenbeziehung: 20 %
- zukünftiges Potenzial: 10 %
- Empfehlungswert: 10 %
- Lernwert: 10 %

Die dritte Stufe umfasste das *Scoring* (Bewertungssystem) der analysierten Kunden. Alle Kandidaten wurden hinsichtlich dieser Kriterien gewertet, und die besten 20 Prozent in jeder Kategorie erhielten fünf Punkte, die 20 schwächsten Kandidaten erhielten einen Punkt. Dann wurden mithilfe der gewichteten Faktoren Durchschnittswerte für jeden einzelnen Kunden ermittelt. Die letzte Stufe des Bewertungsprozesses war ein Praktikabilitätscheck durch die Vertriebsmannschaft. Eine ausgewählte Gruppe beider Unternehmen überprüfte und genehmigte die Kundenliste und die Bewertung und sicherte die Praxisrelevanz. Die so selektierten Kandidaten wurden dann mit einem speziellen *Key-Account-Programm* intensiv betreut. Ebenso wurde diese Analyse zur Grundlage für die Zuordnung von Ressourcen. Das Modell kann zudem für Simulationen benutzt werden. Die zukünftigen Potenziale können durch eine neue Ordnung der Gewichtsfaktoren des Zukunftspotenzials und des Differenzwertes bestimmt werden. Je nach Unternehmensstrategie können hier also unterschiedliche Kunden als die wichtigsten ermittelt werden und während ihrer Beziehung mit unterschiedlichen Systemen betreut werden.

Die langfristigen Auswirkungen von Kundenprofitabilität: Kundenlebenszeitbetrachtungen

Enge und starke Kundenbeziehungen haben messbare Auswirkungen auf den Umsatz und Gewinn eines Unternehmens. Eine intensive Kundenbeziehung stärkt nicht nur die so genannten weichen Faktoren, wie die positive Einstellung des Kunden zum Unternehmen, sondern hat ebenfalls statistisch nachweisbare Auswirkungen auf die Profitabilität. Studien, die von der Cranfield University/School of Management durchgeführt wurden, belegen, dass Kundenabwanderungen beispielsweise ein mittelständisches Unternehmen im Laufe von fünf Jahren circa 2,4 Milliarden Euro an verlorenen Einkünften und mehr als 400 Millionen an Gewinn kosten. Bei einem Erhalt seines Kundenstamms hätte dieses Unternehmen im gleichen Zeitraum also tatsächlich 400 Millionen Gewinn mehr erzielt.

Ein ähnliches Ergebnis hatte auch eine Studie bei Kreditkartenunternehmen. Ein Anstieg des Nutzenvolumens um 5 Prozent bei den treuen Kunden führt zu circa 125 Prozent mehr Gewinn. Hochgerechnet kosten Kundenabwanderungen die Industrie pro Jahr circa 150 Milliarden Euro, genauso viel, wie für die Akquisition neuer Kunden investiert wird. Auch Fluggesellschaften machen eine einfache Rechnung auf. Ein Mensch fliegt im Durchschnitt im Alter von drei

Jahren zum ersten Mal und mit circa 75 Jahren zum letzten Mal. In diesen über 70 Jahren kann theoretisch eine Fluggesellschaft mit diesem Kundenprofil einen Lebensumsatz von mehr als einer halben Million Euro machen. Bei einer Telefongesellschaft kommen in dieser Zeit etwa 125 000 Euro zusammen. Um den größtmöglichen Lebensumsatz mit einer solchen Person zu machen, muss das Management sich die Frage stellen, wie ein solcher Kunde gewonnen werden und wie man dauerhaft die Beziehung zum Unternehmen aufrechterhalten kann.

Als Ergebnis lassen sich zwei grundlegende Aussagen feststellen:

• Der Verlust von attraktiven Kunden wirkt sich überproportional negativ auf den Gewinn eines Unternehmens aus.
• Die Konzentration auf existente Kunden hingegen führt zu einem überproportional höheren Gewinn.

Die vorgenannt aufgeführte Gewinnmaximierung durch treue Kunden zeigt, wie wichtig es für die Unternehmen ist, ihre profitablen Kunden zu identifizieren und sie durch eine individuelle Behandlung zu pflegen. Bis dato begreifen nur wenige Unternehmen, wie der Unternehmenswert durch eine gezielte Kundensegmentierung gesteigert werden kann. Eine Umfrage, ebenfalls von der Cranfield University/School of Management, bei 250 Führungskräften in England offenbarte, dass man nach wie vor der Meinung ist, dass das grundlegende strategische Unternehmensziel sei, Kunden zufrieden zu stellen, um ihre Abwanderung zu verhindern. Nur die wenigsten sahen eine Verknüpfung von treuen, profitablen Kunden und der Rentabilität. Dieses Ergebnis ist nicht verwunderlich, denn nur 36 Prozent waren in der Lage, die Rentabilität ihrer einzelnen Kunden zu messen, und lediglich 3 Prozent konnten auf der Basis von Zahlenmaterial vorhersagen, wie sich ein Anstieg der Kundentreue von 5 Prozent auf ihre Gewinne auswirken würde. Das Ergebnis zeigt, dass bis heute viele Unternehmen den Wert ihrer einzelnen Kunden nicht kennen, ihnen dementsprechend die Kosten von Marketingmaßnahmen nicht zuordnen können und vor diesem Hintergrund keine wirksamen und effizienten Strategien ausarbeiten können, um die einzelnen Kunden profitabler zu machen. Ihre strategischen Ansätze gehen nach wie vor vom

Produkt aus und von der Annahme, dass man weiß, was sich der Kunde wünscht.

Nicht viel anders verhält es sich in Deutschland. Das zeigt eine Studie, die in Zusammenarbeit mit dem Verein Deutscher Ingenieure *(VDI)* erstellt und die Anfang 2000 veröffentlicht wurde. Es ist die erste bundesweite Vertriebsstudie speziell für den Investitionsgüterbereich, in deren Rahmen 51 große und mittelständische Unternehmen befragt wurden. Sie dokumentiert, dass Umsatz immer noch vor Kundenbeziehungsmanagement geht:

- 72 Prozent ordnen ihre Kunden nach Umsatzvolumen ein,
- nur knapp jedes zweite Unternehmen nach dem Wert der strategischen Partnerschaft,
- rund 43 Prozent nach dem geschäftlichen Nutzen, aber
- nur 17 Prozent nach dem Kundenertragswert.
- Dabei führte nur jedes sechste Unternehmen generelle Ertragswertrechnungen durch und hier meist nur für Produkte und Verkaufsregionen, weniger für bestimmte Vertriebswege, für Einzelkunden, Kundengruppen oder bestimmte Aufträge.

Die Umsatz- statt Kundenorientierung zeigte sich auch beim Thema Kundenzufriedenheitsmessungen. Rund 85 Prozent der Unternehmen messen zwar die Kundenzufriedenheit, aber nur jedes vierte Unternehmen befragte sämtliche Kundengruppen oder bestimmte Segmente. Im Fokus standen hauptsächlich Groß-, Schlüssel- sowie umsatzstarke Kunden. Nur bei 10 Prozent der Unternehmen werden die Kunden der Konkurrenz befragt.

Um aber Kunden als Vermögen zu managen, müssen Unternehmen in der Lage sein, sie als Vermögen zu bewerten. Das heißt: die Dauer der Kundenbeziehung und den Cashflow des Kundenlebenszyklus zu quantifizieren und zu prognostizieren. Die Mehrheit der Unternehmen kennt den Barwert von Kundenbeziehungen nicht. Sie unterscheiden nicht zwischen Umsatzerlösen von langjährigen, treuen Kunden und neuen Kunden. Hinzu kommt, dass in den meisten Unternehmen die Buchführung Investitionen in Kundengewinnung nicht spezifischen Kundenkonten zuordnet und sie über die gesamte Laufzeit der Kundenbeziehung abschreibt. Das heißt, dass die Wirtschaftlichkeitsmessung von Kundenbeziehungsmanagement nicht erfolgt.

Um das wirtschaftliche Funktionieren der Kundenbeziehung zu verstehen, muss man im ersten Schritt den gesamten Lebenszyklus der Gewinne, den man von einem Kunden erhalten kann, darstellen und quantifizieren. Dazu muss man die Unterschiede zwischen langjährigen und neuen Kunden identifizieren, die den Cashflow des Unternehmens ebenso beeinflussen wie Akquisitionskosten, Basisgewinn, Umsatzwachstum, Kosteneinsparungen, Weiterempfehlungen und Preisprämien. Auf der Basis der Analyse dieser Daten lässt sich für jedes Unternehmen ein Lebenszyklusgewinnmuster erstellen. Dieses gibt Antworten über den tatsächlichen Wert eines Kunden, in Summen ausgedrückt, oder die Höhe von Investitionen in einen Kunden, um zu überprüfen, ob sich die Investitionen rentabel gestalten. Auf diesem Wege erfährt ein Unternehmen, wann die Akquisitionskosten eingefahren sind, wann mit einem Kunden Gewinne gemacht werden, und wie sich die Gewinnspanne entwickelt, je länger der Kunde dem Unternehmen treu bleibt. Die Berechnung der Dauer der Geschäftsbeziehung erfolgt beispielsweise aufgrund der Angaben zu Alter, Beruf und Lebensstil. Hier sind besonders Versicherungen, Banken und Internetunternehmen im Vorteil, weil sie über derartige Daten verfügen.

Kundenbeziehungsmanagement, das auf langfristige Beziehung abzielt, reagiert auf folgende Markttendenzen:

- es wirkt der abnehmenden Markentreue entgegen
- es schwächt Preiskämpfe ab
- es erhöht das Umsatzvolumen durch die Steigerung von Wiederholungs- beziehungsweise Mehrkäufen
- es baut Kundenpotenzial aus statt zielloser und teurer Akquisition von Neukunden

Vor diesem Hintergrund bietet CRM ein enormes Kosteneinsparungspotenzial. Kunden, die ein Unternehmen kennen, fordern keine Dienste, die das Unternehmen nicht bieten kann. Zudem macht erworbene Vertrautheit die Kunden weniger abhängig von Informationen und Ratschlägen der Mitarbeiter.

In manchen Branchen wie im Beratungssektor treten die daraus resultierenden Kosteneinsparungen sofort zutage. Beratungen kosten Geld, Zeit und Manpower. Erfahrungsgemäß verbringt ein Kundenberater in der Finanzdienstleistungsbranche fünfmal soviel Zeit mit einem neuen wie mit einem langjährigen Kunden. Zeit kostet die Überprüfung der Bilanz, des Steuerstatus, Einkommensprofils und der Risikopräferenzen des Kunden. Nach und nach erst lernen beide, effizient miteinander zu kommunizieren, und mit der Zeit kann das kooperative Lernen von Kunde und Kundenberater enorme Produktionsvorteile und damit niedrige Kosten schaffen. Andere Kosteneinsparungen werden im Kaufhausbereich offensichtlich. Kennt man seine Kunden und ihre Bedürfnisse nicht, ist man gezwungen, eine breitere Produktpalette auf Lager zu haben. Das hat Auswirkungen auf die Lagerstruktur und erhöht die Lagerkosten. Zudem sind Stammkunden attraktive Wiederholungskäufer. Treue Kunden suchen circa 49-mal den gleichen Supermarkt im Jahr auf und geben dort circa 2 300 Euro aus. Gelegenheitskunden kaufen nur 9-mal im gleichen Supermarkt und ihre Ausgaben beschränken sich auf 120 Euro jährlich.

Und noch ein weiteres Beispiel aus dem Dienstleistungsbereich soll hier die ökonomischen Vorteile einer guten Kundenbeziehung aufzeigen. Kfz-Reparaturwerkstätten können wesentlich effizienter mit ihren bestehenden Kunden arbeiten. Sie kennen die Kunden und die Reparaturgeschichte des Autos und müssen bei auftretenden Problemen nicht mehr die Lösungswege beschreiten, die bereits versucht wurden und das Problem nicht beseitigen konnten. Das Verhalten der Wiederholungskunden ist auch ein anderes. Sie pflegen üblicherweise einen Termin auszumachen, stehen nicht plötzlich vor der Tür und wollen umgehend bedient werden. Ebenso reagieren sie prinzipiell flexibler bei der Terminplanung. Bestehende Kunden erleichtern deswegen eine kontinuierliche Auslastung der Reparaturrampe, was ein wesentlicher Faktor für einen erfolgreichen Werkstattbetrieb ist.

Fallstudie *Electro* (Energieversorger): Der Zusammenhang von Kundensegmentierung und Profitabilität

In einer Untersuchung von der Cranfield University/School of Management wurde der unmittelbare Zusammenhang von Kundensegmentierung und der Optimierung der Profitabilität dargestellt. Das Cranfield-Team analysierte ein Energieversorgungsunternehmen, das nachfolgend mit *Electro* bezeichnet wird und beispielhaft belegt, dass kundenorientiertes Denken auch zugleich profitorientiertes ist. Der Strommarkt ist zurzeit von starken Umwälzungen geprägt: Abbau der Monopolstellungen, Öffnung und Deregulierung des Markts auch für ausländische Konkurrenten, Fusionen von Branchengiganten und Erhöhung des Wettbewerbs durch Gaslieferanten. Die Untersuchung der Kunden von *Electro* ergab, dass sie in vier Schlüsselmärkte aufgeteilt waren, die bezüglich ihrer sozio-ökonomischen Zusammensetzung, der Bereitschaft, den Lieferanten zu wechseln, und der unterschiedlichen Servicebedürfnisse voneinander abwichen. Ebenfalls variierten die Kundenabwanderungen, entsprechend die Akquisitionsaufwendungen für neue Kunden sowie die Profitabilität.

Analysiert man die Kundensegmente nach ihrer Profitabilität und bezogen auf einen Zeitraum von zehn Jahren, ergibt sich folgendes Bild. Die durchschnittlichen untreuen Kunden sind für *Electro* fünfmal gewinnbringender als die extrem Loyalen und die Loyalen. Das bedeutet, dass das Kundensegment, das sich durch eine überproportionale Bereitschaft auszeichnet, den Stromlieferanten zu wechseln, die profitabelste Gruppe für *Electro* ist. Würde *Electro* die einzelnen Kundensegmente gezielt ansprechen und sie entsprechend ihren unterschiedlichen Bedürfnissen und Erwartungen behandeln, hätte das starke Auswirkungen auf die Rentabilität. Mit einer auf die einzelnen Segmente zugeschnittenen Servicestrategie würde die Verbesserung der Loyalitätsrate wie folgt ansteigen: bei Segment 1 um 1 Prozent, bei Segment 2 um 2 Prozent, bei Segment 3 um 5 Prozent und bei Segment 4 um 9 Prozent. Auch die mittelbare Auswirkung der erhöhten Loyalitätsraten auf die Bruttogewinne ist beachtlich. Nach fünf Jahren würden die Bruttogewinne auf 58 Prozent und nach weiteren fünf Jahren auf 85 Prozent steigen. Betrachtet man nur das Segment 4, ergibt sich fol-

Abbildung 11:
Kundensegmente Electro
Quelle: Cranfield University

Segment-Name und -Nummer	Merkmale	Wechsel-bereit?	Anzahl existierender Kunden	Aquisitions-kosten	Jährliche Abwande-rungsquote	Jährlicher Profit pro Kunde
1. Loyaler Konsument (Ausgaben unter Durchschnitt)	Ältere Leute, leben in Sozialwohnungen, Ausgaben liegen unter dem Durchschnitt	Keinesfalls wechsel-bereit	421 300	£ 110	96 %	£ 6
2. Loyaler Durch-schnittsverdiener (ältere Familien)	Ältere Familien mit Kindern, weniger wohl-habend, durchschnittliche Ausgaben	Wahrschein-lich nicht wechsel-bereit	618 000	£ 70	94 %	£ 9
3. High Spenders – Gefahr der Ab-wanderung (junge Familien)	Familien mit kleinen Kindern, wohlhabender, Eigenheimbesitzer, über-durchschnittliche Ausgaben	Möglicher-weise wechsel-bereit	479 900	£ 55	90 %	£ 18
4. Durchschnitts-verbraucher mit hohem Loya-litätsverhalten (junge Familien)	Junge Familien, durchschnitt-liches Einkommen und soziale Klasse, besitzen Eigenheime, durchschnittliche Ausgaben	Definitiv wechsel-bereit	459 600	£ 30	80 %	£ 22

gende Gewinnentwicklung: Mit einer segmentspezifischen Herangehensweise steigt der Gewinn in einem Zeitraum von fünf Jahren von circa 9 Millionen Euro auf 15 Millionen, und auf zehn Jahre bezogen verdoppelt sich der Gewinn von 11 Millionen auf 28 Millionen Euro.

Abbildung 12:
Die Gewinnentwicklung nach verschiedenen Kundensegmenten bei
Electro
Quelle: Cranfield University

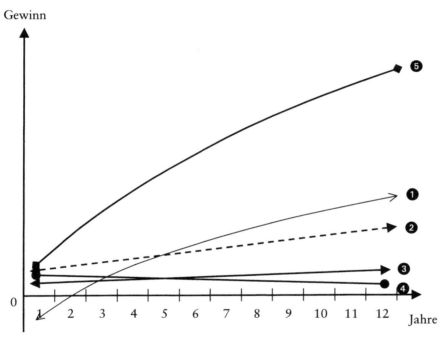

❶ **Segment 1:**
Durchschnittsverbraucher mit hohem Loyalitätsverhalten (junge Familien)
❷ **Segment 2:**
High Spenders – Gefahr der Abwanderung (junge Familien)
❸ **Segment 3:**
Loyaler Durchschnittsverbraucher (ältere Familien)
❹ **Segment 4:**
Loyaler Konsument (Ausgaben unter Durchschnitt) gehobenen Alters
❺ **Alle Segmente:**
Summe

Die segmentspezifische Bearbeitung der Kundengruppen erhöht nicht nur den Gewinn, sondern senkt auch die Kosten. Die auf die einzelnen Gruppen ausgerichteten Marketingmaßnahmen im Rahmen des *Customer Relationship Managements* richten sich gezielt an die gewünschten Adressaten, minimieren dadurch kostenintensive sowie wirkungslose Streuungen und reduzieren die Marketing- und Betriebsausgaben. Die gezielte Pflege der Kunden ermöglicht im nächsten Schritt eine Verfeinerung der Segmente, um die einzelnen Segmente noch rentabler zu gestalten. Wie das Finetuning realisiert wird, zeigt eine weitere Analyse des Cranfield-Teams. Der Energieversorger hat in der nächsten Stufe bereits die Phase der Mikrosegmentierung durchgeführt und sein lukrativstes Segment herausgefiltert. Es umfasste 450 000 Kunden, bei denen sich der jährliche Gewinn auf circa 330 Euro pro Kunde belief. Auf Basis von Modellen konnte das Cranfield-Team prognostizieren, dass eine gezielte Bearbeitung dieses Segments mit einem Budgetaufwand von 8 Millionen Euro die Kundentreue um 48 Prozent steigern würde. Das Cranfield-Team erstellte für den Stromlieferanten einen Vier-Stufen-Plan zur Entwicklung einer segmentspezifischen Servicestrategie. Die darin enthaltenen Maßnahmen sollten sowohl nachweislich die Kundenbeziehung stärken als auch messbar die Wirtschaftlichkeit erhöhen. Das Ergebnis gab ihnen Recht. Innerhalb kurzer Zeit stieg der Bruttogewinn des Segments von 152 Millionen Euro auf über 180 Millionen Euro.

Die Kundenprozesse als Ausgangspunkt der Typologisierung

Ein Verlag, hier mit *Summerer Edition* bezeichnet, entwickelte ein Gesundheitsbuch. Ziel war, auf dem Hintergrund des boomenden Segments Gesundheitsbücher ein lange nutzbares Standardwerk zu lancieren, das einen für den Laien verständlichen Überblick über die am häufigsten auftretenden gesundheitlichen Probleme und ihre Behandlungsmöglichkeiten gab. *Summerer* investierte viel Zeit, Manpower und Kosten in die Entwicklung, ließ internationale Gesundheitsexperten zu Wort kommen und bebilderte das Werk ausschließlich in Farbe. Um seinen direkten Partner, den Buchhandel, zu unterstützen und den Endkunden auf die Novität aufmerksam zu machen, wurden ein spezieller Verkaufsaufsteller für die Buchläden und Promotionsmaterial für die Schaufenster konzipiert sowie eine Printkampagne in Buchhandelsfachmedien initiiert. Wie für die Entwicklung der Reihe wurde auch für die Marketingmaßnahmen ein überproportional hohes Budget bereitgestellt. Trotz des Aufwands und der Investitionen war der Absatz der Reihe nur schleppend. Eine Rückfrage beim Buchhandel hatte unter anderem folgendes Ergebnis:

- Erfolg hatten Reihen, die das Gesundheitsthema nach Lesergruppen darstellen, wie die Longseller »Gesundheit für mein Baby«, das sich gezielt an Eltern richtet, oder »Gesundheitsprobleme beim Sport vermeiden«, das die wachsende Gruppe der sportlich Aktiven anspricht.
- Der Kunde nutzt bei Gesundheitsthemen häufig das Internet, weil er sich dort zügig und umfassend über den aktuellsten und internationalen Stand der Forschungen und medizinischen Innovationen informieren kann.
- Die Lesegewohnheiten im Gesundheitsbereich ähneln immer stärker den Gewohnheiten von Zeitungslesern, die schnell mit vielen Bildern und Tipps informiert werden wollen, und für die ein Gesundheitsbuch ein Gebrauchsgegenstand ist, der handlich sein muss und bei Problemen ad hoc konsultiert werden kann.

Was war geschehen? *Summerer Edition* hatte bei der aufwändigen Konzeption der Reihe nur das in den letzten Jahren boomende Marktsegment Gesundheitsbücher im Blick gehabt. Die Entscheidung für die Herausgabe war auf der Basis der hohen Absatzzahlen des Segments getroffen worden und nicht auf der Basis der sich kontinuierlich wandelnden Bedürfnisse und Erwartungen der Kunden. Der Verlag hatte aus seinem Unternehmensprozess heraus agiert, ein in sich exzellentes Produkt geschaffen, aber nicht die spezifischen Anforderungen seiner Zielgruppe berücksichtigt. Beispielsweise, dass die Zielgruppe der Reihe extrem gut über das Internet informiert und nur an Büchern interessiert ist, die den sich permanent verändernden aktuellen Stand der wissenschaftlichen Erkenntnisse aufgreifen. Diesen Anspruch konnte das Standardwerk der *Summerer Edition* vor dem Hintergrund seiner langen Entwicklungszeit nicht erfüllen. Ebenfalls befriedigte es nicht die Informationsgewohnheiten des an unterschiedliche Medien gewöhnten Lesers, der heute via Zeitung, Videos, Internet oder über spezielle Zirkel seinen Informationsbedarf stillt.

Diese und vergleichbare Irrtümer ergeben sich immer dann, wenn Unternehmen bemüht sind, kunden- und marktorientiert zu handeln, aber den Wertschöpfungsprozess des Kunden nicht verstehen. Dies liegt zum Teil daran, dass sie sich überhaupt nicht für diesen Prozess interessieren, oder die Unternehmensphilosophie diese Orientierung nicht möglich macht. So bemühen sich beispielsweise viele Unternehmen darum, den Kunden in die Unternehmensprozesse integrieren zu können. Dies ist ein sehr aufwändiger Weg und wird von den meisten Kunden auch nicht geschätzt. Kaum ein Kunde möchte in die Prozesse einer Lieferantenorganisation eingefügt werden und immer wieder zu hören bekommen, wie er seine Prozesse zu gestalten hat, damit der Lieferant seine Leistung vollbringen kann. Genau das Gegenteil ist richtig. Kunden von heute erwarten, dass sich die Organisationen an die Prozesse der Kunden anpassen. Während sich dies im Business-to-Business-Bereich schon etwas stärker etabliert hat, werden diese Tendenzen inzwischen auch im Endkundenbereich immer deutlicher. Allerdings ist selbst im Business-to-Business-Bereich häufig zu erkennen, dass Unternehmen die Prozesse ihrer Kunden überhaupt nicht kennen oder nur unzureichend zusammenfügen können. Häufig kennen einzelne Vertreter nur die Prozessabschnitte, die mit ihrem Bereich zu tun haben, aber sie wissen weder, was in den anderen Unternehmensbereichen mit dem Kunden geschieht, noch haben sie eine Vorstellung davon, wie der Wertschöpfungsprozess vor der Phase der Kontakte mit dem Lieferanten und, vor allen Dingen, wie er nach der Phase des Lieferantenkontaktes beim Kunden weitergeht. Man hat in der Regel nur sein eigenes Bild und optimiert dies ständig, ohne Rücksicht darauf, welche Prozesse beim Kunden stattfinden und welche wirklich der Wertschöpfung dienen.

Um im Sinne von *Customer Relationship Management* den Weg von der Produktorientierung hin zur Kundenbeziehung zu vollziehen, ist es unverzichtbar, die Prozesse des Kunden zu verstehen.

Vor der Anpassung der Leistungen an den Kundenprozess steht die Verknüpfung der Welt des Kunden mit der Welt des Anbieters. Die Welt des Kunden und die der Unternehmen überschneiden sich nur zu einem geringen Teil. Aber um ein funktionierendes Beziehungsmanagement aufbauen zu können, muss man die Lebensweise des einzelnen Kunden kennen, wissen, welche Produkte und Leistungen für ihn einen Wert haben, welche sich in seinen persönlichen Lebensstil integrieren lassen, welche ihm den Alltag erleichtern, für ihn Probleme lösen, ihm Zusatzwerte schaffen, ihn emotional begeistern, oder welche ohne erkennbaren Nutzen für ihn sind. Die Beantwortung dieser Fragen ermöglicht auch, in die Zukunft zu denken. Je enger Unternehmen mit dem Kunden verbunden sind, umso stärker können sie mit ihm gemeinsam wachsen und über die Kenntnis seiner heutigen Bedürfnisse Rückschlüsse auf die morgigen ziehen. Sie entwickeln sich mit den einzelnen Lebensphasen, in der der Kunde variierende Werte und Ansprüche hat, mit und können ihr Angebot an die einzelnen Phasen des Lebenszyklus eines Kunden anpassen. Die Unternehmen erhalten auf diese Weise die Gelegenheit, sich an der natürlichen Dynamik des Kunden zu orientieren: an seiner Entwicklung von der Jugend bis zum Alter, von einem Studenten zum Geschäftsführer, von einem Singledasein bis zur Familiensituation. Das Zusammenführen der Kunden- und Unternehmensprozesse bietet den Unternehmen die Chance, ein profit- und zukunftsorientiertes Verständnis für die Wert schöpfenden Kundenprozesse zu entwickeln, seine Leistungen daran anzupassen und durch eine enge Beziehung über den gesamten Lebenszyklus eines profitablen Kunden hinweg eine Win-Win-Situation zu etablieren. Der Kunde gewinnt, weil er zu jeder Zeit genau das erhält, was er sich wünscht, und ihm zudem über zusätzliche Werte noch weitere Möglichkeiten geboten werden, die sein Leben erleichtern, und die Unternehmen können zielgerichtet in den profitablen Kunden investieren, ihn auf langfristige Sicht zu einem gewinnträchtigen Partner machen und damit die Zukunft des Unternehmens auf starke Beine stellen.

> **Die am Kunden orientierte Wertschöpfung ist zukünftig der wichtigste Wettbewerbsvorteil und die schlagkräftigste Stärke eines Unternehmens**

Um Kundenprozesse zu unterstützen und die Bedürfnisse im Lebenszyklus der Kunden zu verstehen, brauchen Unternehmen Kenntnisse darüber,

- welche Prozesse der Kunde in der Arbeit, zu Hause und in der Freizeit durchläuft,
- wie Unternehmen ihm helfen können, diese Prozesse zu verbessern, und
- ob es bessere Möglichkeiten gibt, bestehende Produkte zu nutzen.

Diese Kenntnisse über Kundenprozesse gelten natürlich nicht nur für den Endkunden, sondern je nachdem, wie man seinen Kunden in den verschiedenen Stufen des Leistungsprozesses definiert. Unternehmen, die zum Beispiel einen dreistufigen Vertrieb aufgebaut haben, müssen sich die Frage stellen: Wie geschehen die Prozesse auf den unterschiedlichen Stufen etwa eines Großhandels, eines Anlagenbauers und eines Endkunden, der die Anlage installieren lässt? Business-to-Business-Prozesse sind in der Regel noch viel komplexer, da mehrere Personen und Stufen involviert sind, und bedürfen der exakteren Analyse. Wie kann nun eine solche Analyse aussehen?

Im Rahmen des *Customer Relationship Managements* funktionieren die Ermittlung und Anpassung der Unternehmensprozesse an die Kundenprozesse wie bei einem Reißverschluss. Stück für Stück greifen die beiden Hälften nahtlos ineinander, bis sie zu einer untrennbaren Einheit geworden sind. Die obere Hälfte steht für den Kundenprozess und ist der Ausgangspunkt, und die untere definiert die Aktivitäten des Unternehmens, die sich an dem Kunden orientieren.

Erst wenn der Prozess aus Kundensicht betrachtet wird, kann der Produzent und Dienstleister seine Prozesse entsprechend kompatibel

Abbildung 13:
Die Reißverschluss-Systematik des CRM-Prozessansatzes

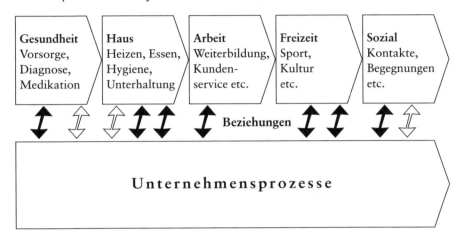

machen, sodass Kundenprozesse und Unternehmensprozesse wie bei einem Reißverschluss nahtlos ineinander greifen. An jeder Stelle, an der sich der Kunde und das Unternehmen treffen, bieten sich erneut Möglichkeiten, durch Analysen die Kundenbegegnung kritisch zu hinterfragen und Optimierungen zu installieren. Die Zusammenführung der beiden Reißverschlusshälften bewirkt Folgendes:

- Die Stärkung der Kundenbeziehung gelingt durch die Verbesserung der internen Prozesse entsprechend den Kundenproblemen.
- Die Analysesystematik ermöglicht die Ermittlung der kritischen Kundenbegegnungen.
- Durch die Erarbeitung von Verbesserungsmöglichkeiten werden die Kundenbeziehungen gestärkt und Möglichkeiten zur Kundenbegeisterung geschaffen.

Wie der bereits zitierte Reißverschluss greift *Customer Relationship Management* alle Faktoren auf, die Unternehmen und Kunden verbinden und die beiden erlauben, Werte daraus zu kreieren. Ein Wert wird nicht dadurch geschaffen, dass ein Produkt im Regal steht. Vielmehr äußert sich der Wert in seinem Gebrauch. Der Kunde hat immer nur eine bedingte Vorstellung von dem Wert eines Produktes. Welcher Kunde kennt beispielsweise den realen Wert eines Toasterkabels, das auch noch nach fünf Jahren intensiven Gebrauchs nicht durchgeschmort ist? Wert ergibt sich durch den Austausch von Unternehmen und Kunden. Damit bringt CRM eine neue Dimension in die Produktdifferenzierung. Es geht nicht mehr darum, dass sich Produkte durch ihre Qualität oder ihren Preis vom Wettbewerb unterscheiden, sondern das Produkt selbst wird zu einem Bestandteil des Wertschöpfungsprozesses des Kunden. Eben zu einem Faktor, der die Beziehung zum Kunden festigen kann. Hinzu kommt ein weiterer Punkt. Bis jetzt lag die Kompetenz, Produkte herzustellen, nur auf Seiten der Unternehmen. Bei einem intensiven Austausch hingegen wird auch der Kunde zu einer Kompetenzquelle. Er kommuniziert, was er sich von dem Produkt erhofft, aber auch, was für ihn keinen Wert hat. Das ermöglicht Unternehmen, ihre Aktivitäten darauf abzustimmen, kostenintensive Nebenwege zu vermeiden und sich exakt auf das zu konzentrieren, was der Kunde als positiv bewertet.

Die zentrale Frage eines Unternehmens muss deswegen lauten: Was kann ich tun, damit meine Kunden ihr Leben erfolgreicher gestalten können, und welchen Nutzen kann ich ihnen als Unternehmen bieten, damit ihre Probleme gelöst werden? Die Antwort erfolgt über drei Angebotsarten:

- Basisleistungen – sie umfassen die Leistungskomponenten, die der Kunde voraussetzt und die seinen Kaufentscheidungsprozess nicht beeinflussen, weil sie von den Mitbewerbern im gleichen Umfang erbracht werden.
- Differenzierungsleistungen – sie werden angeboten, um sich von der Konkurrenz abzuheben. Der Kunde vergleicht und bewertet die unterschiedlichen Differenzierungsleistungen, um seinen Kaufentscheidungsprozess zu erleichtern. Er hat sich längst an Differenzierungsleistungen gewöhnt und setzt sie voraus.
- Beziehungs- oder Zusatzleistungen. Das sind Leistungen, die der Kunde a priori nicht erwartet, die aber den Wert eines Produktes oder einer Dienstleistung erhöhen. Sie haben einen überproportio-

nalen Einfluss auf die Kundenbeziehung, selbst wenn sie nur in kleinem Umfang erbracht werden. Fehlen sie aber, nimmt die Intensität der Kundenbeziehung ab.

Am Beispiel von Fluggesellschaften wird klar, wie diese Kategorien funktionieren. Eine Kundenumfrage ergab, dass die Faktoren Sicherheit, Flugplan, Pünktlichkeit und solider Service keine Wettbewerbsvorteile sind, sondern vom Kunden als selbstverständlich erwartet werden. Sitzkomfort, Beinfreiheit, das Unterhaltungsangebot, Catering, der Service am Boden und an Bord wurden als Standardleistungen mit geringem Wettbewerbsvorteil gewertet, die aber für Airlines durchaus Potenzial in sich bergen, sich vom Wettbewerb abzuheben. Als klare Wettbewerbsvorteile wurden segmentierte Ansprache und gezieltes individuelles *Beziehungsmanagement* beurteilt. Dieses Ergebnis zeigt, dass der Fluggast prinzipiell ein hervorragendes Produkt und einen breit gefächerten, gut funktionierenden Service voraussetzt. Seine Beweggründe, enge Beziehungen einzugehen, hängen hingegen davon ab, ob man ihn als Individuum anspricht, sein persönliches Reiseverhalten berücksichtigt, ihm durch das Angebot von Zusatzwerten wie durch die Partnerschaft mit Hotels oder Mietwagenfirmen seinen Alltag erleichtert und durch die Gesamtheit der Leistungen ein positives, von Vertrauen geprägtes Verhältnis bei ihm aufbaut.

Die Ermittlung der Kundenprozesse

Wie lassen sich Kundenprozesse ermitteln? Die Verknüpfung der Kunden- und Unternehmenswelt kann auf verschiedenen Wegen realisiert werden, beispielsweise durch die gezielte Ausnutzung des Internets. Spezialisiert auf diese Schiene, ist der Buchvertreiber *Amazon.com* sehr erfolgreich. *E-Commerce* birgt den Vorteil, dass man direkt mit dem Kunden kommuniziert, ihn individuell ansprechen, befragen und damit seine Bedürfnisse analysieren kann und sich auf dieser Basis mit ihm gemeinsam entwickelt. *Amazon.com* hat in erster Linie das Erfolgserlebnis seiner Kunden vor Augen, wenn er ihnen aufgrund von Vergangenheitskäufen laufend die aktuellsten Informationen zu den entsprechenden Interessengebieten zukommen lässt oder ihnen sogar eine Verkaufsplattform bietet, die es der inzwischen mehr als acht Millionen umfassenden *Amazon*-Gemeinde erlaubt, per Auktion alle möglichen Dinge im Internet weltweit anzubieten oder zu beziehen. Aber *Amazon.com* geht noch weiter. Der Buchversender fordert den Kunden auf, aktiv zu werden. Rezensionen zu verfassen, sich mit Gleichgesinnten über Chatrooms auszutauschen oder sich über Links noch intensiver mit einem bestimmten Thema auseinander zu setzen. Hinzu kommt über das Buch hinaus das Angebot von Mehrwerten. Beispielsweise kann der Kunde ein Buch, eingepackt als Geschenk, ohne Preisaufschlag über *Amazon.com* versenden lassen. Eine Investition, die sich für *Amazon.com* lohnt. Sie ermöglicht dem Unternehmen, weitere Adressen zu sammeln, denen man aufgrund des Geschenks gleich ein Interessengebiet zuordnen kann.

Eine andere Möglichkeit, Wert schöpfende Kundenprozesse kennen zu lernen, sind Kundenbefragungen und Informationen, die über Callcenter oder Loyalitätsprogramme generiert werden. Auf diese Instrumente wird zu einem späteren Zeitpunkt eingegangen. Alle Möglichkeiten, mit den Kunden in Kontakt zu treten, müssen das Ziel verfolgen, aus der Perspektive des Kunden zu verfahren:

- Stoßrichtung ist die kundenorientierte Prozessgestaltung der Gesamtorganisation von der Unternehmensstrategie über die einzelnen Prozesse wie Produkt, Service, Kommunikation et cetera.
- Ausgangspunkt sind nicht die aktuellen Unternehmensprozesse, sondern die Kundenprozesse.
- Ziel ist die Optimierung der wichtigsten Kundenprobleme, nicht der größten Unternehmensprobleme.

Die meisten Unternehmen kennen die Kundenprozesse nicht

Vor dem Hintergrund der großen Anzahl der Kanäle, über die ein Kundendialog initiiert werden kann, stehen viele Unternehmen vor dem Problem, die Informationen, die an den einzelnen Kontaktpunkten entstehen, im Sinne einer profitablen Nutzung zusammenzufügen und für heutige sowie zukünftige Marketingaktionen auszuwerten. Wie bereits im Rahmen von *Data Mining* angemerkt, schlummert das Datenpotenzial der Kunden voneinander getrennt in den einzelnen Abteilungen oder wird aufgrund der Datenmenge nicht zielgerichtet bearbeitet. Die Folge ist, dass Unternehmen versäumen, ein weiter analysierbares Kundenprofil zu erarbeiten, Synergieeffekte zwischen den Kanälen ungenutzt verstreichen lassen und zudem durch Doppelarbeit Reibungsverluste in Kauf nehmen.

Ein Beispiel dafür ist der bereits angeführte *BMW*-Wagen, den der Kunde sich via Internet individuell zusammenstellen kann. Das Angebot ist hervorragend und die überproportionale Nutzung zeigt seine positive Annahme beim Kunden. Auch die technische Umsetzung, dem Kunden ein maßgeschneidertes Auto zu ermöglichen, ist gelungen. Nur leider kann der Kunde nicht direkt über das Internet bestellen, sondern muss den traditionellen Weg über den Handel gehen. Der Vertrieb war in die Aktion nicht involviert und kann, weil bestimmte Ausstattungsartikel nicht auf Lager sind oder mehr rote als die mehrheitlich gewünschten schwarzen Autos auf Halde stehen, den Kundenanfragen nicht nachkommen. Das Ergebnis ist eine aufwändige und zeitintensive, aber isolierte Marketingaktion, die den Kunden verunsichert und im schlimmsten Fall sogar nachhaltig verärgert.

Das Beispiel ist kein Einzelfall. Kunden erleben Kundenmanagementansätze häufig als unsystematisch und unkoordiniert, weil die interne Kommunikation zwischen Callcenter, Verkaufsförderungsmaßnahmen, *Kanalmanagement*, *E-Commerce*, Kundendienst und *Qualitätsmanagement* nicht funktioniert und dadurch die einzelnen Bereiche und Abteilungen nicht auf dem gleichen Informationsstand sind. Die Folgen sind:

- Die Aktivitäten sind unzureichend koordiniert: Nur der Kunde weiß von allem.
- Die Aktivitäten sind inhaltlich und kommunikativ nicht abgestimmt: Widersprüchliche Botschaften sind an der Tagesordnung.
- Die Aktivitäten basieren nicht auf einer klar definierten Zielgruppensegmentierung: Es ist nicht planbar, wer wann welche Kundenbetreuung systematisch erhält.
- Die Ergebnisse sind nicht messbar: Aktionen überlagern und beeinflussen sich und heben sich zum Teil sogar gegenseitig auf.

Dazu kommt noch, dass die Kanäle, die von den Unternehmen eingesetzt werden, nicht selten durch unzureichende Manpower oder mangelhafte Technik nur bedingt funktionieren und deswegen die Kommunikation mit dem Kunden eher lähmen als fördern. Eine Studie in Deutschland belegt, dass 53,8 Prozent der Unternehmen auf E-Mail-Anfragen nicht reagieren. In 29,7 Prozent der Fälle werden sie mit allgemeiner Firmen-PR beantwortet und nur zu 16,5 Prozent entsprechend den Wünschen der Kunden. Dies kann nur durch ein vollkommen unzureichendes Verständnis der Kundenprozesse begründet sein.

Die Schlussfolgerung liegt nahe, dass die meisten Unternehmen zwar ihre eigenen Prozesse kennen und optimieren, aber in der Gesamtheit kein zusammenhängendes Verständnis der beim Kunden ablaufenden Prozesse haben. Diese Arbeiten werden überhaupt nicht gemacht, sondern man optimiert frei aus dem Bauch heraus oder auf der Basis von internen Analysen. Dabei ergeben sich bei intensiven »Reißverschluss«-Analysen so viel Optimierungspotenziale und Möglichkeiten der Strategieentwicklung. Die Abbildung eines generischen »Reißverschluss«-Kontaktablaufs verdeutlicht dies. Hier kann man nicht nur erkennen, welche Prozesse ablaufen und benötigt werden, sondern anhand der von Kunden und Unternehmen erarbeiteten Potenziale lassen sich vollkommen neue Modelle des *Kundenbeziehungsmanagements* erarbeiten.

Abbildung 14:
Der generische » Reißverschluss «-Prozess
Quelle: CRM-Research

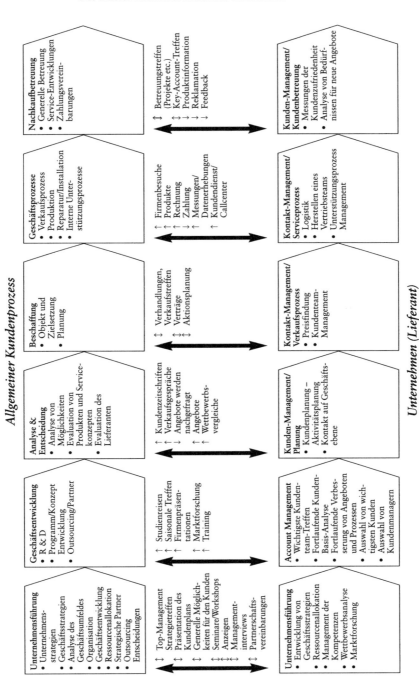

Allgemeiner Kundenprozess

Unternehmen (Lieferant)

Checkliste 3:

Entdeckung des Kundenverhaltens und der richtigen Kunden

	Trifft zu	Trifft bedingt zu	Trifft nicht zu
1. Wir haben ein klares Verständnis der Attraktivität unserer verschiedenen Kundengruppen			
2. Wir verfügen über aufschlussreiche Kennziffern zur aktuellen Kundenprofitabilität			
3. Wir haben ein deutliches Verständnis der zukünftigen Potenziale unserer Kundengruppen			
4. Kundentypologien spielen bei unserer Entscheidungsfindung, insbesondere bei Produktstrategien, eine zentrale Rolle			
5. Wir verfügen über aufschlussreiche Indikatoren, um unsere derzeitigen und zukünftigen Kunden zielgenau zuzuordnen			
6. Wir verfügen über einen einheitlichen und eindeutigen Blickwinkel auf unsere Kundendaten			
7. Wir setzen das Verfahren der Kundenbasisanalyse detailliert und erfolgreich ein			
8. Wir ziehen aus unseren Kundenbasisanalysen die richtigen Schlussfolgerungen und setzen diese um			
9. Wir haben ein klares Verständnis der Prozesse unserer Kunden			
10. Wir führen kontinuierlich Kundenprozessanalysen durch			

4. Die Erarbeitung einer CRM-Strategie

Unterschiedliche Kunden erfordern unterschiedliche Beziehungsstrategien

Die Phrase, jeder Kunde sei König, ist nicht nur ausgelutscht. Sie ist auch falsch. Denn nicht jeder Kunde ist wie der andere. Bei der Betrachtung der Kundenprofitabilität wurde deutlich, dass nicht alle Kunden gleich behandelt werden dürfen. Nun wäre aber eine reine Profitabilitätsausrichtung ein sehr eingeschränkter Blickwinkel für die Entwicklung von Beziehungsstrategien. Das systematische Management der Kundenbeziehungen erfordert zuallererst eine strategische Vision, die klarlegt, welche Kunden man eigentlich in seiner Kundenbasis haben möchte. Mit wem möchte eine Unternehmung Beziehungen haben? Sollen die Kunden von heute auch die Kunden der Zukunft sein? Welche Beziehungen möchte man aus- und welche eher abbauen? Wie können die existierenden Beziehungen verbessert und deren Potenzial noch weiter genutzt werden? Wollen wir Beziehungen mit einer Kundengruppe aufbauen, die wir bisher noch gar nicht kennen, und wie könnte das entsprechende Beziehungsmodell aussehen? All diese zentralen Fragen gilt es vorab zu klären, bevor man über Aktivitäten spricht.

Zentrale Schwerpunkte der Ermittlung der CRM-Strategie sind demnach:

- Wie sieht die gewünschte Kundenbasis der Zukunft aus, und welche Wege gibt es, diese zu erreichen?

- Welche spezifischen Angebote fordern diese Kunden innerhalb der Beziehung?
- Inwieweit müssen Fragestellungen des Fokusses auf bestimmte Kundentypen beziehungsweise das Management von unterschiedlichen Beziehungsmodellen beantwortet werden?

Wenn Kunden verschieden sind und sich auch in ihren Prozessen unterscheiden, so muss man unterschiedliche Beziehungssysteme aufbauen, um mit ihnen zu arbeiten. Manche Beziehungen erfordern nur ein sehr eingeschränktes Maß an Kundenbegegnungen und Kontakten, andere Kunden wünschen eine viel stärkere Betreuung und wollen anstelle eines einzigen Kanals gerne mehrere Kanäle nützen. Insbesondere das Management von mehreren Kanälen und der dazugehörigen Kommunikation erfordert ein komplexes Management- und Kommunikationssystem.

Da offensichtlich ist, dass nicht alle Kundenbeziehungen in derselben Art und Weise gestaltet werden können und dies auch nicht profitabel ist, muss eine Gruppierung der Beziehungen erfolgen. Die Kundentypen werden hinsichtlich ihrer unterschiedlichen Beziehungsansprüche in so genannte Kundenportfolios eingeteilt und darauf aufbauend müssen individuelle Strategien entwickelt werden, die den Wert dieser Kundenbasis für jedes einzelne Portfolio maximieren können. Diese Gruppierung in unterschiedliche Portfolios wiederum hilft bei der strategischen Auswahl zur Ressourcenallokation. Können Sie alle Portfolios mit Ihren derzeitigen Systemen bedienen? Muss man sich auf bestimmte Kundentypen und Gruppen konzentrieren und andere weglassen, oder kann man ganz neue Modelle und Systeme entwickeln und sogar noch zusätzliche Kundenportfolios ertragreich managen? Diese Entscheidungen haben enorme Konsequenzen und müssen wohl überlegt getroffen werden. Häufig ist es sinnvoll, seine Kraft und Tätigkeiten nur auf einige wenige Portfolios zu konzentrieren, bei denen man genügend Kompetenzen besitzt, um eine zufrieden stellende Position zu erreichen. Jedoch fällt es Unternehmen häufig sehr schwer, auf bestimmte Kundengruppen zu verzichten. Dies gilt insbesondere, wenn die Entscheidung ohne fundierte Datenbasis über die Kundenprofitabilität und die Potenziale hinsichtlich des Lebenszeitwertes getroffen werden. Hat man aber eine entsprechende Datengrundlage geschaffen, so können diese Entscheidungen fundiert erfolgen und anschließend konsequent umgesetzt werden.

Wichtig ist es auch, unter strategischen Aspekten zu realisieren, dass zu einer erfolgreichen Beziehung zwei Teilnehmer gehören. Es reicht nicht aus, wenn ein Unternehmen seine Kunden typisiert und verschiedene Beziehungsstrategien entwickelt, sondern der Kunde muss dieser Strategie auch zustimmen und die Vorteile erkennen. Deshalb ist es unbedingt notwendig, dass den Kunden bewusst ist, welche unterschiedlichen Beziehungsmodelle auf sie angewendet beziehungsweise ihnen offeriert werden. Im Idealfall können die Kunden sogar aussuchen, welches Beziehungsmodell ihnen am meisten zusagt. Wichtig ist vor allen Dingen, dass die Leistungen, seien es Produkte, Services oder Informationen, klar niedergelegt sind und wie in einem Script sowohl dem Lieferanten als auch den Kunden zur Verfügung stehen. Detaillierte Kenntnisse über die Bestandteile und Nichtbestandteile des Angebots sind unbedingt notwendig, damit der Kunde seine Entscheidung über ein Beziehungsmodell treffen kann, und bilden für den Lieferanten wiederum eine unerlässliche Grundlage zur Gestaltung und Messung des Erfolges der Leistung.

Fokussierung und Ausrichtung als Herausforderung an die Führung

Für die Mehrzahl der Unternehmen steht zu Anfang die große Herausforderung, den fundamentalen Orientierungswandel von der kurzfristigen Gewinnerzielung zur Wertschöpfung zu vollziehen und zu akzeptieren, dass dieser Prozess eine ganzheitliche Ausrichtung erfordert, die mit Investitionen und einem hohen Zeitaufwand verbunden ist. Die grundsätzliche Voraussetzung für den Wandel ist nicht nur ein Management, das konsequent hinter der neuen strategischen Ausrichtung steht, sondern ebenfalls die auf CRM eingestimmten Mitarbeiter und Geschäftspartner. CRM hat nur Erfolg, wenn es alle Beteiligten im und außerhalb des Unternehmens und sämtliche Unternehmensbereiche einschließt. In diesem Sinne erfolgt die Implementierung einer erfolgreichen Kundenbeziehung von oben nach unten. Im ersten Schritt müssen die Führungspersönlichkeiten im Unternehmen ganz klar die Frage beantworten, ob sie die Wertschöpfung für den Kunden als ihre gemeinsame Zielsetzung verstehen oder nach wie vor den Unternehmensgewinn an die erste Position setzen, also den Blick von der Maximierung der nächsten Quartalsgewinne zur Optimierung der Kundenbeziehung richten. Im nächsten Schritt sollte das Management eine Vorstellung entwickeln, welche Veränderungen der Aufbau eines *Customer Relationship Managements* für die Unternehmenskultur, die Organisationsstruktur, die Investitionen und die Gewinnerzielung bewirkt. Voraussetzung für eine ergebnisorientierte Vorstellung ist die Darstellung der Ist-Situation und die Feststellung, welche Unternehmensbereiche bereits CRM-Ansätze aufweisen und welche noch in den Prozessen des klassischen Marketings verhaftet sind.

Im Anschluss daran erfolgt die Quantifizierung der wirtschaftlichen Effekte, die durch eine Fokussierung auf die Kundenbeziehungen erzielt werden können. Auf der Grundlage eines wirtschaftlichen Grundmodells wird erkennbar, mit welchen spezifischen CRM-Maßnahmen der Unternehmenswert gesteigert werden kann, welche Investitionen Priorität haben sollten und welche erst nach und nach der Einführung bedürfen. CRM ist eine auf Langfristigkeit angelegte Strategie, die nicht darauf abzielt, in einem Gewaltakt von heute auf morgen implementiert zu werden. Im Gegenteil, das kontinuierliche Lernen, das Verfeinern der Instrumente und Maßnahmen steht im Vordergrund. Bei CRM gilt, wie im richtigen Leben, »weniger ist oft mehr«. Beispielsweise wäre es ineffizient, seine Anstrengungen auf den Ausbau der Vertriebskanäle zu richten, wenn die Ist-Situation belegt, dass die bereits vorhandenen Kanäle so optimiert werden können, dass ein zusätzlicher Kanal überflüssig wird. Zur Analyse der Ist-Situation gehört ebenfalls die Frage, ob ein Unternehmen über ein angemessenes System von Partnerschaftsanreizen verfügt. Ob nur leitende Manager oder auch Mitarbeiter, Lieferanten oder Großhändler darin eingeschlossen sind. Der Zweck dieser gründlichen Bestandsaufnahme ist, zu verstehen, welche Antriebskräfte für die Ökonomie der Kundenbeziehung von Bedeutung sind.

Sind die Entschlüsselung der wirtschaftlichen Funktionsweise von CRM erfolgt und die Partnerschaften geordnet, wird mit der systematischen Untersuchung der Veränderungen begonnen, welche die Wertschöpfung optimieren sollen. Ein Vergleich mit der Konkurrenz klärt darüber hinaus, ob eine komplette Umwandlung des Wertangebots erfolgen muss oder eine schrittweise Verbesserung einzelner Komponenten. Auf Basis des Wissens über Verlust-, Gewinn- und Akquisitionsraten sowie der bedeutendsten Werteströme zu und von Kunden ist man in der Lage, Art und Ausmaß der Fehler zu erkennen. Um ganz sicherzustellen, dass Analysen zu erfolgreichen Maßnahmen führen, muss in jedem Teil des Unternehmens nach Ursachen geforscht werden, welche die Werteströme beeinflussen können.

Die Beeinflussung der Werteströme und die Kurven von Akquisitions- oder Gewinnraten lassen sich nur beurteilen, wenn sie messbar sind. Nur wenn Unternehmen die Effektivität von Maßnahmen mit Wertstrom- und Fluktuationsraten exakt verfolgen können, lassen sich Negativkomponenten ausschalten. Der praktikable Weg zur Umsetzung einer wertorientierten Unternehmensphilosophie ist die sorgfältige Definition von Verlustraten und die Einführung von Techniken, die zur Fehleranalyse und zur ständigen Werteverbesserung beitragen. Das Aufzeigen von Lösungen zur Messung von Erfolg und Misserfolg ist ein primärer Inhalt des CRM-Ansatzes.

Zusammengefasst beinhaltet die Erarbeitung einer CRM-Strategie:

- klare Ausrichtung der Unternehmensspitze und Unternehmensbeteiligten auf die Optimierung der Kundenbeziehung,
- fundierte Darstellung der Ist-Situation,
- Erstellung eines wirtschaftlichen Grundmodells und Quantifizierung der wirtschaftlichen Effekte, die von einer Fokussierung auf die Kundenbeziehung bewirkt werden,
- Analyse der Antriebskräfte für eine Ökonomisierung der Kundenbeziehungen und Messung der Verlust-, Gewinn- und Akquisitionsraten sowie der bedeutendsten Wertströme sowie
- systematische Untersuchung der Komponenten, die zu einer Optimierung der Wertschöpfungskette beitragen.

Das Leistungsangebot für die Kundengruppen neu ausrichten

Ist die Kundenanalyse und Segmentierung abgeschlossen, erfolgt auf der Basis des Wissens über die Kunden die nächste Phase von CRM. Sie definiert die Realisierung eines zielkundenorientierten Dialogs und zielkundenorientierter Leistungen. Die grundsätzliche Bedingung für den Aufbau einer lebenslangen und profitablen Kundenbeziehung ist eine nach Status und Bedürfnissen differenzierte Ansprache der existenten Kunden sowie nach Status und Bedürfnissen segmentierte Leistungen. Standen in den Kapiteln 2 und 3 die Themen Kundenkontakt, Kundenprofil und Kundenbedürfnisse im Vordergrund, erfolgt im nächsten Schritt die Anpassung der geschäftlichen Prozesse an die Kundenprozesse. Das heißt:

- Anpassung beziehungsweise Korrektur der Angebots- beziehungsweise Leistungsinhalte an die Zielkunden,
- Anpassung der Prozesse an die Kundentypen/Angebot von neuen, kundenorientierten Lösungen,
- Veränderung der Preispolitik und
- Entfernen beziehungsweise Hinzufügen von neuen Kundenkontakten.

Um eine zielgenaue Anpassung durchführen zu können, muss zuvor überprüft werden, ob das gegenwärtige Produkt- beziehungsweise Dienstleistungsangebot den Kundenanforderungen entspricht, wie sich die Situation der Geschäftspartner gestaltet, und wie die Kanäle zum und vom Kunden funktionieren.

Fallstudie *Draeger's Supermarkt*: Erfolgreiche Anpassung des Angebots an die lukrativen Zielgruppen

In den sechziger Jahren war der Supermarkt *Draeger's* äußerst erfolgreich. Seine Zielgruppen waren überwiegend kinderreiche und sehr gebildete Familien mit gehobenem Einkommen. Doch mit dem Absinken der Geburtenrate und einer in die Jahre gekommenen Stammkundschaft wurden die Geschäfte immer schlechter. *Draeger's* war gezwungen umzudenken. Eine Untersuchung des Kunden- und Kaufprofils der unmittelbaren Anwohner ergab, dass sich in der Gegend um den Supermarkt mehr und mehr junge Leute angesiedelt hatten, die über einen überdurchschnittlichen Bildungsstand verfügten, aber aufgrund ihres Alters nur bedingt über größeres Kapital. Trotz ihrer eingeschränkten finanziellen Verhältnisse forderten die jungen Leute ein hohes Maß an Lebenskultur und -qualität. *Draeger's* hatte also eine traditionelle Zielgruppe, die gebildet und finanziell stark war, aber immer älter wurde, und eine potenzielle Käuferschaft, die trotz geringeren Einkommens großen Wert auf eine gute Qualität und eine gewisse Exklusivität der Produkte legte. *Draeger's* entschloss sich, den hohen Anspruch, den seine jetzigen und potenziellen Kunden an Ess- und Kochgewohnheiten stellten, zum Mittelpunkt seines unternehmerischen Handels zu machen, im Sinne des Kunden zu denken, ihm den Prozess des Einkaufens zu erleichtern und das Einkaufen selbst mit Werten zu füllen. *Draeger's* wandelte sich unter dem Motto »Freude an Tischkultur« zu einer Begegnungsstätte für Kochbegeisterte. Zu einem Ort, wo Einkaufen und Kochen zum Erlebnis werden, und wo verschiedene Generationen aufgrund ihrer gemeinsamen Leidenschaft gerne aufeinander treffen. Das Angebot, die Präsentation, die Dekoration und der Service wurden einheitlich darauf ausgelegt, dass der Kunde Spaß daran hat, qualitativ hochwertige Nahrungsmittel sowie Geräte und Bücher rund um das Kochen einzukaufen.

Das Beispiel *Draeger's* zeigt, wie wichtig es ist, im Vorfeld der Veränderungen den Status quo zu analysieren: Welche Leistungen welcher Zielgruppe angeboten werden, ob diese Leistungen mit den Erwartungen der Zielgruppe übereinstimmen und auf dieser Basis zu überlegen, welche Wege zu gehen sind, um Angebot und Nachfrage deckungsgleich zu machen.

Zur Definition der Ist-Situation müssen folgende Fragen geklärt werden:

- Welche Produkte beziehungsweise Dienstleistungen werden angeboten, wie intensiv und von wem genutzt?
- Welcher Zusatznutzen wird generiert und wer profitiert davon?

- Wie ist die Vertriebssituation? Welche Kanäle gibt es, wie ist ihr Aufbau, ihre Auslastung, ihre Manpower?
- Welche Beziehung besteht zu Partnern wie beispielsweise Händlern und Lieferanten? Sind sie durch exklusive Verträge gebunden?
- Wie sieht die Servicesituation aus? Welche Instrumente werden genutzt, und tragen sie zu einer Absatzsteigerung bei?
- Welche Kommunikationswege werden begangen? Sind sie miteinander synergetisch verknüpft?

An die Beantwortung dieser Fragen schließt sich eine noch tiefer gehende Ursachenanalyse des aktuellen Kundenverhaltens an. Sie verfolgt das Ziel, zu verstehen, welche Faktoren die Kaufentscheidungen antreiben. Ging es beim oben aufgeführten Frageblock um eine generelle Bestandsaufnahme, muss die Beantwortung der nachfolgenden Punkte segmentspezifisch erfolgen, mit Blick auf die profitabelsten Kundengruppen und ihr individuelles Profil:

- Welche Angebote werden am häufigsten wahrgenommen?
- Welche Kommunikationskanäle werden regelmäßig benutzt?
- Welche Mängel führen mehrheitlich zu einer Abwanderung?
- Welche Serviceleistungen führen am erfolgreichsten zum Ausbau der Kundenbeziehung?

Das Ziel der Analyse ist, Wert vernichtende Komponenten herauszufiltern, Wertangebote von höchstem Nutzen für die wichtigsten Kundengruppen zu generieren und Investitionen und Marketingmaßnahmen gezielt auf die wichtigsten Kundensegmente abzustimmen.

Fallstudie *Nokia*: Ein gesamtes Unternehmen wird kundenspezifisch umstrukturiert

Ein herausragendes Beispiel für die Korrektur des Angebots ist der Elektronikkonzern *Nokia*, der innerhalb weniger Jahre die Wandlung vom Gummistiefelhersteller zum größten Handy-Unternehmen der Welt realisierte. Als der heutige Konzernchef Jorma Ollila sein Amt antrat, übernahm er einen Gemischtwarenladen, der Autoreifen und Förderbänder, Fernseher und Fußbodenbeläge, Toilettenpapier, Telefone und vieles andere mehr produzierte. »Wir hatten nur eine Wahl«, lautete sein Credo: »Entweder wir beschränken uns auf wenige Kerngebiete oder wir gehen unter.« Nach genauerer Marktanalyse entschied sich Ollila für die kleine, aber zukunftsträchtige Sparte der Mobiltelefone. Um Mobiltelefone attraktiv zu machen, hatte er immer den Endkunden als seine primäre Zielgruppe im Auge, zuvor fokussierten sich die Unternehmen eher auf den Geschäftskunden, der noch sehr unhandliche Geräte zum Beispiel mit auf die Baustelle nahm oder in Gebieten verwendete, wo das Telefonieren stationär nicht möglich war. Ollilas Erkenntnisse zeigten deutlich, dass die Kunden vor allen Dingen auf ein kleines, handliches Gerät, schickes, modernes Design, robuste Haltbarkeit und ein gutes Netz zur störungsfreien technischen Verbindung Wert legten. Auf der Basis dieser Elemente der Kundenwertschöpfung baute Ollila seine komplette Organisation um und gruppierte seine Leistungsbündel neu. Mit überlegener Technik, gekonntem Design und viel Verständnis für die unterschiedlichen Kundengruppen eroberte *Nokia* den Weltmarkt. Die Schritte waren:

- *Das Produkt/die Technik*
  Um ein technisch ausgereiftes Produkt herzustellen, wurde ein Großteil der Belegschaft ausgetauscht, junge Techniker direkt aus den finnischen Universitäten engagiert, und nicht zuletzt wegen des Nachwuchsmangels eröffnete *Nokia* Forschungslabors in aller Welt, darunter in den USA, Deutschland und China. Inzwischen arbeiten mehr als 20 000 Mitarbeiter in den zahlreichen Forschungsstätten. Hier geht es darum, permanent weltweit Wissen zu generieren und zusammenzutragen.
- *Die Handhabung*
  Als Erster in der Branche räumte Ollila Designern ein großes Mitspracherecht ein. Sie sorgten dafür, dass die Tasten auf allen Handys nach dem gleichen übersichtlichen Prinzip funktionieren, das heute vielfach kopiert ist. Ziel war, dass die Handhabung des Handys für den Kunden sofort verständlich wird und zugleich einfach und

funktionsorientiert ist. Das Design hielt den permanenten technischen Neuentwicklungen stand: Die Geräte wurden immer kleiner, handlicher und zu einem selbstverständlichen Utensil für den Kunden.

- *Die Weiterentwicklung*
  Tempo heißt das Zauberwort für den Erfolg von *Nokia*. Immer wieder verblüfft der Elektrokonzern seine Konkurrenz bei der Umsetzung neuer technischer Errungenschaften. Bereits 1996 führte *Nokia* ein Handy ein, mit dem man E-Mails schreiben und im Internet surfen konnte. Ein Jahr später folgten Geräte mit speziellen Displays für asiatische Kunden und 1999 war *Nokia* das einzige Unternehmen, das Handys mit WAP-Technik lieferte. Diese ermöglicht dem Kunden, per Handy auf spezielle Internetdienste zuzugreifen oder Bankgeschäfte zu erledigen. Mit einem einzigen Gerät erhält der Kunde sich stetig erweiternde Nutzungsmöglichkeiten, werden für ihn Probleme gelöst, über das Handy hinausgehende Informationen zur Verfügung gestellt, Wege gespart und seine geschäftlichen sowie privaten Prozesse wesentlich erleichtert.

Gleichzeitig entwickelt *Nokia* neue Geschäftsideen, wie zum Beispiel die IT- und Telekommunikationssystemintegration, als selbstständige Geschäftsfelder weiter.

Dies ist natürlich ein sehr radikaler Umbau einer kompletten Organisation und ein Makrobeispiel für den Aufbau neuer Beziehungsmodelle. Häufig geht es eher darum, auf der Basis der existierenden Kundenstruktur neue Angebotsbündel oder aber durch neue Angebote zusätzliche Kundenpotenziale zu entdecken. Durch die Anpassung an die Kundenprozesse kann so also auch die Erweiterung der Angebotspalette vollzogen werden. Der *Otto Versand* beispielsweise erkannte, dass innerhalb der existierenden Kundenbasis durchaus auch ein Bedarf existiert, nicht nur die Katalogwaren abzurufen, die er bisher offeriert, sondern auch Lebensmittel zu bestellen.

Lösungspakete für die Kunden neu designen

Um Kundenbeziehungen rentabel zu machen, muss das Unternehmen zu Beginn die Struktur der Beziehung festlegen. Das bedeutet eine Analyse, welche Kundenbegegnungen und Aktivitäten sich positiv auf die Beziehungen der einzelnen Kundensegmente auswirken, welche Aktivitäten sich gegenseitig unnötig überlappen, und welche Aktivitäten beim Unternehmen und welche beim Kunden anzusiedeln sind. Eine Kundenbeziehung wird unrentabel, wenn die einzelnen Prozesse zu kompliziert sind und sich nur schwer umsetzen lassen. Bevor neue Lösungen realisiert werden, sollten die bestehenden untersucht werden auf: Lässt sich die Anzahl der Kundenbegegnungen durch die jetzige Struktur und Personalstärke des Vertriebs sinnvoll verringern? Lässt sich das Auftragsvolumen durch Preisnachlässe oder Einführung von Bonussystemen erhöhen? Manchmal ist der Austausch von Kanälen durchaus sinnvoll. Ein Meeting muss nicht zwangsläufig vor Ort stattfinden, sondern kann auch über das Telefon gehandelt werden, oder ein kostenintensiver Vertreterbesuch lässt sich umgehen, wenn die Serviceline bestens funktioniert. Wird erkenntlich, dass die alten Kanäle nur bedingt zum Erfolg führen, kann über die Implementierung neuer nachgedacht werden. Der Wechsel oder die Veränderungen von Kanälen ist ein wesentliches Instrument, um Kundenbeziehungen effizienter und wirkungsvoller zu machen. Prinzipiell eröffnen die neuen Kundenkanäle wie Callcenter oder Internet mehr Möglichkeiten, mit dem Kunden in Kontakt zu treten, und geben dem Kunden eine Wahlmöglichkeit, auf welchem Weg er die Beziehung zum Unternehmen aufnehmen möchte. Die Wahlmöglichkeit liegt aber nicht nur auf Seiten der Kunden, sondern auch die Unternehmen können Kanäle forcieren, die ihre Rentabilität erhöhen. Die *Deutsche Lufthansa* beispielsweise bietet ihren Kunden als Alternative zum Reisebüro eine direkte Buchung im Internet an. Dieses Angebot verfolgt eine zweifache Zielsetzung. Der Kunde kann schnell und einfach seine Buchungen tätigen, und *Lufthansa* hat enorme Kosteneinsparungen. Das Ziel des Luftfahrtunternehmens ist es, in Zukunft bis zu 25 Prozent der Kunden animiert zu haben, ihre Bestellungen über das Internet abzuwickeln. Um dieses ehrgeizige Vorhaben zu realisieren, reicht es nicht, eine attraktive Website anzulegen. Vorab gilt es, dem Kunden zu erklären, welche Vorteile er durch die Online-Buchung hat, und man muss ihn durch gezielte Anregungen stimulieren, aktiv zu werden, also statt sich nur über das Web zu informieren auch seine Transaktionen dort zu tätigen. Zu diesem Zweck verzehnfachte *Lufthansa* nicht nur ihr Online-Budget zu Ungunsten der klassischen Werbung, sondern bietet darüber hinaus einen attraktiven Mehrwert. Kunden, die über das Internet einen Flug beziehungsweise ein Hotel oder Auto buchen, erhalten einen Bonus von 5000 Meilen. Der Ticketverkauf an sich wäre kein Benefit für den Kunden. Nutzen entsteht durch die Preisbildung und Incentives, durch Zusatzleistungen wie Versicherungen, durch die Möglichkeit, seine Meilenkontoauszüge einzusehen, durch attraktive Partnerschaften, die *Lufthansa* bietet (*Sixt* et cetera), sowie durch ein zusätzliches Online-Angebot (Bücher, CDs zu Reisen et cetera) über Links zu *AOL*.

Bis jetzt wurden die Investitionen in eine Kundenbeziehung aus der Perspektive der Unternehmen dargestellt. Aber nicht nur Unternehmen, auch die Kunden investieren in den Aufbau und den Erhalt einer Beziehung Zeit, Geld und Energie. Wie das Unternehmen möchte der Kunde in seinen Investitionen durch entsprechende Angebote und Leistungen bestätigt werden. Das Bild von den ineinander greifenden beiden Reißverschlusshälften, die den Kunden- und Unternehmensprozess zusammenführen, impliziert auch, dass Kunden und Unternehmen sozusagen nach dem gleichen Drehbuch agieren, das heißt einmal, den Kunden

- in den richtigen Kontext integrieren,
- ihm die richtigen Werte zur richtigen Zeit liefern sowie
- ihm die benötigten Kenntnisse über das Unternehmen vermitteln

und zum anderen, dass der Kunde Kenntnis davon hat,

- wie ein Unternehmen gedenkt, ihn einzubinden,
- welche Werte ihm in welchem Zeitraum zur Verfügung gestellt werden und
- welche Wege dafür beschritten werden.

Vorbildliche Richtlinien für gemeinsames Handeln schafft, wie eine Anzeigenreihe dokumentiert, das schwedische Möbelhaus *IKEA*. Unter dem Motto »Wir machen unsere Arbeit, sie die Ihrige« steht:

Wir entwerfen und entwickeln unsere Produkte selbst und wählen ein kostengünstiges Design ohne Qualitätseinbußen.	Sie suchen die Ware aus und holen sie selbst ab. Das reduziert unseren Mitarbeiterstab und spart Ihnen Geld.
Unsere Möbel sind flach verpackt und benötigen beim Transport und im Lager geringen Raum. Das heißt, wir sparen nochmals Geld.	*IKEA*-Möbel zusammensetzen ist ganz einfach, man muss nur den Anleitungen folgen. Warum für etwas zahlen, was man selbst machen kann?

Durch die genauen Anleitungen von *IKEA* können beide Seiten effizient und profitabel in ihrer Beziehung vorgehen, weil beide gemeinsame Ziele verfolgen, wie die Möglichkeit, Geld einzusparen, und für beide klar ist, durch welche Faktoren und auf welchem Wege die Einsparung erfolgt.

Fallstudie *Breuninger*: Kundenorientierung als Leitmotiv für eine professionelle Servicestrategie

Deutschland ist immer noch als Servicewüste verschrien. Doch ein Unternehmen lebt seit Jahren die Maxime des *Kundenbeziehungsmanagements* – das Lifestyle- und Modeunternehmen *Breuninger* mit 14 Standorten in Deutschland. Bereits bei der Gründung im Jahre 1881 hieß das Leitmotiv des Inhabers Eduard Breuninger Kundenorientierung, und schon damals schwor er seine Mitarbeiter auf Serviceorientierung und persönliche Betreuung ein. Die Erben und die Unternehmensleitung bauten diese *Breuninger*-Stärke konsequent aus. Im Laufe der Jahre hat das Unternehmen viele Servicepreise erhalten und gilt in Fachkreisen als der »deutsche *Nordstroem*«, das Äquivalent des gleichnamigen amerikanischen Servicemarktführers in der Branche.

Bereits vor 40 Jahren führte *Breuninger* als erstes deutsches Einzelhandelsunternehmen eine Kundenkarte ein, und die Kaufhauskette ist ebenfalls Vorreiter im Bereich personalisierter Dienstleistung. 1995 schuf man im Stammhaus den Bereich »Special Service«, der eine individuelle Kleidungsberatung und Betreuung anbietet, ohne dass für den Kunden ein Mehrpreis entsteht. Der Special Service ist wie folgt aufgebaut. Die persönliche Beraterin führt mit dem Kunden ein Gespräch, in dessen Rahmen neben den Körpermaßen, der Markenaffinität, dem Geschmack und individuellen Stil auch persönliche Daten wie der Geburtstag oder verschiedene Einsatzorte der Kleidung – Beruf, Sport, Freizeit – gesammelt werden. Zum Schluss wird ein Foto vom Kunden gemacht. Diese Daten dienen später als Grundlage für die Beratung. Bemerkenswert ist, dass *Breuninger* diese umfangreiche Personalisierung schon vor der Entwicklung der Informationstechnologie aufgebaut hat. Inzwischen spielen natürlich bei einer wachsenden Kundenanzahl Datenbanken und Personalisierungstechnologien eine immer größere Rolle.

Im nächsten Schritt setzt sich der Kunde mit *Breuninger* in Verbindung, um für einen spezifischen Anlass, wie beispielsweise die Suche nach einem Business-Outfit, beraten zu werden. Die persönliche Beraterin bereitet auf der Basis der bisher getätigten Käufe, des Kundenprofils und der spezifischen Kundenvorlieben eine Auswahl der entsprechenden Kleidungsstücke vor. Dann trifft sie sich mit dem Kunden zu einem Beratungsgespräch in einem eigens dafür gestalteten Servicebereich, einer Lounge, in der Snacks und Getränke serviert werden. Der Kunde sucht sich aus der bereits zusammengestellten Auswahl Artikel heraus, und wenn ihm kein Kleidungsstück gefällt, begibt sich die Beraterin erneut in die einzelnen Fachabteilungen, bespricht sich mit den Fachkräften und bringt neue Kleidungsvorschläge in die Lounge. Der Kunde kann währenddessen ganz nach Belieben in der Lounge verweilen oder, wenn er es wünscht, die Beraterin bei ihrem Gang durch die Abteilungen begleiten. Ist der Einkauf getätigt, wird die Ware entweder dem Kunden zum Wagen gebracht oder ihm zu Hause zugestellt. Durch die intensive Betreuung entwickelt sich eine enge Kundenbeziehung, die beide Seiten zufrieden stellt. Der Kunde erhält einen auf ihn abgestimmten und sehr persönlichen Service, fühlt sich umgarnt und birgt dadurch erfahrungsgemäß ein hohes Weiterempfehlungspotenzial in sich. Die Kundenbeziehungs- sowie die Weiterempfehlungsraten belegen eindeutig den Erfolg des Special Service. Und auch die Mitarbeiter profitieren von der engen Kundenbeziehung. Sie agieren nicht mehr reduziert als Verkäufer einer bestimmten Ware, sondern wandeln sich zu vielseitigen Lifestyle-Beratern, deren Kompetenz und Erfahrung vom Kunden geschätzt wird. Um den einzelnen Kunden adäquate Lösungsvorschläge unterbreiten zu können, muss sich der Berater abteilungsübergreifend in der gesamten Produktpalette auskennen. Aus dem Fachverkäufer wird so ein Kundenberater, der im Sinne des Kunden sowie seiner eigenen Motivation und Bestätigung seine Fähigkeiten und Kenntnisse konstant weiterentwickelt. Zu den meisten Kunden des Special Service haben die Berater mit der Zeit so gute Beziehungen aufgebaut, dass sie auch in anderen Situationen, wie beispielsweise bei den Weihnachtseinkäufen, vom Kunden zu Rate gezogen werden.

Die Investitionen zum Aufbau des Special Service – die Einrichtung der Lounges sowie das Training und die Weiterbildung der Mitarbeiter, die heute nicht mehr ausschließlich Fachspezialisten sind, sondern sich in allen Kleidungsbereichen des *Breuninger*-Kaufhauses auskennen – hatten sich bereits kurzfristig amortisiert. Die Umsatzentwicklung im Special Service in den vergangenen beiden Jahren fordert den konsequenten Ausbau dieser von den Kunden angenommenen Serviceidee. Eine Innovation wäre es, im Internet eine persönliche Datenbank zu installieren, über die sich der Kunde als Vorbereitung auf das Beratungsgespräch ausgewählte Produkte zusammenstellen kann. Seine Figur ist eingescannt, sodass er sich virtuell anziehen und von allen Seiten betrachten kann. Die Internetschiene berücksichtigt das wichtigste Gut des Kunden, seine Zeit, und macht den Kauf schon vorab zu einem Erlebnis. Der Kunde muss sich nicht den Prozessen von *Breuninger* unterordnen, sondern bleibt in seinem persönlichen Tagesablauf und kann aus diesem heraus die Stärken von *Breuninger* wahrnehmen, wie die große Produktauswahl, das Angebot hervorragender Marken und eine persönliche Beratung.

Die Bedeutung des Preises

Die besondere Rolle des Preises innerhalb einer Beziehung haben wir schon bei der Betrachtung zur Kundenrentabilität aufgezeigt. Selbstverständlich ist der Preis ein wichtiges Element, das die Ertragswirkung innerhalb einer Kundenbeziehung enorm beeinflusst. Dabei ist die herkömmliche Annahme immer noch stark davon geprägt, dass Preise als taktische Waffe eingesetzt werden, um Verkaufsfördermaßnahmen voranzutreiben oder spezielle Angebote in einem Bieterverfahren zu erhalten. Innerhalb von *Customer Relationship Management* erhält der Preis jedoch eine ganz andere Bedeutung. Hier dient der Preis als ein Gradmesser für die Qualität der Beziehung, und wenn im Sinne von CRM tatsächlich zusätzliche Mehrwerte für den Kunden geliefert werden, so sollten diese auch durchaus mit höheren Preisen gerechtfertigt sein.

Je enger die Kundenbeziehung ist, umso größer wird der Spielraum für die Preispolitik. Eine funktionierende Kundenbeziehung wird nur bedingt über den Preis bestimmt. Studien belegen, dass Kunden, die in einer für sie attraktiven Beziehung zu einem Unternehmen stehen, den Preis nicht als ausschlaggebenden Faktor für eine Kaufentscheidung werten. Und erfahrungsgemäß sind die Kunden, die ihre Wahl vorrangig auf Basis des Preises fällen, die illoyalsten. Sie sind jederzeit bereit, einem Unternehmen den Rücken zu kehren, wenn ein anderes ihnen einen besseren Preis verspricht. Um eine für beide Seiten akzeptable Preispolitik zu installieren, ist es wichtig, die Preisfestlegung verständlich zu machen. Das gilt für die Partner eines Unternehmens, wie in der Automobilbranche die Händler, oder in der Luftfahrtindustrie die Reisebüros, sowie für den Kunden selbst. Bevor man die Preisfestlegung bestimmt, sollte man sich folgende Fragen stellen:

- Auf welcher Basis wird der Preis festgelegt?
- Sind verschiedene Preislevel bezogen auf die unterschiedlichen Kundensegmente sachdienlich?
- Wie ist der Preis im Verhältnis zum Wettbewerb?
- Welche Kostenfaktoren sind unveränderlich, welche ineffizient?

Um wettbewerbsfähig zu bleiben, verfahren heute viele Unternehmen nicht mehr nach einem festgelegten Schema. Beispielsweise erfolgt in der Strombranche die Berechnung der Elektrizität nach den gesonderten Faktoren Kapazität und Energie. Während sich der Preis bei Privatkunden nach ihrem Verbrauch richtet, wird er bei den Großeinkäufern nach dem Volumen kalkuliert. Nicht anders verfahren Hotelketten, die Einzel- und Gruppenpreise anbieten. Eine Praxis verbindet aber dennoch die Mehrzahl der Unternehmen. Die Serviceleistungen, die der Kunde angeblich kostenlos erhält, verstecken sich im Produktpreis und werden nur selten einzeln ausgewiesen. Das hat zur Folge, dass meist nur Serviceleistungen angeboten werden, die über den Produktpreis abgedeckt sind. Um aus diesem Dilemma herauszufinden, haben Unternehmen begonnen, Produkte und Leistungen als Einzelfaktoren zu definieren und über das Produkt sowie über den Service Werte zu generieren. Telefongesellschaften tendieren in diese Richtung. Sie bieten ihren Kunden entweder einen Anrufbeantworter an oder als Alternative einen Auftragsdienst. Doch auch das hat seine Tücken. Bevor der Kunde kauft, vergleicht er den Nutzen und den Preis von Wettbewerbsprodukten. Der Vergleich basiert also zum einen auf den zu verausgabenden Kosten an sich und zum anderen auf dem Service, dem Zusatznutzen, den ihm die einzelnen Produkte bereitstellen. Für den Kunden ist es aber schwierig, Produkt und Service miteinander zu vergleichen, weil der Service meistens über eine monatliche Pauschale abgerechnet wird, und für das Gerät ein einmaliger Preis zu zahlen ist. Aber auch in dem Fall, dass sich der Kunde für das Serviceangebot entscheidet, ist die Preisfrage nicht abgeschlossen. Sie kann durchaus psychologische Dimensionen haben. Untersuchungen, die in Geldinstituten und Banken durchgeführt wurden, hatten zum Ergebnis, dass Kunden eher bereit sind, fünf Euro im Monat zu zahlen als fünfzig Euro pro Jahr. Auf welcher Basis lassen sich dann Preise innerhalb einer Kundenbeziehung bestimmen? Bei der Beantwortung dieser Frage ging *Heinz Pet Food* einen außergewöhnlichen Weg.

Fallstudie *Heinz Pet Food*: Kreative Preisfindung als Start in ein erfolgreiches *Customer Relationship Management*

Heinz Pet Food bewegt sich in einem Markt, in dem Discountpreise ein wesentliches Mittel sind, der Konkurrenz einen Schritt voraus zu sein. In den achtziger Jahren führte das Unternehmen deswegen keine Preiserhöhung durch, und trotzdem sank der Umsatz um 22 Prozent. 1991 versuchte man durch eine Preiserhöhung dem sinkenden Umsatz entgegenzuwirken. Keiner der Wettbewerber wie *Nestlé* oder *Mars* zog nach, und die Marktanteile von *Heinz Pet Food* sanken um weitere 8 Prozent. Vor diesem Hintergrund entschloss sich das Unternehmen zu einer ungewöhnlichen Maßnahme. Statt den Preis festzulegen, fragte das Unternehmen seine Kunden, wie viel sie bereit wären für die einzelnen Produkte zu bezahlen. Im zweiten Schritt definierte Heinz seine Wettbewerbsstärken und konzentrierte, neben der Verbesserung seiner Produktivität, auf Basis der Stärken seine Marketingmaßnahmen. Das Ergebnis war, dass *Heinz Pet Food* seine Kosten extrem reduzieren konnte. Darüber hinaus begann Heinz viel enger mit seinen Händlern zu kooperieren, die sich heute als Partner des Unternehmens betrachten. *Heinz Pet Food* steigerte seine Erträge von 41 Millionen Dollar im Jahre 1991 auf 55 Millionen in 1993. Die Produktion wurde deutlich gesteigert, das operative Geschäft wuchs um 13 Prozent, und die Marktanteile liegen bereits über 25 Prozent – Tendenz steigend. Heute herrscht in diesem Markt eine stabilere Preispolitik, und von denjenigen Wertbewerbern, welche die Preise von *Heinz Pet Food* unterbieten, weisen nur wenige signifikant höhere Gewinne aus.

Wie das Beispiel verdeutlicht, kann bei der Preisfestlegung auch ein gewisses Maß an Einbindung des Kunden zum Erfolg führen. Unternehmen wie Banken, die hohe Fixkosten haben, gehen im Rahmen der Preisbildung immer mehr dazu über, Produkt- beziehungsweise Leistungspakete anzubieten, um einerseits das Verkaufsvolumen zu maximieren, und andererseits erhöht ein gebündeltes Angebot erfahrungsgemäß den Wert für den Kunden. Bei der Bündelung sollte jedoch darauf geachtet werden, dass die einzelnen Komponenten in einem Zusammenhang stehen.

Produkt- oder Leistungspakete haben aber auch Nachteile. Der Kunde kann sich unter Umständen gezwungen fühlen, Produkte oder Service kaufen zu müssen, die er nicht braucht.

Gemäß der typspezifischen Behandlung der Kunden basiert auch die Preisfindung im Rahmen des *Customer Relationship Managements* auf dem Prinzip, dem Kunden das richtige Angebot zum richtigen Preis anzubieten. Dabei spielt ein differenzierter Umgang mit dem Preis eine wichtige Rolle. Über ihn werden bestimmte Gruppen angepeilt und die Verfügbarkeit definiert wie:

- zeitliche Limitierung – Anrufe im Callcenter nach 18 Uhr sind preiswerter,
- Limitierung durch Alter – Personen unter 18 Jahren erhalten ein verbilligtes Bahnticket,
- Sozio-ökonomische Eingrenzung – Familien mit Kindern, Pensionäre oder Studenten erhalten beim Museumsbesuch eine Ermäßigung,
- Eingrenzung durch Kaufverhalten – bei frühzeitiger Hotelreservierung wird eine Ermäßigung von 10 Prozent gegeben, oder bei unfallfreiem Fahren sinkt der Preis der Versicherungspolice um 10 Prozent,
- Eingrenzung durch Kaufvolumen – ab 150 Euro wird ein Rabatt oder ein zusätzliches Produkt geboten und
- Eingrenzung durch Referenzgruppen – bei einer Mitgliedschaft im Bücherclub erfolgt eine Ermäßigung.

Von äußerster Wichtigkeit bei den vorgenannten eingeschränkten und auf spezifische Gruppen zugeschnittenen Angeboten ist, dass sie dem Kunden einen sofort verständlichen Nutzen bieten, zu einem Aufbau einer Beziehung anregen oder eine bestehende festigen. Die grundlegende Frage ist also auch im Rahmen der Preisfestlegung, welche Wert schöpfenden Prozesse unterstützen das Ziel, messbar die Rentabilität der einzelnen Gruppen zu erhöhen und tragen damit zu einer Steigerung des Kunden- und Unternehmenswerts bei.

Fallstudie dot.coms: Neue »Player« dynamisieren die traditionelle Preisfestlegung

Innovative Online-Unternehmen wie *Ebay* verändern grundlegend das herkömmliche Preissystem. Sie bieten dem Kunden eine dynamische Preispolitik, in der feste Preise abgeschafft sind, und zugleich bestimmt der Kunde anstelle von Herstellern oder Händlern, welchen Service er zu welchen Konditionen erhalten möchte. Die Revolution der Konsumentenwelt wird durch das Internet ermöglicht. Hier können sich Unbekannte für kurze Zeit zu Einkaufsgemeinschaften zusammenfinden, feilschen, steigern oder selbst die Konditionen bestimmen. Experten prognostizieren, dass auf Dauer die Kunden die Marktmacht übernehmen werden. Sie werden es sein, die die Konditionen bestimmen und dazu beitragen, dass die Preise in jedem Fall für Massengüter unaufhaltsam sinken. Mitte der 90er Jahre stellte der US-Anbieter *Ebay* erstmals Produkte ins Netz, für die Nutzer individuelle Gebote abgeben konnten. Heute finden Surfer eine unüberschaubare Anzahl von Artikeln. Die vielfältigen Möglichkeiten, Preise zu gestalten – Auktionen oder Vorzugskonditionen für private Käufergruppen – führen keinesfalls zu Umsatzverlusten. Im Gegenteil, variable Preise helfen, die Kapazität besser auszulasten. Wie das funktioniert, demonstrieren die Luftfahrtgesellschaften, die mit ihrem sogenannten Yield Management kurz vor Abflug die frei gebliebenen Plätze zu Sonderkonditionen anbieten. Bei begehrten Produkten sind sogar beträchtliche Umsatzzuwächse zu erwarten.

Aber auch in diesem dynamischen Markt darf man allerdings nicht vergessen, dass trotz dieser innovativen Ansätze der Preis nicht das allein entscheidende Merkmal sein wird. Wie in klassischen Konstellationen sind die Leistungskomponenten ein erhebliches Differenzierungspotenzial. Das Webmagazin *FirstSurf* befragte 8 738 regelmäßig einkaufende Webshopbesucher und veröffentlichte in seinem »Internetshopping Report«, dass die Serviceansprüche der Online-Kunden eine immense Steigerung aufweisen:

- 43 Prozent erwarten eine Hotline,
- 70 Prozent einen Online-Kundenservice,
- vier von fünf Benutzern wollen Reklamationen online abwickeln,
- drei Viertel wünschen sich einen Bestellstatusreport und
- für 80 Prozent sind die hohen Versandkosten ein Grund, nicht zu ordern.

Diese Zahlen dokumentieren, dass der Kunde an die Online-Unternehmen die gleichen Erwartungen und Anforderungen stellt, wie an andere Unternehmen. Und auch hier zählt nicht das Produkt an sich, sondern der maßgeschneiderte Service und die personalisierte Behandlung des Kunden führen zu einer Beziehung.

Mangelnder Informationsaustausch und Service sind die entscheidenden Schwachpunkte der meisten im Internet gescheiterten Unternehmen gewesen. Der Kunde erfährt nur wenig über die Produkte im Netz, und bis die Ware per Post kommt, vergehen oft Wochen, und Reklamationen kosten Zeit und Nerven.

Die vorgenannten Beispiele dokumentieren, dass nur diejenigen Unternehmen konkurrenzfähig bleiben werden, die eine hohe Servicequalität, eine attraktive Produktbündelung sowie Mehrwertdienste mit innovativen Preismaßnahmen verbinden können.

Fallstudie *Verlag Ludwig Könemann*: Preispolitik durch parallel geschalteten internationalen Vertrieb

Fallende Preise und eine explodierende Themenvielfalt lassen seit geraumer Zeit den Bildbandmarkt zum Boomsektor der Buchbranche gedeihen. Insbesondere der Kölner Verleger Ludwig *Könemann* diktiert in diesem Markt neue Spielregeln. Ob Kunstbände oder Lifestyle-Kompendien, Kulturschmöker oder Notensammlungen, allen gemeinsam sind die hohe Qualität und der zugleich extrem niedrige Preis. Das erstklassige Preis-Leistungs-Verhältnis wird über den internationalen Vertrieb realisiert. *Könemann* exportiert in 60 Länder und hält Vertriebsniederlassungen in allen Kontinenten. Sein heutiger Verlagskatalog umfasst 1 500 Titel. Die Unternehmensstrategie, weltweit in über

35 Sprachen auf den Märkten präsent zu sein, macht aus einem hoch-
preisigen Bildband eine rentable Angelegenheit. Während andere Verlage in 20 000 Stückzahlen denken, reduzieren sich bei *Könemann* bei
einer Auflage von einer halben Million die anteiligen Übersetzungs-
und Druckanlaufkosten enorm. Vor dem Hintergrund, dass die Händler die Buchpaletten direkt von der Druckerei geliefert bekommen und
nicht wie sonst üblich über das Auslieferungslager der Verlage, werden zudem noch Vertriebskosten gespart.

Kann man Kunden unterschiedlich behandeln?

»Die Grundlage des ganzen Systems ist die persönliche Gier« behaup-
tete Tom Plaskitt, damals Marketingvorstand von *American Airlines*,
bei der internen Einführungsveranstaltung des Vielfliegerprogrammes. Die Kunden selbst fordern eine Unterscheidung, wollen als gute
Kunden anders behandelt werden, ihren Status wie durch den Besitz
einer Golden Card offen dokumentieren und für hohe Umsätze, die sie
einem Unternehmen erwirtschaften, belohnt werden. Eben nach ihrem
Wert, den sie für ein Unternehmen haben, bedient werden. Jeder definiert aus seinem persönlichen Selbstverständnis konstant seine Position durch die Abgrenzung von unten und oben. Der Stammkunde
selbst zieht einen Trennstrich zwischen dem unter ihm positionierten
Laufkunden, und der hoch profitable Topkunde wiederum sieht sich
über dem Stammkunden. Das Zitat hat aber noch eine weitere Dimension. Unser Blick und unser Bestreben ist immer nach oben, auf die
nächsthöhere Kategorie gerichtet. Ein Golden-Card-Inhaber möchte,
ob bewusst oder unbewusst, zum Platin-Card-Besitzer aufsteigen, um
eine weitere Imageaufwertung zu erfahren und in den Genuss noch
ausgefeilterer Leistungen zu gelangen.

Die Segmentierung der Banken, die darauf ausgelegt ist, Kunden
mit geringem Profit zu entfernen und Kunden von hoher Profitabilität
zu umgarnen, ist im Rahmen des CRM-Ansatzes eine grundlegende
Voraussetzung, den Unternehmensgewinn zu steigern. Um erfolgreich
zu sein, muss sich ein Unternehmen klar entscheiden, wie sein Kun-

denportfolio und sein Kundenmix aussehen soll. Die Segmentierung wird jedoch unrentabel, wenn sie nicht auf Basis des individuellen Lebenszyklus getroffen wird. Hat man das Entwicklungspotenzial des einzelnen Kunden nicht im Blick, verliert man womöglich kleinere Kunden, die morgen hoch profitable sein können.

Eine internationale Fluggesellschaft geht mittlerweile auf Veränderungen im Leben ihrer Topkunden ein. Wurde früher einem Golden-Card-Mitglied, das seinen Meilenstatus nicht halten konnte, umgehend per Brief der Status aberkannt, fragt heute die Fluglinie gezielt nach, warum der ehemalige Vielflieger das Angebot des Unternehmens nur noch bedingt wahrnimmt. Gründe hierfür könnten ein Berufswechsel sein, beispielsweise bei Unternehmensberatern, die in der Regel sehr viel reisen müssen und zu den Topkunden gehören. Verändern sie sich und gelangen an eine gehobene Position, kann es durchaus sein, dass ihre neue Stellung nur noch bedingte Reisetätigkeiten erfordert. Oder eine Frau in einer gehobenen Position entscheidet sich, für eine begrenzte Zeit in den Mutterschaftsurlaub zu gehen. Beide Kunden fallen für den Moment aus dem Segment der absoluten Topkunden heraus, aber ihr Status ist prinzipiell weit oben angesiedelt. Vor diesem Hintergrund kümmert sich die Fluggesellschaft weiter um sie, macht ihnen spezielle Angebote, wie sie ihren Golden-Card-Status behalten können, oder wie für beide Seiten akzeptabel eine Übergangssituation geschaffen werden kann. Die Airline berücksichtigt damit im Sinne von CRM den Lebenszyklus des Kunden, der nach einer Unterbrechung durchaus wieder das Potenzial haben kann, zu einem höchst attraktiven Kunden zu werden. Der Unternehmensberater kann aufgrund seiner beruflichen Laufbahn morgen ein Vorstand sein, der um die Welt reisen muss, und die Frau wieder in den Beruf zurückkehren und ihre hohe Reisetätigkeit erneut aufnehmen. Die vorgenannten Beispiele zeigen, dass Hinzufügen oder Entfernen von Kundenkontakten kein statischer Vorgang sein darf, sondern, profitorientiert, entsprechend dem *Lifetime Value*, Rücksicht auf die individuelle Situation des einzelnen Kunden nehmen sollte.

Die Dynamik von Kunden soll hier an einem weiteren Beispiel aus der Luftfahrtindustrie demonstriert werden. Aufgrund ihrer beruflichen und damit auch finanziellen Perspektive sind Studenten potenzielle Kunden. Wem es gelingt, schon frühzeitig einen intensiven Kontakt zu dieser Gruppe aufzubauen, der wird, langfristig gedacht, seine Investitionen wieder einfahren. 1999 startete die *Deutsche Lufthansa* ein Online-Pilotprojekt an fünf Universitäten. Das Projekt hat drei Ebenen:

- Die Studenten erhalten per Internet über Miles & More sehr kostengünstige Angebote.
- Ein weiterer Benefit entsteht durch exklusive, auf die Zielgruppe zugeschnittene Angebote von Partnern der Airline wie Bücher, CDs oder Autovermietung.
- Die Airline verpflichtet Studenten als Agenten vor Ort, die Plakate aufhängen oder durch die Organisation von Events positive Stimmung für die Airline verbreiten.

Wie funktioniert nun das Gegenteil? Wie werden Programmelemente entfernt und die Kunden weniger exklusiv behandelt? Prinzipiell gilt, wie das Golden-Card-Beispiel zeigte, einen Kunden immer vorsichtig zu behandeln und ihn nicht so zu verärgern, dass er als Kunde ein für allemal verloren ist. Es ist eine ähnlich aufwändig programmatische Vorgehensweise insbesondere in der Kommunikation notwendig, wie sie auch für Akquisitionen gefordert ist.

Ein unattraktiver Kunde wird nicht explizit ausgeschlossen, sondern erfährt, auf seinen Status bezogen, eine reduzierte Behandlung. Richtet man im klassischen Marketing beispielsweise Angebote über Mailingaktionen undifferenziert an alle Kunden, erhalten im *Customer Relationship Management* nur die Kunden, die einen bestimmten Status haben und für die das Angebot von Interesse sein könnte, ein Schreiben. Das heißt: Man investiert selektiv, indem nur ein begrenzter Kundenkreis in den Genuss einer Information und eines speziellen Angebots kommt. Selektionsinstrumente für gewünschte und nicht gewünschte Kunden sind Loyalitätsprogramme wie die Vielfliegerprogramme der Fluggesellschaften, wie der HOG-Club von *Harley-Davidson* oder wie die *American-Express*-Card. Die Aufnahme ist an Bedingungen geknüpft, wie Meilen sammeln oder eine *Harley* besitzen. Auch Unternehmensveranstaltungen können als Differenzierungsmaßnahme eingesetzt werden, indem nur ein spezifischer Kreis geladen wird. Das Entfernen und Hinzufügen von Kundenkontakten steht immer im direkten Zusammenhang mit der Dialog- und Aktionsbereitschaft des Kunden, ist ein permanenter Kreislauf von Aktion und Reaktion. Das Unternehmen bietet an, der Kunde nimmt das Angebot wahr und erhält darauf noch spezifischere Angebote. Reagiert er nicht, wird er eine begrenzte Zeit weiter kontaktiert, und wenn er auch dann kein Interesse an den vom Unternehmen angebotenen Möglichkeiten und Leistungen zeigt, fällt er über kurz oder lang aus dem System heraus. Die gezielte Investition und Bearbeitung der einzelnen Segmente, die immer weiter verfeinert werden kann, ermöglicht Unternehmen, ihren Kundenmix durch die Fokussierung auf potenzielle und attraktive Kunden sowie die Ausselektion von unrentablen Kunden höchst profitabel zu steuern. Auf die kommunikativen Aspekte werden wir bei den Implementierungsüberlegungen zur Kommunikation noch einmal detaillierter eingehen.

Die strategische Bedeutung von Loyalitätsprogrammen

Ein weiteres wichtiges strategisches Element für die Gestaltung der Kundenbeziehungen ist die Existenz und das Management eines Loyalitätsprogrammes. Dessen Bedeutung resultiert daher, dass diese Programme es vielen Unternehmen auf der einen Seite erst einmal ermöglichen, ein genaues Verständnis ihrer Kundenbasis und ihrer Kundenprozesse zu erhalten, und auf der anderen Seite eine Plattform aufbauen, um Kunden differenziert zu behandeln und mit unterschiedlicher Kommunikation zu bedienen. Dadurch erwachsen »wirkliche« Loyalitätsprogramme in den Rang einer übergeordneten unternehmensweiten Bedeutung und sind nicht nur reine Kommunikationsanwendungen oder Marketinggags. Im Sinne der detaillierten Kundenidentifikation und des zentralen Steuerungsinstrumentes können diese Programme eine enorme Bedeutung für die Erfassung, Fokussierung, Ausrichtung und Implementierung von *Customer-Relationship-Management-Strategien* haben. Dabei sind Loyalitätsprogramme keine Entwicklung der jüngeren Zeit. Bereits in den zwanziger Jahren begannen Hersteller und Kunden ihre Verkaufsbeziehungen zu systematisieren und gründeten Produktvereine, bei denen der Austausch, die Pflege und Weiterentwicklung der jeweiligen Produkte von beiden Seiten gefördert wurde. Später kam die Rabattierungsfunktion hinzu. Die amerikanische *S+H-Gruppe* war mit ihren berühmten Green Stamps (grüne Rabattmarken) eine der ersten Einzelhandelsfirmen, die begannen, umsatztreue Kunden mit einer Rückvergütung zu belohnen. Diese Systeme hielten sich bis in die sechziger Jahre, bis sie zu systematischeren Kartenverfahren weiterentwickelt wurden. Eine weitere Entwicklungsstufe bildeten die Buchclubs, die in Amerika unter *Time Life* oder in Deutschland von *Bertelsmann* gegründet wurden. In den Clubs wurden zum ersten Mal systematisch Verbindungen und Beziehungen zwischen Hersteller und Kundengruppen geschaffen. Die Mitglieder dieser Buchclubs erhielten spezielle Angebote, die sowohl vom Preis als auch von der Exklusivität auf die jeweilige Kundengruppe zugeschnitten wurden.

Der nächste Schub auf dem Weg zu systematischen Loyalitätsprogrammen wurde durch die Entwicklung der Kreditkarte definiert. Auch hier begannen Unternehmen wie *American Express* relativ frühzeitig, auf den mit der Kreditkarte getätigten Umsatz Bonuspunkte zu vergeben. Diese konnten bei mit dem Kreditkartenhersteller verbundenen Unternehmen eingelöst werden und erhöhten dadurch den Nutzen und die Attraktivität der Karte einerseits und eine positive Nutzen- und Imageaufwertung der Allianzpartner andererseits. In den siebziger Jahren erfolgte eine Verfeinerung. Die amerikanischen Fluggesellschaften, Vorreiter war hier *American Airlines*, stellten fest, dass es einige wenige Kunden gab, die extrem viel flogen und deswegen ein äußerst attraktives Kundensegment für die Airlines waren. Diese aber fühlten sich bisher keiner spezifischen Airline verbunden, sondern nutzten alle Fluggesellschaften gleichermaßen. *American Airlines* reagierte auf das illoyale Verhalten mit der Einführung des Frequent-Flyer-Programms (FFP). Im Rahmen des Programms wurde pro Flug ein Meilenbonus oder Bonuspunkte vergeben, die für weitere Flüge oder andere Dienstleistungen eingelöst werden konnten. Das FFP konnte zügig Erfolge vorweisen, und die Wettbewerber zogen nach. Heute hat das AA-Programm des Pioniers *American Airlines* mehr als 20 Millionen Mitglieder. In Europa wurden diese Programme ab Mitte der Achtziger populär. 1992 konzipierte die *Deutsche Lufthansa* Miles&More und führte das Vielfliegerprogramm, das heute mehr als drei Millionen Mitglieder zählt, im darauf folgenden Jahr erfolgreich in Deutschland ein. Seit Anfang der Neunziger dringen diese Loyalitätsprogramme auch in den Industrie- und Business-to-Business-Bereich vor. Automobilhersteller wie *Volkswagen* starten mit eigenen Clubs und Kundenkarten und Industrieunternehmen wie *Grohe* setzen diese Entwicklung auf der Business-to-Business-Seite fort. Was macht nun den Reiz und den ökonomischen Erfolg dieser Programme aus?

Zu Anfang erzeugen Loyalitätsprogramme – sei es eine Mitgliedschaftskarte, ein Club oder ein System mit Rabatt- und Dienstleistungs- sowie emotionalen Nutzenfunktionen – eine kommunikative Aufmerksamkeit beim existierenden und potenziellen Kunden. Je mehr aber Unternehmen diese oder ähnliche Programme und Komponenten einführen, desto schneller schmilzt die Differenzierung zwischen den Programmen der Wettbewerber mit der Folge, dass der Nutzen vom Kunden nur noch bedingt empfunden wird. Man geht heute davon aus, dass in Amerika Vielflieger bereits vier bis fünf Karten von unterschiedlichen Herstellern besitzen, und auch in Deutschland zeigen Untersuchungen, dass der attraktive Vielnutzer Mitglied bei zwei bis drei konkurrierenden Programmanbietern ist. Haben sich solche Programme zu einem Standard entwickelt, wie es bei den Fluggesellschaften und auch in der Kreditkartenbranche weltweit der Fall ist, ist der Wettbewerb gezwungen, nachzuziehen und ebenfalls Loyalitätsprogramme zu initiieren. Doch als Letzter in der Reihe wird er kaum Marktanteils- und Kundenlebenswertgewinne erzielen, sondern bestenfalls zu seinen Konkurrenten aufschließen.

Den Wettbewerbsvorteil desjenigen, der zuerst in den Markt geht, dokumentiert bestens der Vorsprung von Internetpionieren wie *Amazon.com* oder *Ebay* zu ihren Marktkonkurrenten. Wie bereits vielfach dargelegt, ist im rasanten Wandel, der durch die neuen Technologien forciert wird, der Faktor Schnelligkeit eine grundlegende Erfolgskomponente. Vor diesem Hintergrund ist es von grundlegender unternehmerischer Bedeutung, dass ein Unternehmen frühzeitig entscheidet, ob es ein Loyalitätsprogramm zur Differenzierung einsetzen möchte, welche wertorientierten Inhalte das Programm definieren soll, und auf welchem Wege eine schnellstmögliche Umsetzung realisiert werden kann. Der langfristige Erfolg eines Loyalitätsprogramms hängt aber weniger von der inhaltlichen Gestaltung ab, sondern vielmehr davon, wie es als strategische Komponente in ein umfassendes *Customer-Relationship-Management-System* integriert ist.

Loyalitätsprogramme haben die wichtigen primären Funktionen:

- Sie sind ein ideales Instrument, um seine individuellen Kunden kennen zu lernen und ihre Loyalität zu überprüfen.
- Sie sind eine kommunikative Plattform, auf der sich Kunde und Unternehmen im beiderseitigen Einverständnis treffen. Mit dem Eintritt in ein Loyalitätsprogramm gibt der Kunde seine Erlaubnis, in einen Dialog über Produkte und Leistungen zu treten und durch die Nutzung unterschiedlichster Kommunikationskanäle eine intensive Beziehung zu einem Unternehmen aufzubauen. Damit ist die neue Stufe einer Kundenbeziehung im Sinne des bereits beschriebenen *Permission Marketings* erreicht. Der Kunde regt von sich aus an, mit dem Unternehmen in Kontakt zu treten und eine Verbindung aufzubauen, die durchaus die Perspektive einer lebenslangen Beziehung haben kann. Die mit dem Loyalitätsprogramm verbundenen Kommunikationsinhalte unterbrechen und stören nicht wie im klassischen Marketing den Ablauf des Kunden, sondern werden vom Kunden erwartet.
- Der Einsatz einer Identifikationskarte oder anderer kommunikativer Elemente, wie die Teilnahme an einem Unternehmensevent im Rahmen eines Loyalitätsprogramms, stärken über den konkreten Nutzen hinaus die emotionale Verbundenheit zwischen Kunde und Unternehmen. Aber sie bewirken noch mehr. Für den Kunden haben sie einen ideellen Wert und sind ein Image bildender Faktor. Beispielsweise kommuniziert der Inhaber einer Golden Card beim Zahlungsvorgang in einem Restaurant ohne expliziten Hinweis, nur auf Basis des Kartenbesitzes, sowohl den am Tisch Sitzenden als auch dem Ober seinen gesellschaftlichen und finanziellen Status. Auf diese Weise wird er zu einem attraktiven Multiplikator für das

Kreditkartenhaus, denn er weckt bei den am Tisch Sitzenden das Bedürfnis, ebenfalls in den Rang des Golden-Card-Inhabers aufsteigen zu können. Ganz im Sinne von Tom Plaskitt, der, wie das dem Kapitel vorangestellte Zitat belegt, die Gier als treibenden Motor für Kundenhandlungen definiert.

- Die persönliche Identifikation des Kunden über die Loyalitätsprogramme ermöglicht die Zuordnung spezieller Services und Leistungen. Mit dem Einloggen eines Kunden über seine Pinnummernennung oder seine Karten-ID in ein interaktives Callcenter wird er für das Unternehmen zu einer individuellen Person, deren Namen, deren Bedürfnisse und Beziehungshistorie man kennt. Letzteres ist von besonderer Wichtigkeit. Eine funktionierende Kundenbeziehung basiert wie im richtigen Leben auf dem zeitübergreifenden Wissen über den anderen, seinen vergangenen Bedürfnissen und Aktivitäten und seinen daraus folgenden gegenwärtigen, um daraus bestenfalls seine zukünftigen Wünsche ableiten zu können.
- Loyalitätsprogramme sind eine optimale Maßnahme zur Kundendifferenzierung. Abhängig von Umsatz, Deckungsbeitrag oder aktionsspezifischen Zielen bestimmter Kundencluster ermöglichen sie die treuesten und wertvollsten Kunden wie beim Frequent-Flyer-Programm über verschiedene Statusstufen (den so genannten »Tirelevel«) wie Platin, Gold, Silber oder Standard zu belohnen. Die differenzierte Behandlung regt den Kunden nicht nur an, seinen Umsatz kontinuierlich zu steigern, sondern ebenfalls die Grenze zu einem höheren Segment zu überschreiten, weil er weiß, dass ihm dann weitere Dienstleistungen und Zusatznutzen zur Verfügung gestellt werden.

Viele Unternehmen greifen nur eine der vorgenannten Komponenten heraus und bauen darauf ihr Loyalitätsprogramm auf. Doch mit einer isolierten Maßnahme, wie beispielsweise der ausschließlichen Implementierung eines Bonusprogramms, werden die Chancen eines aktiven *Customer Relationship Managements* vergeben. Losgelöst aus einem ganzheitlichen Kundenbeziehungsmanagement ist ein Bonusprogramm nichts anderes als eine versteckte Form des Preis-

wettbewerbs, ohne beziehungsfördernde Aspekte und ohne zukunfts-
weisende Beziehungsperspektive. Ein Beispiel für ein volumenabhän-
giges Preissystem ist das Partnerprogramm des Heizpumpenherstellers
Viessmann, das je nach Umsatzgröße verschiedene Rabattierungsstu-
fen definiert. Wird mehr Umsatz auf einer vorgegeben Skala erzielt,
erhöht sich der Rabattsatz. Dieses Verfahren entspricht keinesfalls der
Funktion eines Loyalitätsprogramms, sondern limitiert die Beziehung
auf eine differenzierte Preisstruktur. Ebenso nutzen Unternehmen
Loyalitätsprogramme für ein raffinierteres Direkt-Mailing-System aus.
Über eine Clubmitgliedschaft versuchen sie an die Adressen ihrer Kunden zu gelangen, um ihnen im Anschluss nichts anderes als standardi-
sierte Mailingangebote zuzustellen. Ohne die Verbindung zu anderen
systematisch implementierten Elementen eines Loyalitätsprogramms
verpuffen diese Leistungen sehr schnell und sind zudem leicht kopierbar.

Fallstudie *Grundfos*: Ein Loyalitätsprogramm als zentraler Ausgangspunkt des Kundenmanagements

Der dänische Heizpumpenhersteller *Grundfos* hat sich erfolgreich in
Europa positioniert. Doch wie in anderen technischen Branchen ist
sein Differenzierungspotenzial zum Wettbewerb inzwischen sehr
gering, und das in einem Markt, der von einem extremen Verdrän-
gungswettbewerb geprägt ist. Um in Deutschland seine Marktposition
direkt hinter dem Marktführer zu behalten und auszubauen, musste
Grundfos in Deutschland zügig handeln. Eine Analyse der Wettbewerber hatte zum Ergebnis, dass man seine Kunden besser kennen und
zielgerichteter bearbeiten sollte. *Grundfos* entschloss sich, ein Loyalitätsprogramm zur Erkennung und sinnvollen Steuerung der Kundenbeziehungen zu installieren. Die Konkurrenzanalyse hatte ebenfalls gezeigt, dass es bereits mehr als 40 Kundenbindungsprogramme
und -clubs im Heizungs- und Sanitätsbereich in Deutschland gab.
Ein einfaches »Me-too-Produkt« kam deswegen nicht in Frage. Das
G-plus-Programm, wie *Grundfos* sein Loyalitätsprogramm taufte,
konnte nur zum erfolgreichen Instrument werden, wenn man es zu

einem zentralen Bestandteil der Unternehmens- und Marktstrategie erheben würde. Vor dieser Zielsetzung wurde G-plus auf folgenden strategischen Pfeilern aufgebaut:

- Konzentration der Programmelemente auf Marketing- und Dienstleistungsbestandteile, nicht auf Produktbestandteile,
- klare Positionierung des Programms als integraler Bestandteil aller Marketing- und Vertriebsaktivitäten, wobei der Schwerpunkt auf der Verkaufsunterstützung für den Außendienst lag,
- klare Betonung der emotionalen Komponente und des Ansatzes, Kunden zu begeistern,
- Nutzen des Programms als ein zentrales Instrument zur Markt- und Wettbewerbsanalyse sowie
- Ausrichtung des Systems auf ein komplettes Buying Center und nicht nur auf eine Kundengruppe.

G-plus basierte wie andere Loyalitätsprogramme auf einem Bonuspunktesystem. Der innovative Faktor war, dass alle Personengruppen, die mit dem Produkt in Berührung kamen, angesprochen wurden. Eben nicht nur die Inhaber von Installationsbetrieben, sondern ebenfalls Monteure, Architekten und weitere Entscheider. Die kostenfreie Mitgliedschaft erweiterte sich damit von Individuen auf Firmenmitgliedschaften. Darüber hinaus wurden Kunden des Wettbewerbs durch so genannte Wildcards angesprochen, die ihnen ebenfalls eine kostenlose Mitgliedschaft ermöglichten. G-plus ist in verschiedene Statusgruppen gegliedert, die sich in den Kaufgewohnheiten unterscheiden und differenzierte Services, wie beispielsweise einen Notlieferservice, eine Austauschberatung oder spezielle Versicherungsleistungen, angeboten bekommen. Das Loyalitätsprogramm dient nicht nur zur Kundenbeziehungssteuerung, sondern wird auch vorzüglich als emotionale Komponente beispielsweise auf Messen eingesetzt. Alle Kunden, die sich im Rahmen einer gemeinsamen Aktion mit dem *Grundfos*-Vertrieb auf der zentralen Sanitärmesse präsentiert haben, wurden mit Bonuspunkten belohnt. Darüber hinaus konnten neu angeworbene Mitglieder an einer Verlosung teilnehmen und als Hauptpreis einen *Audi TT* gewinnen.

G-plus wird sehr positiv angenommen. Schon im Jahr der Markteinführung überschritt die Mitgliederzahl eine fünfstellige Summe, und die Aktionen wiesen erhebliche Markterfolge auf. *Grundfos* schafft es auf der Basis des Programms, in einem anonymen Markt seine Kunden besser kennen zu lernen sowie über die Loyalitätsprogrammstruktur auch wichtige Einflussnehmer, wie eben Monteure und Architekten, auf sich aufmerksam zu machen. Die Marke erfuhr eine neue emotionale Positionierung, dem Vertrieb wurden neue Tools zur Kundensteuerung an die Hand gegeben und den Kunden zielgerichtete Services gemäß ihrer Kundenwertigkeit zugeordnet. Damit hat *Grundfos* die Grundlagen für CRM in einem Bereich gelegt, in dem bis dato technische Produkte dominierten, und über das erfolgreiche G-plus-Programm eine ideale Plattform geschaffen, um mit der stetigen Verfeinerung seiner Kundenbeziehungen sich auch zukünftig im Markt ganz oben behaupten zu können.

Fallstudie *British Airport Authorithy (BAA)* – Loyalitätsprogramme in Allianzform

Die *British Airport Authorithy (BAA)* ist in Großbritannien Betreiber vieler großer Flughäfen wie London Heathrow, Gatwick oder Manchester. Vor ein paar Jahren startete *BAA* ein Loyalitäts- und Bonusprogramm, das Kunden anreizen sollte, *BAA*-Airports zu nutzen, und gleichzeitig Händler anregen sollte, in *BAA*-Flughäfen präsent zu sein, um den Standort wiederum für Kunden attraktiver zu machen.

Der Inhaber einer *BAA*-Card erhält Bonuspunkte beim Einkaufen in allen Flughafenshops, Restaurants und Bars, bei seinen Ausgaben im Parkhaus, aber auch auf den Geldwechsel im Flughafen. Die *BAA* ist Betreiber, Datenverwalter und Programmlieferant für die an der Card interessierten Allianzpartner, wie beispielsweise Restaurants, Shops oder Banken, die auf Flughäfen stationiert sind. Die Bonuspunkte können bei *BAA* als Voucher abgerufen werden, mit den Gutscheinen kann man bei den beteiligten Unternehmen am Flughafen einkaufen oder sie bei den Partnern des Frequent-Flyer-Programms, wie *Continental*, *British Midland* oder *Virgin Freeway*, einlösen. Darüber hinaus erhält der Inhaber einer *BAA*-Loyality-Programmkarte spezielle kostenlose Services, beispielsweise eine besondere und schnelle Sicherheitsabfertigung oder den Zugang zu eigens eingerichteten Flughafenlounges. Das *BAA*-Bonusprogramm arbeitet auf diese Weise

Checkliste 4:
Entwicklung der CRM-Strategie

	Trifft zu	Trifft bedingt zu	Trifft nicht zu
1. Wir haben ein klares Verständnis über unsere wichtigen zukünftigen Kundengruppen.			
2. Unsere Unternehmensspitze und das Top-Management beschäftigen sich intensiv mit der Strategieentwicklung der Kundenbeziehungen.			
3. Wir haben ein klares Verständnis und Berechnung der finanziellen Effekte unseres zukünftigen Kundenbeziehungsmanagements.			
4. Unser Leistungsangebot ist klar und deutlich an eine Kundentypisierung angepasst.			
5. Die Personalisierung unserer Kundenbeziehungen ist bereits in erheblichem Umfang realisiert.			
6. Die Entscheidungen über unsere Vertriebskanäle sind für unsere Kunden und Partner deutlich und klar getroffen.			
7. Die Kundenprozesse spiegeln bei uns eine klare Resourcenzuordnung nach Kundenpriorisierungen wider.			
8. Wir verfügen über eine differenzierte Preispolitik je nach Kundengruppierung.			
9. Unsere Loyalitätsprogramme haben einen strategischen Bezug und sind systematisch in ein Kundenbeziehungskonzept eingebettet.			
10. Unsere Loyalitätsprogramme sind personalisiert und haben Preis nicht als zentrales Instrument.			

nicht nur erfolgreich für den Betreiber selbst, sondern generiert auch für die teilnehmenden Einzelhändler eine Gewinnsituation. Die *BAA*-Shops sind für Kunden attraktiv. Hier bezahlen sie nicht wie sonst üblich erhöhte Preise am Flughafen, sparen Zeit, weil sie nicht den Flughafen verlassen müssen, um ihre Einkäufe zu erledigen und erhalten noch zusätzlich eine Gratifikation. Die für das *BAA*-Programm interessanteste Zielgruppe sind die Vielreisenden, und sie tragen dazu bei, dass in einigen *BAA*-Shops ein Mehrfaches der Quadratmeterumsätze eines vergleichbaren Innenstadtshops getätigt wird. Ebenso profitiert auch die *British Airport Authorithy* von dem Bonusprogramm. Die Einzelhändler am Flughafen gehören zu einer ihrer Kundengruppen.

Das *BAA*-Konzept hat einen sehr interessanten Gewinnansatz. Es generiert keinen direkten Gewinn für die Flughafenbetreiber, sondern *BAA* hat indirekten Erfolg über die erhöhte Zufriedenheit der Händler und die Intensivierung der Umsätze der Reisenden. Darüber hinaus entsteht ein Zusatznutzen durch die Gewinnung der Flugdaten von Einzelpersonen und ihrer Kaufgewohnheiten. *BAA* analysiert diese und kann exakt bestimmen, welche Marken und Produkte an Flughäfen präferiert werden, und welche Kunden individuell angesprochen werden sollten. Damit hat das Unternehmen sich eine hervorragende Plattform für weitere *Customer Relationship Management-Aktivitäten* geschaffen, die über *BAA* selbst oder über die vor Ort sitzenden Einzelhändler realisiert werden können.

5. Die Implementierung von CRM

Design der Prozesse und Tools

Nach der Erarbeitung einer CRM-Strategie, die aufzeigt, welche Ist-Situation im Unternehmen besteht, welche Prozesse im Sinne der Kundenbeziehungen verändert werden müssen, und welche Instrumente die Wandlung einleiten sollen, folgt die konkrete Umsetzung von CRM. In dieser Phase geht es darum, auf Basis der Erkenntnisse die einzelnen Unternehmensbereiche derart zu strukturieren, dass sich jede Kundenbegegnung im Sinn des Reißverschlussbilds reibungslos in den Prozess des Kunden einfügt. Dazu müssen die einzelnen Marketingtools entsprechend der unterschiedlichen Kundenanforderungen so eingesetzt werden, dass eine segmentspezifische Bearbeitung der wichtigsten Kundengruppen möglich ist. Darüber hinaus muss allerdings auf Synergien beim Einsatz der unterschiedlichen Instrumente geachtet werden. Schlussendlich müssen die Maßnahmen und Instrumente so angelegt sein, dass die Kundenbeziehungen durch kontinuierliches Lernen ständig verfeinert werden.

Für vorgenannte Ziele müssen sich der Marketing-, Vertriebs- und Serviceprozess CRM-orientiert ausrichten. Das Callcenter und Servicecenter muss sich zum Customer Interaction Center (CIC) weiterentwickeln, der Verkaufsprozess muss sich über *Sales Force Automation* (SFA) zu einem Kundenunterstützungsprozess fortbilden, indem er durch die Anpassung von Prozessen, Software und Tools unterstützt und automatisiert wird, und das Marketing muss den Weg zum *Enterprise Marketing Automation* (EMA) beschreiten. Durch die

Anpassung der Prozesse, Software und Tools erreichen Sie eine direkte Umsetzung von CRM im Unternehmen sowie die profitable, segmentspezifische Steuerung der einzelnen Maßnahmen.

Salopp gesprochen, verfolgt das Design der Prozesse und Tools das Ziel, den traditionellen Tante-Emma-Laden wieder zum Leben zu erwecken; den heute anonymen Kunden zu einem langfristigen und profitablen Partner zu machen und über die Anpassung der Unternehmensprozesse an sein individuelles Profil eine Beziehung zu erwirken, die über den reinen Austausch von Produkten weit hinausgeht; die Beziehung durch vorbildliche Service Center, Loyalitätsprogramme oder Unternehmensveranstaltungen zu einem interaktiven und lernenden Verhältnis auszuweiten, das von Kommunikation, Erfahrungsaustausch und gemeinsamen Erlebnissen geprägt ist; zu einem Verhältnis, in dem der Produkttransfer durch die Ausrichtung der Unternehmen auf One-to-One-Kommunikation zu einem integrierten Teil der gesamten Beziehung wird. Eine Renaissance des Tante-Emma-Ladens wird eingeleitet, die eine Erweiterung des geschäftlichen Austauschs zu einer emotionalen Verbindung und die Wandlung der Unternehmen zu Begegnungsstätten ermöglicht.

Die nachfolgend dargestellten Veränderungen der Prozesse und Tools, wie die neue Rolle des Vertriebs oder genutzte Chancen des Beschwerdemanagements, sollen exemplarisch den Weg der Unternehmen hin zum *Customer Relationship Management* aufzeigen.

Vom Callcenter zum Customer Interaction Center

Wie müssen interne Prozesse ablaufen, und welche Kanäle gilt es zu installieren, um Kundenkontakte zum Ausbau einer profitablen Beziehung zu schaffen? Eine notwendige Voraussetzung ist es, die häufig bereits existenten Call- und Servicecenter zu einem Customer Interaction Center (CIC) als umfassendem Instrument zur Optimierung der Kundenbegegnung und -beziehung weiterzuentwickeln. CIC integriert die Bereiche Kundenservice, Support, *Beschwerdemanagement*, Outbound-Sales, Marketingaktivitäten und Vertriebssteuerung. Die

Effizienz des CIC hängt von seiner technischen Entwicklungsstufe und der Ausstattung des Centers ab, beispielsweise, inwieweit eine Computer-Telefon-Integration (CTI) mit automatischer Anrufverteilung (Automatic Call Distribution – ACD), Stimmerkennung (Voice Recognition) und einer Voice Response Unit (VRU) angelegt ist.

Das CIC unterscheidet sich gravierend von herkömmlichen Call- und Servicecentern. Es ist nicht mehr nur eine isolierte Anlaufstelle, wo Kundenanfragen beantwortet oder Beschwerden entgegengenommen werden. Vielmehr ist es ein wichtiger – immer stärker der zentrale – Kontaktpunkt, bei dem unmittelbar One-to-One-Kommunikation realisiert wird und neue Kundeninformationen und -daten gesammelt werden. Diese helfen, das individuelle Kundenprofil weiter zu verfeinern, und können, integriert in das Kundenwissen der anderen Unternehmensabteilungen, eine noch gezieltere Umsetzung der Marketing- und Vertriebsaktionen in Gang setzen. Ein systematisch implementiertes CIC generiert Kundeninformationen, über die konkrete Rückschlüsse gezogen werden können. Welche Produkte der Kunde sich wünscht, und wie sie geartet sein sollten, wie der Kunde sie einsetzt, und welche zusätzlichen Leistungen mit ihnen verknüpft sein sollten, welche Problemfelder aus Sicht des Kunden entstehen können, und welche Qualität der Außendienst haben sollte. Ein CIC ist die Verbindung eines Callcenters mit dem Servicecenter, das den Kundenansprüchen nachkommt und in Kooperation mit dem Marketing neue Maßnahmen initiiert, die wiederum durch den Vertrieb, sprich Außendienst, umgesetzt werden. Von dem konkreten Kundenkontakt ausgehend wird eine lückenlose Informations- und Reaktionskette in Gang gesetzt. Eine Spirale, die, kontinuierlich in Bewegung gehalten, eine immer bessere und damit profitablere Ausrichtung der Unternehmensprozesse auf die Kundenprozesse ermöglicht. Neben der Leistungskomponente lassen sich zudem durch CIC erhebliche Kosten innerhalb der Kundenbetreuung einsparen, ohne dass die Qualität der Kundenprozesse darunter leidet. Im Sinne von CRM als Optimierung der Kundenprozesse lassen sich so leicht die Erkenntnisse aus den Profitabilitätsanalysen umsetzen. Wie ein gut funktionierendes CIC zu einer deutlichen Kosteneinsparung beiträgt, dokumentiert das in Form einer Pyramide aufgebaute CIC von *Dell Computer*.

Fallstudie *Dell Computer*: Optimierung der Kundenprozesse und hohes Einsparungspotenzial

Die Technologie hat den Austausch mit Kunden rasant beschleunigt. Um zehn Millionen Kunden per Fax zu erreichen, braucht man beispielsweise 22 Jahre, über das Telefon neun Jahre, über den PC sechs Jahre, hingegen über das Internet nur zehn Monate.

Um so effizient wie möglich zu arbeiten, ist das Customer Interaction Center (CIC) von *Dell* pyramidenförmig aufgebaut. Die Spitze definiert die Rubrik Vorbeugen. Im permanenten Kundendialog versucht *Dell*, mögliche Probleme im Rahmen der Kommunikation, bei der Produktherstellung und im Servicebereich bereits im Vorfeld auszuschalten. Diesem Ziel ist der praxisorientierte Aufbau der Internetseite, der schnell umsetzbare Bestellvorgang, der wertorientierte Service und natürlich der verständliche und kundenfreundliche Gebrauch des Computers selbst untergeordnet. Probleme im Nachhinein zu lösen kostet Geld, Zeit und Manpower und wirkt sich zudem negativ auf das Unternehmensimage aus.

Die Stufe unter der Rubrik Vorbeugen ist mit dem Begriff Selbsthilfe definiert. Hier werden auf Charts und in einer Bibliothek mit 50 000 Stichworten dringende Problemfälle und typische Fragen beantwortet. Die Selbsthilfe ist eine große Erleichterung und Aufwandseinsparung für das Callcenter. Immer wiederkehrende Fragen werden automatisch beantwortet. Der Kunde kann sich unabhängig, schnell und genau zu dem Zeitpunkt, zu dem er eine Antwort benötigt, außerhalb des Callcenters informieren, und das Callcenter wiederum hat Zeit und ausreichend Personal, um sich auf wirklich dringende Fälle zu konzentrieren. Der Kunde stößt damit bei seinen Standardfragen nicht auf belegte Leitungen, sondern löst in Eigeninitiative seine Probleme. Die Selbsthilfe ist verknüpft mit einem Kundenforum, in dem sich 50 000 registrierte Mitglieder austauschen und Probleme lösen können. *Dell* schöpft hier ganz gezielt die bereits in den vorangegangenen Kapiteln dargestellte neue Funktion des Kunden im Rahmen von CRM aus und nutzt den Kunden als wertvolle Kompetenzquelle. Wer besser als der Kunde selbst kann Wege aufzeigen, wie das Produkt am besten genutzt wird, wie sich seine Leistungsfähigkeit steigern lässt, wie der tägliche Umgang mit dem Produkt sich vollzieht, welche Regeln es zu beachten gibt, und wie sich Probleme lösen lassen? Mit dem Forum ist *Dell* nicht nur ein Produkthersteller, sondern ein Initiator für Networking. Das Unternehmen bringt an Computern interessierte Personen zu einem aktiven und interessanten Austausch zusammen und schafft so eine computerorientierte Community, die sich durch sich selbst weiterentwickelt und neue Mitglieder an sich bindet. Diese begreift den Computer als integralen Bestandteil ihrer Welt, ist für technische Themen und damit für die Computerprodukte von morgen aufgeschlossen, zeigt dem Unternehmen Entwicklungspotenziale auf und hat Spaß daran, ihre Computerleidenschaft mit anderen zu teilen. Das Forum macht Sachinformationen, Problemlösungen und Emotionen zu einer perfekten Einheit. Nicht das Unternehmen, sondern die Kunden sind aktiv, und aktive Kunden sind engagierte Kunden. Keine Drittperson wie ein Agent im Callcenter steht am anderen Ende, sondern ein User wie man selbst, und es findet keine zeitliche oder thematische Begrenzung durch das Callcenter statt, das, um profitabel zu arbeiten, eine bestimmte Anzahl von Anrufern pro Stunde bearbeiten muss. Für den Kunden ist das Forum ein Podium zum jederzeit umsetzbaren Dialog, für *Dell* ein Image fördernder Faktor und eine Möglichkeit, deutlich die Kosten des Callcenters abzusenken.

Wiederum eine Stufe tiefer und noch breiter angelegt als die Selbsthilfe ist das aktive Service- und Informationscenter. Hier werden 40 000 E-Mails pro Monat beantwortet, 110 000 Kundenfiles in der Woche heruntergeladen und 50 000 Bestellungen pro Woche kontrolliert. Das aktive Servicecenter bearbeitet den Kunden gemäß seinem individuellen Profil, das über *Data Mining* jederzeit abgerufen werden kann, beantwortet, auf ihn konkret zugeschnitten, Fragen und realisiert, ebenfalls maßgeschneidert, seine Servicewünsche. Da über die Rubriken Vorbeugung und Selbsthilfe Standardfragen bereits gelöst wurden, kann sich das aktive Service- und Informationscenter auf die Bestellungen und die Bereitstellung von Leistungen konzentrieren. Das Fundament des Customer Interaction Centers von *Dell* bildet der Außendienst. Seine Funktion und sein Aufbau als CRM-

Instrument wird im Kapitel »Die Rolle des Vertriebs« detailliert geschildert.

Mit dem pyramidenförmigen CIC erwirkt *Dell*:

- enorme Reduzierung der Servicekosten,
- kontinuierliche Integration des Kundenwissens und Profitieren von den Kundenerfahrungen,
- Erkennen von Verbesserungspotenzialen,
- Optimierung der Kundenbeziehung,
- Minimierung der Transaktionskosten,
- Festigung der Marke sowie
- Erreichen von neuen, potenziellen Kunden.

Das CIC hat damit Auswirkungen auf die Faktoren:

- Geschwindigkeit,
- Effizienz,
- Zusammenarbeit sowie
- Wertschöpfung durch Informationsaustausch.

Dabei schöpft *Dell* mit dem CIC nur einen Bruchteil der Möglichkeiten des Internets und von *E-Commerce* ab. Wir werden im späteren Kapitel zum E-CRM intensiver auf das Spektrum der Möglichkeiten und auch die Anwendungen von *Dell*, speziell im Business-to-Business-Bereich, zurückkommen.

Fallstudie *Access Health Marketing*: Telefonische Patientenberatung zur Senkung der Krankenhauskosten

Sowohl Krankenhäuser als auch Versicherungen stehen heute vor einem permanent wachsenden Kostenberg. In England hat sich das Unternehmen *Access Health Marketing* mit großem Erfolg dieses Problems angenommen und eine medizinische Servicehotline ins Leben gerufen. Patienten können dort anrufen, werden zu ihrem spezifischen Gesundheitsproblem beraten und können sich anschließend ein besseres Bild von ihren wirklichen medizinischen Bedürfnissen machen. Die Erfahrung beweist, dass gut informierte Patienten weniger Leistungen in Anspruch nehmen, als Ärzte ihnen empfehlen, sie entscheiden viel selbstständiger, ob beispielsweise bei einer Grippe gleich zu drastischen und kostenintensiven Maßnahmen, wie der Einnahme von Antibiotika, gegriffen werden muss, oder ob Ruhe und Vitamine reichen, um gesund zu werden. Dadurch tragen sie zur messbaren Kostensenkung im Gesundheitsbereich bei. Zurzeit können über 140 000 Kunden die kostenfreie Nummer von *Access* wählen und werden von 250 geschulten Krankenschwestern zu Themen, wie Behandlung, Ärztewahl, Medikamenten oder dem richtigen Umgang mit Kranken, beraten. Die Kunden erhalten einen dreigestaffelten Service:

- Basisinformationen zu allgemeinen Gesundheitsthemen, wie die Ansteckungsphase bei bestimmten Infekten, durch eine individuelle Beratung mit einer Schwester. Daneben klärt eine Hotline Fragen zu grundsätzlichen Gesundheitsproblemen.
- Patienten können sich Rat einholen zu allgemeinen Problemen wie Kopfschmerzen, die nicht unbedingt einen Arztbesuch erfordern, und die mit und ohne Medikamente gelöst werden können. Die Schwestern stellen keine Diagnosen, sie geben nur Ratschläge, welchen Arzt man bei welchem Problem aufsuchen sollte, und welche Behandlung zu Hause erfolgen kann. Das minimiert unnötige Arztbesuche und schränkt ebenfalls das gern praktizierte Aufsuchen von mehreren Ärzten ein. Die Beratung der Schwestern erfolgt auf Basis eines von Ärzten erstellten Katalogs mit den 150 am meisten verbreiteten Symptomen.
- Die Schwestern beraten die Patienten ebenfalls zum Thema Operationen und OP-Nachbehandlung. Ein informierter Patient nutzt andere zur Verfügung stehende Behandlungsmethoden viel gezielter und vermeidet unnötige Operationen.

Der Umsatz von *Access* entsteht durch die Vergütung der einzelnen Telefongespräche durch die Krankenhäuser und Versicherungen. Die Hotline spart beiden nicht nur immense Kosten, sondern sie wirkt sich noch weiter positiv aus. Praxen und Krankenhäuser werden nicht mehr von Patienten überrannt, und die unter Personalmangel leidende Ärzteschaft kann sich gezielt den Patienten widmen, die ihre Hilfe am dringendsten nötig haben.

Die Weiterentwicklung des klassischen Callcenters

Bisher werden Callcenter nur als günstiges Direktmarketing und/ oder als Vertriebsstufe eingesetzt. Sie werden im Kundenkontaktbereich als ein Instrument neben Mailings, Kundenclubs und -foren, *Beschwerdemanagement* und Aufbau spezifischer Kommunikationskanäle als Element der Kommunikation gesehen. Was ist nun die Aufgabe eines Callcenters innerhalb eines erweitertern CRM-Blickfeldes? Grundsätzlich trägt es als zentraler Knotenpunkt im CRM zur Erkennung, Unterstützung und Plattform von optimalen Kundenbeziehungen bei. Um den Kundenanforderungen gerecht zu werden, muss es ein sensibel austariertes Gleichgewicht von Organisation, Technologie und Personal aufweisen. Die Kunden erwarten heute eine hohe Erreichbarkeit, eine freie Wahl des Kommunikationsmediums und eine kompetente, zeit- und kosteneffiziente Betreuung. Diese Aufgaben kann das klassische Callcenter nicht realisieren.

Die Grenzen des klassischen *Callcenters* sind:

- eingeschränkte Verfügbarkeit,
- Auftreten von Problemen beim Einsatz von synchronen und asynchronen Medien (keine Konfiguration von Telefon, Computer et cetera, Daten werden nicht automatisch in die Datenbank eingefügt),
- Telefon und Fax als einzige Kommunikationsmedien,
- Reduzierung des Datenaustauschs auf mündliche Informationen der Callcenter-Agenten sowie
- aufgrund der technologischen Einschränkung hoher Personalbedarf.

Ein CRM-Callcenter zeichnet sich hingegen durch folgende Möglichkeiten aus:

- permanente Erreichbarkeit,
- kundenorientierte Einbindung von synchronen und asynchronen Medien,
- Multimedia-Zugang *(E-Commerce)*,
- sofortige Verfügbarkeit der Kundendaten und -historie,
- effizienter Personaleinsatz durch die technischen Möglichkeiten sowie
- technologische Effizienz.

Die strategischen Erfolgsfaktoren eines CRM-Callcenters sind neben den erweiterten Öffnungszeiten und der Standortunabhängigkeit die Kostenersparnis durch eine effiziente Bearbeitung der Kundenanfragen auf Basis der neuen Technologien und eine vollkommen neue Dimension des Kundenkontakts, der ein Feedback für die Produktentwicklung und das Marketing bereitstellt. Zusätzlich besteht die Möglichkeit, über die Kenntnis des Kundenprofils den Kunden gezielt auf Produkte und Leistungen aufmerksam zu machen, die für ihn von Interesse sein könnten, und auf diese Weise den Verkauf anzuregen. Das Management der Kundenbeziehungen wird dabei auf verschiedenen Ebenen optimiert, die entsprechend differenziert ausgebildetes Personal erfordern. Die erste Ebene ist eine Infoline. Hier erhält der Kunde Informationen zum Produkt und den dazu gehörenden Bestellservice. Diese Aufgabe erfordert Generalisten, die einen Überblick über die gesamte Produktpalette haben, typische Fragen zu Angebot und Leistungen beantworten können und auch die in der Regel auftretenden Probleme lösen können. Damit die Generalisten effizient arbeiten können, müssen ihnen alle verfügbaren Medien (E-Mail, Fax, Telefon et cetera) und ein schnell aufrufbares Kundenprofil zur Verfügung stehen. Der Generalist muss wissen, wer der Kunde ist, in welchem Verhältnis er zum Unternehmen steht, welche Angebote und Leistungen er wahrnimmt, und welche Probleme bereits in der Vergangenheit aufgetaucht sind. Der Generalist entscheidet auch, ob und wann die Anfrage der Kunden zum Spezialisten weitergeleitet wird.

Die zweite Ebene ist eine Hotline. Hier sitzen Spezialisten, die komplexe Probleme bearbeiten, tiefer auf die individuelle Kundenmaterie eingehen und zur gezielten und schnellen Lösung beitragen. In diesem Sinn ist die Hotline auch Bestandteil des *Beschwerdemanagements*.

Die dritte Ebene wird durch Experten vertreten, die mehrere Aufgaben haben. Sie kümmern sich grundsätzlich um die Prozessoptimierung und bearbeiten sehr komplexe Fälle. Sie sind einerseits auf die individuelle Betreuung der Kunden und andererseits auf die Akquisition von neuen Kunden ausgerichtet. Jede dieser Ebenen setzt ein gut funktionierendes *Data Warehouse* voraus, das auf den Säulen Kundendatenbank, Bestellsystem und Marketinginformationen beruht. Mit der Nennung des Kundennamens muss der Agent die Möglichkeit haben, zügig auf sämtliche Kundendaten zuzugreifen, aus denen die Kundenhistorie erkenntlich wird und die ihm Informationen darüber geben, wie er mit dem einzelnen Kunden umzugehen hat. An jeder Stelle – Generalist, Spezialist, Experte – muss das generierte Wissen wiederum in die Datenbank einfließen, als Information über den Kunden (Adressenveränderung et cetera) in die Kundendatenbank, als Kaufinformation in die Bestellsysteme, und die Reaktion auf Marketing- oder Kommunikationsmaßnahmen fließt wiederum in die Marketinginformationen ein. Ein im CIC integriertes Callcenter ist damit ein hervorragendes Tool im Rahmen des lernenden CRM-Systems, das konkrete Aussagen über individuelle Kunden und ihr Verhalten trifft, darauf immer feiner abgestimmte Bereitstellungen von Produkten und Leistungen ermöglicht und durch immer gezieltere Marketingmaßnahmen zu einer effektiven und profitablen Kundenbeziehung beiträgt.

Damit ein Callcenter Wissen über den Kunden generiert, das in zielgerichtete Aktivitäten fließen kann, müssen seine Systemkomponenten festgelegt werden. In der Regel sind das:

- Telefonkommunikation/Anrufverteilung (Automatic Call Distribution/Computer-Telefon-Integration), die eine rufnummerbasierte Gesprächszuteilung nach identifiziertem Kundentyp und eine Gesprächszuteilung nach Mitarbeitererfahrung ermöglichen,
- Gesprächssteuerungssystem, das die Kundenanliegen erfasst und ein Skript zur Gesprächsführung erstellt sowie das Kontaktmanagementsystem, das die Kundenhistorie betreut und eine Wiedervorlage erstellt,
- Kundeninformationssystem, das die Kundendaten verwaltet und einen Zugriff auf die Vertragsdaten ermöglicht sowie das Marketing-

informationssystem, das die Kunden klassifiziert und die Priorisierung von Kunden festlegt sowie

- eine Schnittstelle zu bestehenden HOST-Systemen, die die Datenhaltung von Kundendaten und Ablaufinformationen sicherstellt sowie den Abstoß und den Abruf von Verarbeitungsprozessen.

Fallstudie *General Electric*: Customer Report Center als Kundenservicetool und Business Information Center

Das Customer Report Center von *General Electric* ist in zwei Divisionen unterteilt. Eine Abteilung mit über 100 Mitarbeitern beantwortet jährlich über vier Millionen Kundenanrufe. Eine zweite Abteilung definiert sich als GE Business Information Center (GEBIC). Die hier sitzenden 21 Personen beantworten circa 200 000 Anrufe im Jahr. Kunden können das Unternehmen von überall aus der Welt über diverse Kanäle in ihrer eigenen Muttersprache kontaktieren. Die Technik, die über *AT&T* zur Verfügung gestellt wird, ermöglicht *General Electric* innerhalb kurzer Zeit, den entsprechenden Übersetzer zu finden, der mit dem Kunden in seiner jeweiligen Muttersprache kommunizieren kann. Im GEBIC geht es nicht um den Verkauf von Produkten, sondern um die Anregung und Implementierung eines aktiven Kundendialogs. Hier erfährt der Kunde sämtliche Informationen, die ihn bei seiner Entscheidungsfindung für ein *GE*-Produkt unterstützen. Und GEBIC ist auch gleichzeitig eine Plattform für die Gewinnung von Neukunden. *GE* regt Wettbewerbskunden zur Kommunikation an, lernt auf diesem Weg seine Schwächen und Stärken besser kennen und erhält einen genaueren Einblick, mit welchen Leistungen die Konkurrenz überboten werden kann. Der dialoghafte und breitgefächerte Austausch, der von speziellen Produkten wie Turbinen bis zur Unternehmenskultur von *GE* reichen kann, ist ein attraktives Informationsangebot, das sich rund um das Thema Technik, die Marktinnovationen, die *GE*-Produkte und das Unternehmen dreht.

Beschwerdemanagement als Optimierungschance

Eines der größten Ärgernisse sowohl auf der Kunden- als auch auf der Unternehmensseite ist heutzutage das *Beschwerdemanagement*. Ungeliebt von beiden fristet es, trotz aller Belebungsversuche und Bekräftigungen der Wichtigkeit, ein Stiefmütterchendasein im Unternehmen. Hauptursache dafür ist, dass es vorwiegend als Kostenaufwand und Qualitätsverbesserungsmaßnahme gesehen wird und nicht als aktives Instrument innerhalb des Managements der Kundenbeziehungen. Häufig ist es in Cost Centern des Kundendienstes oder der Vertriebsunterstützung angesiedelt, hat keine hohe Reputation innerhalb des Unternehmens, und es existiert nur ein unzureichendes Verständnis seiner Rolle und Wirkungen. Gut gemeinte Initiativen zur Verbesserung des *Beschwerdemanagements* – wie sie in den letzten zehn Jahren beinahe bei allen Unternehmen gestartet wurden – haben vielfach nur einen Bruchteil der anvisierten Ziele erreicht. Dies resultiert zumeist aus der isolierten Betrachtung dieser Funktion. Vor dem Hintergrund von CRM spielt das *Beschwerdemanagement* jedoch eine solch eminent wichtige Rolle, dass eine Wiederbelebung des *Beschwerdemanagements* und seine Integration als Tool in den CRM-Prozess unbedingt notwendig ist. Systematisches *Beschwerdemanagement* kann eine tiefe Kundenbeziehung erzeugen, wenn man es als Chance begreift. Ein gut funktionierendes *Beschwerdemanagement* führt im Dialog mit dem Kunden die zwei Reißverschlusshälften – Kundenprozess und Unternehmensprozess – zusammen, generiert neues Kundenwissen, nutzt den Kunden als Kompetenzquelle zur Optimierung der Unternehmensabläufe und Produkte und kann durch den Austausch von Mensch zu Mensch ein gestörtes Verhältnis zu einem positiven ummünzen.

Reklamationen und Beschwerden sind Indikatoren für gestörte Kundenbeziehungen und sollten immer als wichtige Rückmeldung vom Kunden und eine Gelegenheit für Unternehmen, gezielt Produkte und Service zu verbessern, verstanden werden. Häufig sind sie die letzte Chance, die ein Kunde dem Unternehmen lässt, um die Kundenbeziehung aufrechtzuerhalten – und genügend Unternehmen lassen diese Chance ungenutzt verstreichen. Bei einem gut funktionierenden

Beschwerdemanagement führt der Weg vom Konflikt zum Vertrauen. Die Gründe für die Störung der Geschäftsbeziehung aus Sicht eines Kunden können verschiedene Ursachen haben:

- Ihm wurde nicht das für seine Bedürfnisse optimale Produkt verkauft, weil die Produkttechnik noch nicht ausgereift genug ist, oder aber auch, weil der Kunde im Vorfeld seine Bedürfnisse nicht genau formuliert hat.
- Ihm fehlte es an fachgemäßer Betreuung.
- Er bemängelt die Lieferzeiten.

Das Feedback des Kunden ist ein wichtiger Informationsfluss zwischen Unternehmen und Kunde, bei dem der Kunde als Kompetenzquelle fungiert:

- Der Anbieter erhält eine klare Vorstellung über die Bedarfslage des Käufers und damit die Möglichkeit, weitere Produkte aus seiner Palette anzubieten.
- Zum anderen ermöglicht die Beschwerde eine Produkt- und Dienstleistungsanalyse und trägt damit zu einer kundenorientierten Optimierung von Produkt und Service bei.
- Permanentes Lernen über das *Beschwerdemanagement* ermöglicht einen immer tieferen Einblick in die Bedürfnisse und Erwartungen des einzelnen Kunden und eine fortwährende Verfeinerung der Maßnahmen zur Steuerung der Kundenbeziehung.

Vor diesem Hintergrund ist es sehr wichtig, Beschwerden ernst zu nehmen. Nur der Kunde, der bei der Reklamationsbearbeitung zufrieden gestellt wird, ist bereit, ein Vertrauensverhältnis und bestenfalls eine Partnerschaft zum Unternehmen aufzubauen. Gerade in einer schwierigen Phase kann im Kundenkontakt unter Beweis gestellt werden, ob es sich für den Kunden lohnt, dem Unternehmen zu vertrauen. Das bedeutet aber keinesfalls, dass dem Kunden immer Recht gegeben werden muss. Viel wichtiger ist, eine gute Konfliktfähigkeit aufzubauen und dem Kunden auf sachlicher Ebene seine Perspektive zu erläutern. Der Kunde kennt viele Abläufe und Probleme im Unternehmen nicht und hat deswegen auch keine Vorstellung, was realistisch machbar ist. Misserfolge bergen immer die Chance in sich, es besser machen zu können, deswegen sollte die Auseinandersetzung mit dem Kunden nach vorne gerichtet sein und das Ziel, eine optimale Kundenbeziehung, im Blick haben. Statt also Ausreden zu benutzen, steht im Vordergrund die schnellstmögliche Optimierung der Missstände. Reklamationsbearbeitungen und die Lösung bestimmter Probleme zugunsten des Kunden erfordern manchmal große Aufwendungen und einen weiten zeitlichen Rahmen, deren Wirtschaftlichkeit in der Praxis nicht sofort erkenntlich wird. Um unkoordinierte und unrentable Maßnahmen auszuschließen, aber auch Ablehnungen von Beschwerden, weil ihre Beseitigung zum augenblicklichen Zeitpunkt nicht angebracht erscheint, muss das *Beschwerdemanagement* von langfristigem strategischen Denken in Dimensionen der Gestaltung von Kundenbeziehungen anstatt von kurzfristigem Costcenter-Denken bestimmt werden.

Das *Beschwerdemanagement* im Rahmen des CRM-Ansatzes ist darauf angelegt, bereits im Vorfeld Reklamation auszuschalten. Viele Beschwerden lassen sich vermeiden, wenn Schlüsselkunden und Verkäufer in die Konzeption und Planung neuer Produkte oder Dienstleistungen eingebunden werden. Je mehr solcher Partnerschaften ausgebaut werden, desto stärker entwickelt sich eine Vertrauensbasis, die mit einem hohen Kundennutzen kombiniert ist. Die Integration von Kunden und Geschäftspartnern führt nicht nur zu einer Verringerung der Beschwerden, sondern auch dazu, dass sie sich verstanden fühlen.

Wie aus anonymen Kunden spezifische Kontakte werden

Jeder Kundenkontakt birgt für Unternehmen die Möglichkeit, auf der Basis des Wissens über den Kunden seine Zielsetzungen und Steuerungen in allen Bereichen anzupassen:

- Produkt,
- Qualität,
- Preis,
- Kommunikation,
- Vertrieb,
- Service sowie
- Distribution und Logistik.

Vor diesem Hintergrund ist es wichtig, so eng wie nur möglich mit seinen Kunden in Kontakt zu treten. Dazu gibt es eine Reihe von Möglichkeiten, wie die Implementierung von Loyalitätsprogrammen, die Initiierung von Unternehmensevents, Messen, das Callcenter, Mailings und vieles mehr.

Fallstudie Anlagenbau: Ein Gerätehersteller erkennt seine Kunden

Seit Jahren ist ein südeuropäischer Hersteller im Anlagenbaubereich, den wir hier *Agura* nennen wollen, sehr erfolgreich. Dabei hat sich dieser Technologiepionier bisher nahezu komplett auf die Herstellung der Produkte konzentriert.

Nach der Optimierung und Neuausrichtung der internen Prozesse wollte sich *Agura* stärker dem *Kundenbeziehungsmanagement* widmen. Die Firma wollte eine systematische Beziehung zu ihren Kunden aufbauen und ihre profitabelsten Zielgruppen persönlich kennen lernen. Dies wurde bisher durch den dreistufigen Vertrieb (Großhandel, Fachhandel, Endkunde) erschwert. Um zu erfahren, welche Kunden welche Geräte erworben hatten, forcierte *Agura* eine unkonventionelle und schnelle Lösung des Problems, es entwickelte das *Agura*-Partnerprogramm. Mitglieder des Programms sollten spezifische Leistungen erhalten und in Anerkennung ihrer Kaufhäufigkeit Bonuspunkte. *Agura* wollte durch das Programm eine Datengrundlage zum Aufbau eines *Kundenbeziehungsmanagements* generieren.

Das Partnerprogramm funktioniert wie folgt. Bisher erhielt der Fachhändler, der die Anlage verkaufte und einbaute, nur eine inhaltliche Betreuung durch die *Agura*-Außendienstmitarbeiter. Die Transaktion selbst erfolgte über den Großhandel. Der Einkauf soll auch weiterhin beim Großhandel angesiedelt sein, mit dem Unterschied aber, dass der Fachhändler für jedes gekaufte *Agura*-Gerät Bonuspunkte erhält. Der Kunde sendet einen in der Packung hinterlegten Code zu *Agura*, der dort erfasst und dem Kunden auf sein Konto gebucht wird. Jetzt erfährt *Agura* erstmalig, welche Händler welche Geräte einbauen, und schafft sich damit die Grundlage, über diese Informationen ein gezielteres *Kundenmanagement* aufzubauen. Ebenfalls vorstellbar ist, dieses System auch bei Großhandelsabnehmern sowie beim Endkonsumenten einzuführen, um auf diese Weise den Fachhandwerker in seiner Wertschöpfung noch weiter zu unterstützen.

Das *Agura*-Partnerprogramm ist kein isoliertes Bonusprogramm, sondern bedeutet für *Agura* den Einstieg in die systematische Kundenbeziehungsphilosophie. Nur wer seine Kunden und ihr Verhalten kennt und dieses analysieren kann, ist in der Lage, ein strategisches *Kundenbeziehungsmanagement* aufzubauen. Das Programm ist ein erster wichtiger Schritt in diese Richtung und schafft die Voraussetzung, führend im *Kundenbeziehungsmanagement* in Südeuropa zu werden. Die zukünftigen CRM-Schwerpunkte setzt *Agura* mit der strategischen Ausrichtung auf Basis der gewonnenen Daten und der Integration der Kommunikationssysteme, insbesondere ihres Vertriebssteuerungssystems. Denn nur wenn auch der Vertriebsmitarbeiter zeitnah über die Kundenaktivitäten informiert ist und weiß, welche Aktivitäten geplant und durchgeführt wurden, ist er in der Lage, Kunden ertragsgerecht zu steuern. *Agura* ist davon überzeugt, dass das Programm das Unternehmen neben der Pionierstellung auf der technischen Seite zu einem CRM-Vorreiter in der Branche machen wird. Der Leiter des *Agura*-Partnerprogrammes hierzu: »Viele unserer Entscheidungen zur Umstrukturierung basieren auf konkreten Zahlen und Erkenntnissen und sind dadurch viel treffsicherer geworden. Die neu gewonnene exaktere Planungsbasis ermöglicht uns eine konsequentere Produktionsausrichtung, die Minimierung von Fehlerquellen und bessere Prognosen. Das hat uns bereits erhebliches Geld gespart. Ebenso ist es uns gelungen, durch viele emotionale Zusatzleistungen unsere Fachhändler zu begeistern und so neue Elemente der Kundenbeziehung zu generieren.«

Messen als CRM-Marketinginstrument

Ein weiterer Weg, mit den Kunden direkt in Kontakt zu treten, sind Messen. Kaum eine Plattform bietet so viele Chancen, sich im persönlichen Gespräch mit existierenden und potenziellen Kunden auszutauschen. In den letzten Jahren haben neben den Business-to-Business-Messen immer stärker auch Verbrauchermessen Erfolg, die auf regionale Kunden abzielen und meist an bestimmte Themen gebunden sind (wie die Foodmesse) und Eventcharakter haben. Sie sprechen ein enormes Käuferpotenzial an, das sich explizit für den Messethemenschwerpunkt interessiert, und geben dem Vertrieb die Möglichkeit, durch direkte und intensive Begegnungen den regionalen Markt zu bearbeiten. Eine Studie zum Markt der regionalen Verbrauchermessen, von *InterMediaConsult* erstellt, zeigt, dass die 100 wichtigsten Verbrauchermessen in Deutschland etwa neun Millionen Direktkontakte ergeben. Prinzipiell erwirken Messen folgende Vorteile:

- Möglichkeiten zur Produktpräsentation,
- Imagetransfer auf das gesamte Unternehmen,
- Aufbau von Marktpotenzialen,
- Testmarkt und Podium zur Lancierung von Produktneuheiten,
- Unterstützung des Vertriebs sowie
- im Falle von Verbrauchermessen Erhöhung von Direktverkäufen.

Messen sind durch die persönliche Begegnung von Kunden – sowohl im Sinne des Handelspartners als auch des Endkunden verstanden – und Unternehmen personalisiertes Marketing in reinster Form und sind vor diesem Hintergrund eine Plattform für:

- Beratung,
- Vertiefung der bestehenden Kundenkontakte sowie
- zielgerichtete Akquisition.

Die Teilnahme an Messen ist eine kostspielige Angelegenheit, deswegen sollten im Vorfeld die Zielgruppen und Ziele im Rahmen des *Customer Relationship Managements* genau festgelegt werden. Entspricht das Einzugsgebiet dem Profil attraktiver Segmente, passt die Messe zum Produktumfeld sowie Markenimage, und weist sie die richtige Besucherstruktur auf? Wie fügt sich der Messeauftritt in die ganzheitliche CRM-Strategie ein, welches Synergiepotenzial entsteht zu anderen Marketingmaßnahmen, oder überlappt sich die Messe eventuell mit bereits initiierten Maßnahmen? Die Entscheidung sollte nicht nur aus der Marketingperspektive fallen, sondern die Vertriebspartner und den Außendienst mit einbeziehen. Wie die Fallstudie *Agura* dokumentiert, gibt es vielfältige Möglichkeiten, nicht gegen seine Handelspartner und Vertriebsstufen zu agieren, sondern diese zu integrieren. Messen sind dabei eine Möglichkeit, über den Unternehmensinhalt hinaus Stärke zu demonstrieren, indem Unternehmen sich mit ihren Handelspartnern verbünden und gemeinsam das Ziel verfolgen, weitere Partner oder potenzielle Endverbraucher zu gewinnen. Man muss nicht gezwungenermaßen, wie *Agura*, den Handelspartner für den gemeinsamen Auftritt mit Bonuspunkten belohnen. Insbesondere kleine und mittelständische Handelspartner scheuen wegen der hohen Kosten einen Messeauftritt, beteiligen sie aber gerne an den Kosten, wenn sie die Chance erhalten, sich an ein Unternehmen auf der Messe anzuhängen.

Im direkten Kontakt mit dem Kunden spielen auch Emotionen eine große Rolle. Messen sind eine ideale Plattform, das Kennenlernen eines Unternehmens oder die Vertiefung bereits bestehender Beziehungen durch die Präsentationsform und die Aktionen als nachhaltig wirksames Erlebnis zu gestalten. Statt reiner Präsenz sollten Maßnahmen mit Zusatzwerten initiiert werden, die darauf ausgelegt sind, den Kontakt im Nachhinein weiter verfolgen zu können. Verlosungen, die beim Kunden Begeisterung auslösen und gleichzeitig den Adressenpool des Unternehmens erweitern, oder Podiumsveranstaltungen in speziellen Räumen, bei denen der Kunde beim Eintritt seine Visitenkarte hinterlegt. Messen haben nur Erfolg, wenn eine intensive Nachbereitung erfolgt. Dazu gehören die sorgfältige Auswertung der Kundengespräche und die Aktualisierung der Kundendateien durch die auf der Messe erhaltenen Angaben. Um das Nachmessegeschäft anzuregen und Synergieeffekte zu bilden, sollten Direktmarketing- oder Verkaufsförderungsmaßnahmen im Anschluss an die Messe erfolgen.

Messen sind ein erfolgreiches CRM-Tool, wenn sie, eingebunden in die gesamtheitliche Marketingstrategie, zur Intensivierung und Akquisition von Kundenbeziehungen genutzt werden.

Eventmarketing – mit Emotionen zum Erfolg

Richten sich Messen an ein größeres Publikum und können geschlossene Veranstaltungen wie Fachmessen oder offene wie die Endverbrauchermessen sein, ist die Teilnahme an Unternehmensveranstaltungen einer selektierten Zielgruppe vorbehalten. Unternehmensevents – wie Kongresse, Tagungen, Incentives, Produktpräsentationen, Promotions, Roadshows oder produktunabhängige Feste wie Galas und Jubiläen – sind ein Kommunikationstool, das seine volle Wirkung im Rahmen von Loyalitätsprogrammen entfaltet. Events sind innovative Instrumente im Kommunikationsmix, welche auf die Emotionalisierung von Unternehmen und Produkten abzielen, auf das direkte Erleben von firmen- und produktbezogenen Aussagen und durch gemeinsame positive Erlebnisse eine lang anhaltende Beziehung zwischen Unternehmen und Kunden erwirken. Inhalt und Zielrichtung von Unternehmensevents muss es sein, die jeweilige Firma viel persönlicher innerhalb einer fast privaten Atmosphäre zu erleben, als es im normalen Geschäftsumgang möglich ist. Als Botschaftenvermittler für Kopf und Herz gleichermaßen fungieren sie als synergetisch vernetzte strategische Kommunikation. Vor diesem Hintergrund sind sie kein singuläres Marketingtool, sondern entfalten ihre Wirkung am erfolgreichsten im Zusammenspiel mit anderen Marketinginstrumenten. Sie benötigen einen fundierten Background, müssen in die gesamte Kommunikationsstrategie eingebettet sein und über kreative Ereignisse freudige Erinnerungen der Teilnehmer an gemeinsam Erlebtes auslösen, die wiederum zu einer Stärkung der Beziehung von Unternehmen und Kunde führen.

Geschäfte sind Transaktionen von Mensch zu Mensch. Ihre Basis und ihr Erfolg sind zu einem großen Teil abhängig von der persönlichen Beziehung. Der traditionelle Tante-Emma-Laden ist bezeichnend für diese Ebene zwischen Unternehmen und Kunde. Ebenfalls schließt jede Kommunikation die Aspekte Inhalt und Beziehung ein. Zeigen die Inhalte sowohl sachliche als auch emotionale Information auf, entscheidet die Beziehung, ob und wie eine Information aufgenommen wird. Das ist eine untrennbare wechselseitige Wirkung. Gut funktionierende Kundenbeziehungen definieren keinen einseitigen Dialog, sondern die innere Haltung und partnerschaftliche Denkweise, die vom Unternehmen wie vom Kunden ausgehen. Vor diesem Hintergrund ist es bedeutend, Kundenbeziehungsmaßnahmen zu realisieren, die, gezielt eingesetzt und von langfristiger Wirkung, eine ernst gemeinte Partnerschaft ermöglichen. Partnerschaft aber setzt Vertrauen voraus. Der Kunde zieht nur bedingt Vertrauen aus dem Unternehmen oder der Marke an sich, die bestimmte Versprechen geben. Die Träger von Beziehungen können nur Menschen sein. Ob die Geschäftsführung selbst, der Außendienstler, Absatzmittler oder Einkäufer – sie müssen das notwendige Vertrauen und die Sympathie im geschäftlichen Transaktionsprozess schaffen. Doch diese Ebene hat ihre Grenzen. Sie definiert eine überwiegend rationale Geschäftsbeziehung, in der die Gefahr besteht, dass der Stammkunde sich auf Dauer entweder langweilt oder sich nicht ernst genug genommen fühlt. Hier könnte der Kunde die Geschäftsbeziehung infrage stellen. Es setzen die Instrumente des *Beziehungsmarketings* und insbesondere des *Eventmarketings* ein. Sie schaffen neues Potenzial, um die Kundenbeziehung auf emotionalem Weg weiterzuentwickeln. Wie bereits aufgezeigt, sind gerade gut organisierte und durchdachte Events ein ideales Tool für den Aufbau einer sowohl rationalen als auch emotionalen Partnerschaft. Sie stellen eine neue Form des Leistungs- beziehungsweise Dienstleistungswettbewerbs dar und eine neue Basis, über nachhaltige Ereignisse und Erlebnisse das Unternehmen für den Kunden erlebbar zu machen.

Unternehmensevents sind ein Kundendialog-Instrument, das im Rahmen eines systematischen und übergreifenden Konzeptes seine volle Wirkung entfaltet und einen gezielten persönlichen und attraktiven Dialog mit dem Kunden ermöglicht. Unternehmensveranstaltungen haben folgende Erfolgsfaktoren:

- Sie führen die Kunden in eine Sympathiegemeinschaft ein, in der sie Erfahrungen und Gedanken mit dem Unternehmen selbst und den anderen geladenen Gästen austauschen können. In diesem Sinne fördern Veranstaltungen den Gemeinschaftsgedanken, sind eine Plattform für Kommunikation und werden zum »Point of Connection«.
- Die wichtigsten Ziele beim Einsatz von Events sind der persönliche Kontaktaufbau und die Pflege bei Kunden und Meinungsführern.
- Sie fördern die Bildung einer Exlusivgemeinschaft. Unternehmensevents sind geschlossene Veranstaltungen, zu denen nur ausgewählte Teilnehmer Zugang haben. Damit rückt der Prestigegedanke in den Vordergrund. Die Veranstaltungen und ihre daraus resultierenden Ergebnisse werden bewusst innerhalb der Branche bekannt gemacht, und dieser offensive Umgang führt zu einer Mehrklassengesellschaft, ganz im Sinne der beschriebenen Differenzierung. Die geladenen Kunden fühlen sich, vergleichbar mit der Inhaberschaft von Golden Cards, vom Unternehmen auf eine besondere Stufe gestellt, und die nicht Geladenen werden ihre Energie einsetzen, ebenfalls Teil des exklusiven Kreises zu werden.
- Um den Zielen von Veranstaltungen gerecht zu werden, müssen sie emotionale Ereignisse schaffen. Gerade die emotionalen Events, die Verbundenheit schaffen, sind mit die wichtigsten Träger für alle Beziehungsmarketing-Instrumente. Die ereignis- und erlebnisorientierte Nachhaltigkeit ist ein Herzstück des *Beziehungsmarketings* und zielt auf strategisch-langfristige Partnerschaften ab. Erfolgreiche Events verfolgen nicht vordergründig Verkaufsziele, sondern erzielen Imageaufbau und eine besondere Art der Kundenbeziehung.
- Events sind ein Teil der Unternehmenskommunikation. Organisatorisch selbstständig, stehen sie inhaltlich im Rahmen der integrierten Kommunikationsstrategie. Die Botschaften, die sie vermitteln, werden von den Teilnehmern unmittelbar emotional erlebbar.
- Erlebniswelten setzen ein hohes Maß an Kreativität und Aktionen voraus. Ein emotionaler Beziehungsaufbau gelingt nur, wenn die angebotenen Erlebniswelten den Vorstellungen und Wünschen der

Zielgruppe entsprechen, eben ein konkreter Zielgruppenbezug gegeben ist. Die Einzigartigkeit und Originalität sind die grundlegenden Erfolgsfaktoren, die zu Glaubwürdigkeit und Erinnerungswirkung führen.

- Events haben nur Erfolg, wenn sie eine messbare Wirkung haben. Diese sollte nicht nur kurzfristig, sondern mittel- sowie langfristig sein. Während viele Unternehmen die operative Wirkungsebene der Events während und direkt nach der Veranstaltung messen, sollte eine Erfolgskontrolle nicht nur in Form von Teilnehmer- und Kontaktzahlen oder Zufriedenheitswerten erfolgen, sondern den langfristigen Wirkungsaspekt berücksichtigen. Dazu zählen Messungen vor dem Event, die Veränderung während des Events und gezielte Nachmessungen im Anschluss.

Fallstudie *Mannheimer Versicherung*: Unternehmensevents als Kommunikationsplattform

Die *Mannheimer Versicherung* versteht sich als so genannter Marken-Versicherer und unterscheidet sich damit grundsätzlich von anderen Versicherungen, die auf dem deutschen Markt angesiedelt sind. Gemäß der Unternehmensstrategie geht man in erster Linie ausgewählte Zielgruppen im privaten sowie im gewerblichen Bereich über maßgeschneiderte Markenprogramme an. Eine *Mannheimer* Spartenversicherung, welche die Senioren als Zielgruppe aufgreift, ist Mentor. Angesichts der stetig wachsenden Zahl von älteren Mitbürgern rückt das Thema Alter zunehmend ins Bewusstsein der Öffentlichkeit. Der Begriff »Alterspyramide« soll hier als Schlagwort genügen. Bei der Einführung des Mentor-Pakets wollte die *Mannheimer Versicherung* dieses nicht auf dem werblichen Wege publik machen, sondern entschied sich, um das Produkt herum ein gesellschaftlichen Engagement anzuregen, welches das Thema »Alter« und die hohe Bedeutung der Senioren in der heutigen Gesellschaft kommunizieren sollte. Zu diesem Zweck initiierte das Unternehmen den Mentor-Preis. Der Mentor-Preis ehrte alljährlich Personen, die nach einem erfolgreichen Berufsleben in ihrer dritten Lebensphase herausragende Leistungen im kulturellen oder wirtschaftlichen Bereich erbrachten und in diesem Sinne als Vorbilder für die jüngere Generation dienten. Mentoren waren unter anderem *Stern*-Gründer Henry Nannen, der ein Museum in Emden eröffnete, das nicht nur Kunst zeigt, sondern auch Kindern von sozial schwachen Familien eine Begegnungsstätte ermöglicht, oder Ludwig Bölkow, der nach seiner *MBB*-Zeit die Ludwig-Bölkow-Stiftung aufbaute und sich der solaren Energie widmete. Eine Ehrenjury, namhafte Mitglieder aus Industrie, Wirtschaft und Kultur, wählte unabhängig von der *Mannheimer Versicherung* den alljährlichen Preisträger aus. Bereits über die Jury, die wichtige Opinionleader und Multiplikatoren vereinte, knüpfte die *Mannheimer* wertvolle Beziehungen zu potenziellen Wirtschaftspartnern in Deutschland. Im Rahmen einer hochkarätigen Veranstaltung im Mannheimer Schloss wurde der Mentor-Preisträger einem ausgewählten Kreis aus Persönlichkeiten der Gesellschaft, Wirtschaft, Kultur sowie Vertretern der Medien vorgestellt und gekürt. Das festliche Rahmenprogramm wurde darüber hinaus durch hochkarätige Redner, wiederum Meinungsmacher, gestaltet.

Die Initiative hatte damit folgende Ebenen: Die *Mannheimer* präsentierte sich als ein Unternehmen, das brisante Themen unserer Zeit auf exklusive und attraktive Weise aufgreift und über den Tellerrand seines Geschäftsinhalts blickt. Die Veranstaltung selbst war ein exklusives Treffen, von Vorständen für Vorstände gemacht sowie für selektierte Kunden, und ermöglichte der *Mannheimer Versicherung* im Anschluss auf einer anderen, bereits positiv aufgeladenen Ebene, mit den Muliplikatoren und Kunden in Verbindung zu treten. Das Event trug den gleichen Namen wie das Versicherungspaket und kommunizierte dieses unaufdringlich, aber wirkungsvoll bei den Zielgruppen. Über das hochkarätige Rahmenprogramm sowie die Publikationen in den Medien wurden bleibende Emotionen geweckt, die langfristig auf das Versicherungsunternehmen abstrahlten, und vor dem Hintergrund, dass der Mentor-Preis keine einmalige Sache war, sondern alljährlich stattfand, wurde der Spannungsbogen über den Abend hinaus bei den Zielgruppen hoch gehalten.

Die Rolle des Vertriebs: Immer weiter abbaubar?

Der Bereich Vertrieb ist derzeit von erheblichen Umwälzungen geprägt. Die zwei gravierendsten Entwicklungen sind zum einen die Bestimmung des Angebots durch den Kunden, zum anderen der wachsende Preiskampf an den Absatzmärkten. Die Aufspaltung des standardisierten Angebots in individuell zusammenstellbare Komponenten hat zwei bedeutungsvolle Vorteile. Die Individualisierung verbessert die durch den Kauf erzielbare Bedürfnisbefriedigung, da jeder Kunde sich sein Produkt maßschneidern kann, und die Produktbündelung erlaubt die maximale Ausschöpfung der Zahlungsbereitschaft des Kunden. Es gibt unterschiedliche Reaktionsmöglichkeiten auf diese Herausforderungen. Einige Unternehmen sind der Ansicht, dass sie ihren persönlichen Vertrieb immer stärker einschränken können und durch neue Kanäle und Technologien wie Call Center ersetzen können. Andere Firmen erkennen wiederum, dass der Vertrieb eine ganz neue Position erhält, nämlich der zentrale Manager von wichtigen Kundenbeziehungen zu werden. Dabei können wir beobachten, dass in derselben Branche Unternehmen zu vollkommen anderen Schlussfolgerungen kommen und jeweils Vertrieb abbauen bzw. neue Mitarbeiter suchen und ausbilden – und dies bei vergleichbarer Unternehmensentwicklung! Je nach Philosophie, ob man den Vertrieb als Kostenfaktor oder wandelbaren Bestandteil innerhalb einer CRM-Strategie auffasst, kommt man zu unterschiedlichen Ergebnissen.

Unter CRM-Gesichtspunkten spielt der persönliche Vertrieb natürlich eine immens wichtige Rolle, denn er hat oft nicht nur einen wichtigen Bestandteil des Wissens über die Kundenbeziehung, sondern er ist der Einzige, der vor Ort innerhalb der persönlichen Beziehung strategische Entscheidungen treffen kann – wenn er persönlich dazu in der Lage ist, und dies auch vom Unternehmen gewünscht wird. Um sich diesen Herausforderungen zu stellen, muss der Vertrieb im Rahmen von *Customer Relationship Management* unter zwei Aspekten betrachtet werden. Der erste ist der zwischenmenschliche, der mit der direkten Begegnung des Außendienstmitarbeiters mit dem Kunden einer besonderen Situation unterliegt und hier vollkommen neue

Kompetenzen und Verantwortungen erfordert. Der zweite ist die Entwicklung des Vertriebs vor dem Hintergrund der technologischen Innovationen, die durch neue Prozesse und Tools eine Automatisierung herbeiführen und das Beschreiten von zukunftsorientierten Wegen ermöglichen.

Vertriebsmitarbeiter als Manager der Kundenbeziehungen

Jeder Unternehmensmitarbeiter, der einen direkten Kontakt zum Kunden hat, kann positiv auf das Verhältnis zum Kunden einwirken. Eine für beide Seiten erfolgreiche Begegnung basiert auf Sympathiefaktoren. Natürlich sind die Basisfaktoren einer guten Vertriebsperson, wie sachbezogene Artikulation, keine Angst vor Pausen, in Ruhe argumentieren, dem Gesprächspartner zuhören, Selbstverständlichkeiten, die kaum einer besonderen Betonung bedürfen. Genauso wichtig sind die Fähigkeiten, Interesse zu wecken, eine Absage nicht als gegeben hinzunehmen, sondern Alternativen vorzuschlagen, dem Kunden klar die Vorteile einer Leistung kommunizieren zu können, selbstbewusst auf seine Kritik einzugehen, offene Fragen zu stellen oder ein vertrauensvolles Verhältnis aufzubauen. Darüber hinaus gilt es jedoch, auf der Ebene des strategischen Denkens und Handelns eine neue Dimension des Vertriebs unter Gesichtspunkten von CRM-Konzepten zu adaptieren.

Für den Vertrieb gelten grundsätzlich die gleichen CRM-Regeln wie für andere Unternehmensbereiche. Bevor eine Umstrukturierung im Sinne von CRM realisiert wird, müssen folgende Fragen geklärt sein:

- Der Blick sollte auf die wirtschaftlich attraktiven Kundensegmente und auf solche, die es in Zukunft werden könnten, gerichtet sein.
- Der Fokus der Vertriebsaktivitäten sollte auf der Verbesserung der Kundenbeziehungen zu den rentablen, beziehungsweise zukünftig rentablen, Kunden liegen, mit dem Ziel, diese lebenslang an das Unternehmen zu binden.

- Der Verkaufsprozess sollte sich an dem Kundenprozess orientieren und die Veränderungen im Verhalten der Kunden permanent berücksichtigen.
- Im Rahmen der Optimierung des Vertriebs im CRM-Sinne sollte man über die Unternehmensgrenzen hinaus denken, die Konkurrenz beobachten, um sich besser im Wettbewerb einzuschätzen, und, statt mit seinem Leistungsangebot dem Wettbewerb zu folgen, Innovationsmaßstäbe setzen.

Der Beziehungsansatz zwischen Vertrieb und Kunde, der früher, salopp formuliert, auf dem Golfplatz, an der Bar oder beim Lunch seine persönliche Komponente erhielt, hat sich gravierend geändert. Nach wie vor müssen Vertriebsleute Kompetenz, Vertrauen und Respekt ausstrahlen. Aber heute basiert eine Beziehung weniger auf privatem Austausch als auf der Fähigkeit der Vertriebsabteilung, wirkliche Werte für den Kunden zu schaffen und seine geschäftlichen wie persönlichen Abläufe zu erleichtern. Vertrauen wird heute nicht mehr nur über die Überzeugungskraft und Persönlichkeit des Außendienstlers gebildet, sondern über die substanzielle Fähigkeit, die Versprechen, die dem Kunden gemacht werden, einzulösen.

Schlüssel zum Erfolg sind

- die erhöhte Produktivität des Vertriebs,
- die Messung der Vertriebsprozesse und -aktivitäten,
- das Einfließen des Kundenfeedbacks zur konstanten Optimierung der Aktivitäten und
- die Identifizierung von alternativen Vertriebskanälen, die segmentspezifisch das Unternehmen näher an den Kunden heranbringen.

Eine qualitätsvolle und anhaltende Beziehung zwischen einem Unternehmen und seinen Kunden sowohl auf dem Mikrolevel – Außendienst zum Kunden – als auch auf dem Makrolevel – von Unternehmen zu Unternehmen – basiert auf folgenden Voraussetzungen:

- Die Messungen zur Bewertung von Vertriebsaktivitäten müssen die Lieferung von Kommunikation und Leistungen just in time und zu gleich bleibender Qualität, das Vertrauen in das Unternehmen an sich und in die einzelnen Vertriebsleute berücksichtigen.
- Alle Mitarbeiter im Vertrieb müssen eine gemeinsame Zielsetzung verfolgen und sich konstant an den Kundenprofilen, dem Wandel der Kundenbedürfnisse, den Faktoren für den Wandel und den Veränderungen im Wettbewerb orientieren sowie die Fragen zu ihrer Maxime erheben: Wie kann man sich über die Vertriebsstrategie vom Wettbewerb abheben? Auf welchen Wegen trägt der Vertrieb zu einer profitablen Kundenbeziehung bei?
- Der Vertrieb muss über die Produkte hinaus zu einer messbaren Wertschöpfung für den Kunden beitragen und das Ziel verfolgen, den Kunden erfolgreicher zu machen

Der Vertrieb ist ein komplexes Gebilde, das aus verschiedenen Einheiten und Abteilungen besteht. Der Innendienst, der Verkäufer direkt an den Verkaufspunkten oder der Agent im Callcenter gehören dazu. Erfolg wird der Vertrieb nur haben, wenn alle die gleiche Strategie fahren, und wie in einem Orchester die verschiedenen Tools und Kanäle aufeinander abgestimmt funktionieren. Die Beziehung zum heutigen Kunden darf sich nicht mehr in einem guten Kontakt des Außendienstlers zum Kunden erschöpfen. Der Kunde erwartet, dass sich ihm neben der einzelnen Kontaktperson ein Zugang auf das gesamte Leistungsangebot des Unternehmens eröffnet. Der Vertriebler wird auf Dauer keine Vertrauensbildung erzielen, wenn der gesamte Apparat hinter ihm dem Vertrauen des Kunden nicht gerecht wird. Der Vertrieb ist damit nicht mehr auf die Rolle des Verkäufers reduziert, sondern wird zum Manager der Kundenbeziehungen, der weiß,

- wen er kontaktieren muss und wen er nicht kontaktieren soll,
- über welche Kanäle der Kontakt erfolgen muss,
- was er dem einzelnen Kunden anbieten muss,
- wie er das Angebot durch die Ausschöpfung aller Ressourcen des Unternehmens bestmöglich befriedigt,

- welche Lieferkanäle die gewünschten sind und
- welchen Zusatzservice der einzelne Kunde erwartet.

Um diese Ansprüche erfüllen zu können, muss der Vertrieb mit anderen Unternehmensbereichen eng vernetzt sein, Teamerfahrung haben und die Fähigkeit, Prioritäten bei den einzelnen Aktivitäten zu setzen, flexibel und effektiv arbeiten und eine hochkarätige Auslieferung und Servicepolitik für den Kunden realisieren. Damit die Sales-Abteilung Werte für den Kunden generieren kann, muss sie die Politik und Prozesse im Unternehmen kennen, wissen, wie die einzelnen Abteilungen arbeiten, und wer in ihnen die Entscheidungen trifft. Auf dieser Basis kann der Vertrieb beim Verkauf sämtliche Unternehmensressourcen effektiv einsetzen. Das setzt eine enge Kooperation mit dem gesamten Unternehmen voraus, die das Ziel verfolgt, dass alle Prozesse im Sinne des Kunden verlaufen.

Ein weiterer Erfolgsfaktor des Vertriebs ist seine Rolle als Kompetenzträger für das Unternehmen und den Kunden gleichermaßen. Der Vertrieb ist in einer hervorragenden Position, Informationen über den Kunden und sein Geschäft zu sammeln. In welche Richtung der Kunde plant, sich zu entwickeln, und welche Produkt- und Serviceansprüche sich daraus ergeben. Wie ein Unternehmen dazu beitragen kann, dass der Kunde erfolgreicher wird. Er kann Bedarf beim Kunden auf allen Ebenen identifizieren – auf der geschäftlichen, organisatorischen und persönlichen Ebene – und erhält vor diesem Hintergrund wertvolle Kundendaten. Desgleichen kann er aber auch etwas direkt für den Kunden tun. Lernen, sich in seinem Geschäftsfeld auszukennen, und ihm ein kompetenter Gesprächspartner sein, ihm behilflich sein, über ein Produkt- und Leistungsangebot die Unternehmenskosten des Kunden zu senken oder mit dem Kunden für beide Seiten attraktive Geschäftsinformationen austauschen, zum Kompetenzträger für den Kunden werden und mit ihm gemeinsam Lösungen für seine Probleme finden.

Die Neuorientierung der Rolle der Vertriebsmitarbeiter wird einige Konflikte in sich bergen. Ist der Vertrieb nun verlängerter Arm des Unternehmens, oder ist er Anwalt des Kunden? Gibt es hier den goldenen Mittelweg, oder muss es eindeutige Positionen geben? Es ist hier ein Entwicklungsweg zu erkennen, dessen Ende sich deutlich abzeichnet: Die Transparenz der Kunden wird den Vertriebsmitarbeiter immer stärker fordern, die wirklichen Wünsche und Vorstellungen der Kunden umzusetzen und nicht die primären Absatzziele des Unternehmens. Deshalb darf der Vertrieb von Konkurrenzprodukten nicht tabuisiert werden, sondern die Chance des Wissens sollte systematisch genutzt werden. Je mehr das Unternehmen auf seine internen Ziele und Prozesse pocht, desto stärker schränkt es den Erfolg seiner eigenen Vertriebspersonen ein. Dieses klassische Dilemma, das durch den beschriebenen Machtzuwachs der Kunden immer dramatischer wird, muss in den Neukonzeptionen der Vertriebsstrategien und Rollen der Mitarbeiter schnell Berücksichtigung finden, ansonsten werden andere Formen der Vertriebsaktivität die Kundenvorstellungen besser und zügiger befriedigen. Der Vertriebsmitarbeiter muss damit immer stärker zum Manager einer umfassenden Kundenbeziehung werden statt zum verlängerten Distributions- und Absatzkanal eines produktorientierten Unternehmens.

Fallstudie *Chase Manhattan Bank*: Der Vertrieb als Berater für Konkurrenzprodukte zur Verbesserung der Kundenbeziehung

Einen außergewöhnlichen Weg, das Vertrauen ihrer Kunden zu erhöhen, beschreitet die *Chase Manhattan Bank*. Nachdem sie ihre Kunden in wirtschaftlich rentable Segmente eingeteilt hatte, suchte sie nach Möglichkeiten, die sehr attraktiven Kundenbeziehungen über ihr Leistungsangebot hinaus zu festigen. Vor dem Hintergrund, den Kunden ein möglichst breites Spektrum im Finanzierungssegment bieten zu können, entschloss sich die Bank, nicht nur eigene Produkte, sondern auch die der Wettbewerber anzubieten. Der Vertrieb der Fremdprodukte enthebt das Topkundensegment des Aufwands, einen Leistungsvergleich mit anderen Banken zu ziehen. Die Folge ist, dass der Kunde über das breit gefächerte Angebot das Gefühl bekommt, dass die Bank über sich selbst hinaus den gesamten Markt und seine Perspektiven im Blick hat, und er selbst in die positive Situation kommt, die für ihn bestmögliche Leistung, die der Markt bieten kann, zu erhalten.

Vom Vertriebskontakt zum Multi-Channel-Kundenmanagement

Unabhängig davon, wie die einzelne Vertriebsperson die neu geforderten Aufgaben als Kundenmanager erfüllen kann, wird es durch den Aufbau neuer und anderer Möglichkeiten, Vertrieb von Produkten und Dienstleistungen durchzuführen, zu wichtigen Veränderungen der Unternehmensprozesse kommen. Auf der einen Seite nutzen die Kunden immer stärker neben dem persönlichen Kontakt Telefon oder Internet und schriftliche Möglichkeiten, auf der anderen Seite erkennen Unternehmen immer mehr die Optimierungspotenziale, sei es, um neue Leistungen anzubieten oder Kosten einzusparen. Bei diesen Bestrebungen des *Multi-Channel-Ansatzes* wird es jedoch immer wichtiger, dass die Steuerung der Kundenbeziehung nicht verloren geht. Es ist wichtig, dass den Kunden der Zugriff zu den unterschiedlichen Kanälen geöffnet wird, es ist jedoch noch wichtiger, dass das Unternehmen diesen Zugriff managt. Zentral hierbei sind die Entscheidungen:

- Welchen Kunden möchte ich über welchen Vertriebskanal bedienen?
- Wie erhalte ich Kenntnisse, welchen Kanal der Kunde nutzen kann und möchte? Und:
- Wer managt diese Kontakte: der Kunde oder meine Mitarbeiter?

Obwohl auf den Märkten hierzu Technologien der *Sales Force Automation* oder des *Multi-Channel-Managements* angeboten werden, ist dies weniger eine technologische oder organisatorische Frage, sondern vor allem eine konzeptionelle Aufgabenstellung. Wenn ich als Unternehmen die Kontakte nicht selbst steuere, wird der Kunde sie steuern. Daher ist es von grundlegender Bedeutung, vor der Installierung solcher neuen Möglichkeiten die Grundaufgaben des CRM gelöst zu haben. Erst dann kann das Einsatzspektrum der immer stärker wachsenden Kontaktmöglichkeiten sinnvoll genutzt werden. Zum besseren Überblick wollen wir einige exemplarische Ansatzpunkte der Dynamisierung der Vertriebskontakte darstellen, bevor wir die Ansätze eines systematischen *Kundenmanagements* näher beleuchten.

Fallstudie *Taco Bell*: Dynamisierung des Vertriebskontaktes

Taco Bell ist eine Fastfood-Kette, die sich auf mexikanisches Essen, sogenanntes Tex Mex, spezialisiert hat. Die Unternehmensstrategie zielt bewusst darauf ab, das Sortiment nicht wie bei der Konkurrenz durch das Angebot von Pizzen oder Hamburgern zu erweitern. Um sich vom Wettbewerb zu differenzieren und Kunden erfolgreich an sich zu binden, entschied sich *Taco Bell*, ein besonderes Vertriebskonzept zu implementieren.

Der grundlegende Gedanke war, genau in den Momenten, in denen der Kunde Hunger verspürt, mit seinem Angebot präsent zu sein, ohne dass der Kunde sich weit fortbewegen muss. Vor diesem Hintergrund erweiterte *Taco Bell* sein traditionelles Fastfood-Restaurantkonzept durch weitere Vertriebskanäle. Heute präsentiert sich die Kette mit fahrbaren Imbisswagen gezielt in Situationen und auf Veranstaltungen, wo sich ihre potenziellen und existenten Käufer befinden, beispielsweise vor großen Unternehmen und Fabriken, auf Festivals, Sportveranstaltungen, in Flughäfen und Bahnhöfen. Das Angebot selbst ist durch den geringen Platz der Wagen eingeschränkt, aber dafür erhält der Kunde schnell und ohne weite Wege sein Essen. Das Beispiel dokumentiert bestens, dass Unternehmen mit der gleichen Kompetenz und dem gleichen Angebot nur aufgrund der Verbesserung der Vertriebssituation enger zum Kunden hin großen Erfolg haben können.

Die Optimierung des Vertriebsprozesses durch IT-Tools

Neben der veränderten Rolle und den hinzukommenden alternativen Vertriebsmöglichkeiten werden derzeit auch eine Vielzahl von Initiativen zur Optimierung des Vertriebsprozesses angelegt. Häufig spricht man von *Computerunterstütztem Vertrieb* (CAS) oder *Sales Force Automation* (SFA). Die beiden Begriffe werden auch häufig mit *Customer Relationship Management* verwechselt, die dahinter liegenden

Aktivitäten sind jedoch noch immer auf die Verbesserung der Vertriebsschnittstellen ausgelegt.

Bei der Automatisierung sollte dabei nicht das Ziel vorherrschen, über den Einsatz von Technik einen bestmöglichen Verkauf zu erzielen, sondern der Sinn des Einsatzes von SFA-Technologie sollte die Optimierung des Vertriebs- und Verkaufsprozesses im Sinne von *Customer Relationship Management* sein. Wie beim gesamten Unternehmensprozess muss sich auch die Struktur des Verkaufsprozesses durch die Anpassung von Abläufen, Software und Tools an den unterschiedlichen Kundenprozessen orientieren und diese systematisch abbilden.

Die Struktur eines optimalen Beziehungsprozesses ist die Identifikation des Kunden, das Kennenlernen seiner Bedürfnisse, die Fokussierung des Angebots auf den Kunden, der Aufbau einer positiven Beziehung durch maßgeschneiderte Leistungen und das Lernen über den Kunden durch einen konstanten Dialog, der wiederum dem Kunden die Kaufentscheidung erleichtert, zur Implementierung neuer, noch zielgerichteter Vertriebsaktivitäten führt sowie eine langfristige Beziehung sichert. Schlüsselprobleme des Vertriebs bei der Erreichung dieser Ziele sind:

- mangelnde, unfokussierte Einstiegsstrategien: sie führen zu einem langen, teuren und unsicheren Verkaufszyklus;
- keine segmentspezifische Bearbeitung führt zu Auftragsverlusten;
- falsche Qualifikation der Vertriebsmitarbeiter führt zu Verschwendung von Ressourcen, die Unternehmenspotenziale werden nur bedingt ausgeschöpft;
- mangelhafte Messung und Kontrolle der Vertriebsaktivitäten führen zu ungenauen Prognosen;
- Nicht-Lernen aus Absagen erwirkt eine fortdauernde, niedrige Produktivität;
- begrenzte Kundenbeziehung hat hohe Verkaufskosten zur Folge.

Die Analyse eines typischen Vertriebsprozesses unter den CRM-Gesichtspunkten bringt wesentliche Aufschlüsse.

Fallstudie Schiffsmotorenhersteller: Das Scheitern des klassischen Vertriebsprozesses

Ein dänischer Hersteller von Schiffsmotoren, hier mit *Nautic* bezeichnet, hatte vier verschiedene Programme, die den Bestellablauf seiner Wartung sicherstellten. Er bat einen Softwareanbieter, hier mit *IT-Solutions* benannt, um ein Angebot, das die Integration der vier Programme und Vereinheitlichung der Oberfläche einschloss. Der Verkaufsprozess lief wie folgt ab. Der Account Manager identifizierte bei seinem ersten Besuch des IT-Managers von *Nautic* den Bedarf und erstellte ein Angebot von 1,6 Millionen Euro, das den IT-Manager überzeugte. Der Kunde verglich intern drei weitere Angebote und übermittelt der *IT-Solutions* seinen Wunsch, den Preis des Angebots zu reduzieren. Es folgt eine Präsentation der Lösung der *IT-Solutions* vor elf Personen aus acht Gruppen der IT-Abteilung von *Nautic*. Der IT-Manager gab darauf dem Softwarehersteller ein positives Feedback, bat ihn aber ein paar Tage später dennoch, erneut eine Kostenreduzierung vorzunehmen. Die endgültige Offerte von *IT-Solutions* betrug 0,85 Millionen Euro. Jetzt erhielt das Softwarehaus den Zuschlag. Ein Erfolg? Mitnichten bei diesen erheblichen Reduktionen, die zu einem am Ende unprofitablen Auftrag führten (was das Unternehmen jedoch bis dahin nicht erhoben hat) – doch was ist schief gelaufen? *IT-Solutions* hatte nicht die Schritte eines optimalen Verkaufsprozesses berücksichtigt. Seine Kalkulation basierte auf den Informationen, die ihm der IT-Manager hatte zukommen lassen, doch die Entscheidung, welcher Softwareanbieter engagiert wird, wurde auf mehreren Ebenen und unter komplexen Entscheidungsstrukturen getroffen. Für einen Erfolg ist es unverzichtbar, alle Personen, die den Kaufentscheid beeinflussen können, zu identifizieren und frühzeitig einzubinden. Die Elemente eines optimalen Verkaufsprozesses sind:

- Projektidentifikation und Einstiegsstrategie: Der Anbieter muss sich im Vorfeld über die Partner informieren, mit denen das Unternehmen kooperiert, die Branche und die Erfolgsfaktoren des Kunden kennen, wissen, vor welchen Herausforderungen der Kunde steht, wie man ihn dabei unterstützen kann und konkrete Lösungen anbieten, durch die der Gewinn des Kunden gesteigert werden kann. Das heißt: systematisches Einholen von Informationen und Identifikation der brisanten Themen des Kunden.

- Beurteilung der Erfolgschancen auf Basis der Informationen und auf Basis der Lösungen, die man dem Kunden anbieten kann.
- Korrekte Identifikation des Buying Centers, um alle Entscheider, ihre Interessen und Bedürfnisse bei der Konzept- und Budgeterstellung zu berücksichtigen. Eine Einbeziehung aller Entscheider erhöht die Akzeptanz und vermeidet, ihnen das Gefühl zu geben, übergangen worden zu sein.
- Erstellung eines *Joint-Action-Plans* mit folgenden Zielen: den Vorgehensplan auf den Verkaufsprozess abstimmen, Synchronisierung des Verkaufsprozesses mit dem Einkaufsprozess, frühzeitiger Zugang zum Buying Center und damit zu allen Personen, die an der Kaufentscheidung beteiligt sind, Erhöhung der Genauigkeit des Auftragstermins sowie interne und externe Erläuterung des Projektstands.
- Berechnung des wirtschaftlichen Nutzens: Kunden geben Geld aus, wenn sie vom wirtschaftlichen Nutzen überzeugt sind, und wenn sich Investitionen in einem überschaubaren Zeitraum auszahlen, deswegen kann eine *Return-on-Investment-Betrachtung* (RoI) den Verkaufsprozess verkürzen.
- Eine auf den Punkt gebrachte Präsentation, die dem Kunden ad hoc folgende Faktoren darlegt: Erfüllung der Kundenanforderung, Erkennung des Handlungsbedarfs und der Entscheidungskriterien des Kunden, Lösungen mit überzeugendem Kundennutzen, Darstellung der vorhandenen und benötigten Ressourcen auf Seiten des Anbieters und Kenntnisse über den Wettbewerb sowie das Aufzeigen von Lösungen, ihn zu schlagen.

Wie zu erkennen, können solche vielfältigen Aufgabenpakete nicht allein durch Softwarelösungen erfüllt werden. Hierbei ist die systematische Vorgehensweise, die Auswertung der vorliegenden Erkenntnisse und die Orientierung an einem CRM-Rahmenmodell nötig, das die Entscheidungen, welche Kundenanfrage wie angegangen und bearbeitet werden soll, ermöglicht. Neben der konzeptionellen Bearbeitung ist natürlich das Leistungsspektrum, dessen sich der Vertriebsmitarbeiter bedienen kann, von entscheidender Bedeutung für den Erfolg der Gestaltung der Kundenbeziehung.

Die Leistungspakete: Balance zwischen Customizing und Standardisierung

»Wir sind ein Abbild der deutschen Wirklichkeit«, beschreibt einer der Gründer von *Web.de* den Erfolg des Internetunternehmens, das wie *Yahoo* und *Alta Vista* einen Katalog mit allen Online-Anbietern herausgibt. »Nach zwei Jahren Aufbau des Kataloges von Internetadressen ist einem in diesem Land nichts mehr fremd.« Der Traum von der umfassenden Transparenz ist heute nahe an der Erfüllung. Die Festlegung der Produkt- und Servicepakete muss auf der Basis der Kenntnisse der Bedürfnisse des einzelnen Kunden erfolgen und Mehrwerte schaffen, um die Beziehung des Kunden zum Unternehmen zu festigen. Wie unterschiedlich das personalisierte Angebot sein kann, dokumentiert die Hotelbranche. Ein Gast kann ein Hotel aus vielerlei Gründen aufsuchen. Um lediglich zu übernachten, um über das Spaß- und Sportangebot des Hotels zu relaxen, als Externer nur das Restaurant aufsuchen, weil dessen Ruf exzellent ist, oder die Räumlichkeiten für seine Businessaktivitäten nutzen. Durch die verschiedenen Nutzungsmöglichkeiten kann die Hotellerie, wenn sie ihre Kunden kennt, eine gezielte Leistung anbieten. Sie kann dem Geschäftsreisenden Konferenzräume mit Multimediatechnik und ein Zimmer mit Arbeitsplatz, Computeranschlüssen et cetera zur Verfügung stellen und ihm darüber hinaus bei regelmäßigen Übernachtungen einen Rabatt anbieten. Sie kann die Gourmets über das Engagement von Chefköchen nicht nur bei ihren Gaumenfreuden befriedigen, sondern sie durch spezielle Angebote für Stammkunden, wie »Die Französische Woche« oder eine »Weinprobe für Freunde des Hauses«, zu Multiplikatoren für das Hotel machen und die Beauty- und Fitnessinteressierten durch besondere Angebote an sich binden, wie über die Vergabe einer Monatskarte, die – vom Sport, Saunieren bis zu einem Fitnessdrink – umfassende Leistungen beinhaltet.

Ziel ist, durch *Customizing*, maßgeschneiderte Anpassung der Leistungen an die einzelnen, attraktiven Kundensegmente, eine Stimulation zur Kaufentscheidung zu geben und gleichzeitig den Kunden durch gezielte Projekte noch besser kennen zu lernen und ihn dadurch immer enger an das Unternehmen zu binden. Gleichzeitig wiederum stehen Unternehmen unter einem enormen Standardisierungszwang, um so Kosten einzusparen. Wie ist es also möglich, ein immer personalisierteres Angebot mit immer stärkerer Standardisierung zu erreichen?

Fallstudie *Alain Afflelou* (Optikerkette): Vom Brillenvertrieb zum individuellen Servicepaket

Alain Afflelou ist eine französische Optikerkette mit 20 eigenen Geschäften und 421 Franchisenehmern. Vor dem Hintergrund, dass sich *Afflelou* weniger im Optiker- als im schnelllebigen Modegeschäft versteht, ist ein enger Kontakt zum Kunden von enormer Wichtigkeit. Um seine Kundenbeziehungen dauerhaft zu vertiefen, entschloss sich *Afflelou*, seine Marketinganstrengungen gezielt auf ein Kundensegment zu bündeln, das erfahrungsgemäß regelmäßig einen Optikerladen aufsucht: die Kontaktlinsenträger. Diese kaufen in bestimmten Abständen Reinigungsmittel für die Linsen und besitzen neben den Linsen auch immer eine Brille, die sie zu Hause oder bei einer Überlastung der Augen tragen. Eine Umfrage ergab, dass für Kontaktlinsenträger der Aspekt Sicherheit, sowohl was die Linsen als auch was die Reinigungsmittel betrifft, von grundlegender Bedeutung ist. Verständlich, die Linse liegt direkt auf der Pupille und kann bei falschem Einsetzen, Gebrauch und Reinigung das Auge auf Dauer schädigen. *Afflelou* entwickelte ein spezielles Kontaktlinsenservicepaket. Der Kunde bezahlt einen Monatsbeitrag zwischen 20 und 30 Euro und erhält dafür einen umfassenden Service, Informationen und die Produkte, die er als Linsenträger benötigt. Die Linsen selbst sind kostenlos. Wenn sich seine Sehstärke verändert, werden ihm ohne Aufpreis neue Linsen zur Verfügung gestellt, und wenn er die Kontaktlinsen verliert, werden sie zu einem Preis von 15 Euro ersetzt. Die kürzeste Zeit, in der sich der Kunde an das Servicepaket bindet, beträgt vier Monate.

Das Konzept erwies sich als sehr erfolgreich. Das kundenorientierte Serviceangebot führte dazu, dass die Kunden in ganz neuer Form mit dem Thema Kontaktlinsen umgingen, und in einem Zeitraum von neun Monaten hatte *Afflelou* 10 Prozent Marktanteile gewonnen.

Hierbei zeigt sich ein wichtiger Ansatzpunkt innerhalb des Spannungsfeldes zwischen Standardisierung (Kosteneinsparung) und Personalisierung (individuelle Kundenwünsche): Die materiellen Güter können immer weiter standardisiert werden (Linsen, Brillen), die Servicepakete, die den Kundenprozess erweitern, werden aufgrund von Datengewinnung und -nutzung immer stärker personalisiert. Auch diese Personalisierung wird Züge von Standards tragen – nämlich wie in der Paketbeschreibung der Kundentypologien festgelegt –, jedoch dem Kunden bezüglich seiner Probleme eine immer stärkere individualisierte Hilfestellung anbieten.

Gezielte Kommunikation: die Kunden-Aktions-Röhre

Sind die Leistungspakete klar definiert, gilt es, für diese eine entsprechende Kommunikation mit den Anforderungen der unterschiedlichen Kundengruppen abzugleichen. Jedoch sollte es nicht das Ziel von CRM-Kommunikation sein, spezielle Produkt-/Leistungsbündel zu bewerben, sondern nach den erarbeiteten Typologien ein spezielles Programm nach dem Stand und den Erfordernissen der Zielgruppen aufzubauen. Im Rahmen der CRM-Philosophie haben wir dazu die so genannte »Kunden-Aktions-Röhre« aufgebaut, die sich am Lebenszyklus der Kundenbeziehung orientiert. Je nach Stufe der Beziehung, sei es die Akquisitions- oder die Stabilisationsphase, werden unterschiedliche Inhalte durch unterschiedliche Medien zur Unterstützung der Kundenbeziehung notwendig.

Geht es beispielsweise um ein frühes Stadium der Kontaktanbahnung, und hatte der Kunde bisher wenig Möglichkeiten, Vertrauen aufzubauen, so ist der persönliche Kontakt zum Kennenlernen sehr wichtig. Die Informationsinhalte müssen diese Bedürfnisse natürlich unterfüttern: Sie sollen so gestaltet sein, dass der potenzielle Kunde

Abbildung 15:

Die Kunden-Aktions-Röhre

Quelle: CRM-Research

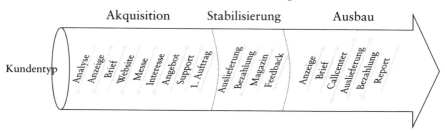

Sicherheit gewinnt und feststellen kann, was die Vorteile der Kunden-beziehung in Relation zu anderen Optionen sind. Ist die Kundenbezie-hung hingegen in ein späteres Stadium gewandert, können Kontakte und Inhalte eine vollkommen andere Form erhalten. Sie können jetzt auf stärker standardisierten Medien wie Callcenter oder Internet beruhen, und die Inhalte sollten sich gezielt am bisher getätigten Ver-halten und gelernten Wissen orientieren. Es ist beispielsweise sinnlos, einem Kunden ständig Informationen zu den Produkten und Leistun-gen zuzusenden, die er sowieso regelmäßig kauft, sondern es müssen Inhalte zum gezielten *Cross-* und *Up-Selling* mitgeteilt werden. Diese einfachen Ansatzpunkte werden jedoch von vielen Unternehmen immer noch nicht erkannt, und es werden unspezifiziert dieselben Bot-schaften an Kunden gesandt, weil man die Möglichkeiten des Lernens nicht nutzen kann oder möchte. Neben den unsinnig eingesetzten Marketingmitteln sind die negativen Reaktionen der Kunden (»Wis-sen die denn nicht, dass ich diese Produkte ständig kaufe?«) ein wich-tiger Anlass, diese Form der Kommunikation dringend zu verändern.

Eine interessante Phase der Kommunikationsgestaltung ist die Ter-minierungsphase der Kundenbeziehung. Dies kann von der Kunden-seite eingeleitet werden – und hier sind die Regeln des *Beschwerde-managements* zu beachten –, aber auch die aktive Beendigung von Unternehmensseite ist in manchen Fällen notwendig und muss zielge-richtet durchgeführt werden. Trotz aller Anstrengungen der Optimierung der Kundenprofitabiliät können sich Beziehungen ergeben, die immer noch in einer unbefriedigenden Form für den Anbieter geführt werden. Hier ist es wichtig, diese Beziehungen an diesem bestimmten Punkt zu beenden – jedoch in einer Form, die für beide Seiten keine negativen Konsequenzen hat. Es ist notwendig, insbesondere in der Business-to-Business-Situation, die Fakten für die Beendigung der Geschäftsbeziehung offenzulegen und dem Kunden zu erklären. Nicht nur offeriert man sich und dem Kunden hiermit eine letzte Chance des Dialogs, die durchaus in vielen Fällen positiv genutzt wird, sondern man schafft Klarheit über die Gründe der Beendigung. Stillschweigendes Streichen aus der Kommunikations- und Betreuungsliste oder systematische Preiserhöhungen zum Abschrecken des Kundeninteresses werden häufig mit arrogantem und unprofessionellem Verhalten gleichgesetzt. Dieses Verhalten wiederum wird dem Ansehen des Lieferanten schaden und kann durch die Kommunikation zwischen Kunden leicht auch andere Beziehungen negativ beeinflussen. Man sollte sich vorher klare Konzepte für diese Phase erarbeiten, bevor man an die systematische Terminierung geht – ansonsten gefährdet man auch die Kundenbeziehungen, die man eigentlich behalten möchte. Dies gilt nicht nur für Geschäftsbeziehungen zwischen Unternehmen, sondern auch für den Endkundenmarkt. Ein sehr gutes Beispiel des unsystematischen Umgangs mit Veränderungen ist die Restrukturierung der Beziehung der großen Geschäftsbanken zu ihren Privatkunden. Die *Deutsche Bank* beispielsweise hat durch die ständige Reorganisation ihres sogenannten Retailgeschäftes ihre Kunden enorm verwirrt und zum Teil auch enttäuscht. Dies mag unter den Profitabilitätsüberlegungen richtig gewesen sein, aber die Kommunikation lief sehr unglücklich. »Wollen Banken kleine Kunden nicht mehr sehen?«, fragte kürzlich eine große Tageszeitung und bestätigte, dass bei Banken nicht alle Kunden gleich seien. Auch die *Stiftung Warentest* stellte fest, dass Kleinsparer möglichst wenig kosten und sich an den Automaten bedienen sollen, vermögende Kunden hingegen beraten werden, kostenlose Kontenführung, niedrige Kreditzinsen und Gebührenvorteile beim Kauf von Investmentfonds erhalten. Banken untergliedern ihre Kunden nach Kapitallage in bis zu 14 Gruppen. Seit September 1999 trennt beispielsweise die *Deutsche Bank* ganz offiziell die vermögenden und weniger vermögenden Kunden. Die Direktbanktochter *Bank 24* kümmert sich um das Mengengeschäft, offeriert den Kleinsparern Standardprodukte und eine möglichst schnelle und kostengünstige Beratung über das Callcenter. Dagegen werden Kunden ab 100 000 Euro Vermögen nicht mehr am Filialtresen, sondern in 300 speziellen Private-Banking-Centern versorgt und wenn gewünscht, besuchen die Banker ihre Kunden auch zu Hause. Treffen die Kleinsparer auf geringer bezahlte Mitarbeiter, die mit Prämien angespornt werden, möglichst viele Langfristverträge – Bausparen und Versicherungen – pro Monat abzuschließen, ist die Beratung bei größeren Kunden umso ausführlicher.

Warum macht man nicht deutlich, dass die gegenwärtige Gestaltung der Kundenbeziehung (»jeder erhält alles überall«) nicht optimal ist (übrigens weil die Banken es jahrelang versäumt haben, Kundenprofitabilität zu überprüfen und zu managen!) und man den Kunden unterschiedliche neue Modelle der Gestaltung anbieten möchte? Diese können dann die Modelle je nach Preissituation selbst bestimmen, oder man bietet unterschiedlichen Kundentypen maßgeschneiderte Kombinationen der unterschiedlichen Kanäle und Kommunikationsformen an. So hat man den Kunden ständig vor vollendete (neue) Tatsachen gestellt und ihn total verwirrt und abgeschreckt. Vielleicht ist dies Sinn der Strategie, aber es ist sehr unwahrscheinlich, dass der Kunde, der jetzt als störend abgeschreckt wird, später einmal wiederkehrt, wenn er das Potenzial zum Private Banking aufweist.

Mithilfe der »Kunden-Aktions-Röhre« kann man nun die Kommunikation zu unterschiedlichen Kundentypen festlegen, erheben und steuern. Wichtig ist dabei die Abstimmung der Inhalte, Kanäle und Zeitpunkte unter Kundengesichtspunkten, die so genannte integrative Beziehungskommunikation. Bevor diese jedoch in den Details sichergestellt ist, bleibt es eine zentrale Aufgabe, den Kommunikationsbedarf und die Eigenheiten der einzelnen Kundentypen zu erkennen und in den einzelnen Maßnahmen widerzuspiegeln.

Fallstudie *Deutsche Lufthansa*:
Zielkundengerechte Kundenkommunikation

Wie viele andere Unternehmen auch, hatte die *Deutsche Lufthansa* bis Mitte der neunziger Jahre eher unspezifische Kommunikation zu ihren Kunden auf der Endverbraucherebene betrieben. Als eine der größten Fluggesellschaften der Welt hatte man zwar ein umfangreiches Budget, dies aber auf die unterschiedlichen Medien, wie Fernsehspots, Direktmails, Verkaufsförderungsaktionen, Events et cetera, aufgeteilt und dies sowohl zentral als auch dezentral, also in den Regionen, wo die Kunden leben. Über die Wirkungen war man sich wenig sicher, und die Aktivitäten waren auch nicht detailliert nach Zielgruppen aufgearbeitet, sondern man orientierte sich höchstens nach den Stufen des Vielfliegerprogrammes. Mit der Initiierung von *Zielkundenmanagement* änderte sich dies jedoch radikal: Wichtigster Ausgangspunkt der Kommunikation wurde nun die Kundentypologie, und darauf aufbauend wurde die Kommunikation programmspezifisch daran orientiert. Nach den bisher beschriebenen CRM-Schritten der Analyse und Konzeptionalisierung entwickelte man für Zielgruppen, wie Unternehmensberater, Senioren, Vielflieger, die ihr Flugverhalten reduzieren, junge, potenzielle Vielflieger der Zukunft et cetera, neue Typologien und baute die Kommunikation entsprechend auf.

Beispielsweise unterscheiden sich sehr aktive Senioren in ihrem Kommunikationsverhalten deutlich vom bisherigen allgemeinen Kundensegment. Speziell ehemalige Vielflieger, die nun im Ruhestand sind, haben ein enormes Wissen über die Nutzungsmöglichkeiten von Fluggesellschaften und sich über Jahre der Kundenbeziehung Erfahrungen aufgebaut. Innerhalb eines Seniorenprogrammes gilt es, die Anforderungen dieses Untersegmentes genau zu erfüllen, da es sich hier um eine gefragte Zielgruppe handelt. Aufgrund der verfügbaren Datenbasis kennt man schließlich das Flug- und Kommunikationsverhalten und kann zum Beispiel den Personen, die bisher häufig nach Südafrika geflogen sind, komplette Reisen inklusive Hotel, Mietwagen und Eventgestaltung offerieren – da man ja über die Partner innhalb des Vielfliegerprogrammes diese Informationen und Möglichkeiten

Abbildung 16:

Die Zielkundenprogramme der Deutschen Lufthansa

Nach: Absatzwirtschaft 10/1999, S. 56 f.

Marketingaktionen	Ziele	Ergebnis/Status
Kundenrückgewinnungsprogramme	Steigerung der Loyalität	Dialogbereite Kunden steigern Flugaktivitäten wieder
Reduktion der Wechselabsichten	Ausschöpfung des »Share of Wallet«	Bei dialogbereiten Kunden Verringerung der Diskontinuitäten
Berlin-Programme	Akquisition hochwertiger Neukunden	(Re-)Aktivierung inaktiver Kunden
Top 1 000	Sicherung der Loyalität	60 % Response-Rate bei Industriefirmen-Aktion
Ansprache anderer Frequent Travellers	Akquisition hochwertiger Neukunden	Generierung von 3 500 hochwertigen Kundenkontakten
E-Dialog	Ausschöpfung des »Share of Wallet«; Neukundengewinnung	Regelmäßige elektronische Zusendung von Informationen mit Kontrollgruppe
»Golden Age«	Ausschöpfung des »Share of Wallet«; Neukundengewinnung	14 % Response-Quote bei Senioren-Aktion
Juniorenprogramm	Akquisition von Neukunden	Pretest mit BWL-Studenten für lang-fristiges Konzept
Von Beschwerdeführern zu Advokaten	Steigerung der Loyalität	Erste Programme im Markt
»Customer Touchpoints«	Steigerung der Loyalität	Kurzfristige Umsetzungsmaßnahmen

besitzt. Dies ist natürlich eine sehr attraktive Offerte und wird von dieser Zielgruppe gern genutzt. All diese speziellen Programme sind damit auch genau in ihrem Erfolg mess- und optimierbar, da man jetzt seine Kommunikation auf genau bestimmte Personen und Gruppen abstimmt. Man lernt auch schnell, welche Kunden wie auf unterschiedliche Ansätze reagieren, und welche Konsequenzen – bis manchmal zum Einstellen der Kommunikation mit dieser Gruppe – gezogen werden müssen. Aus einem allgemeinen Kommunikationsapproach ist nun ein lernfähiger Ansatz der Beziehungskommunikation geworden, der viel effektiver und effizienter als die alte Vorgehensweise ist.

Integration der Beziehungskommunikation unter Kundenaspekten – nicht Medienaspekten

Integrierte Kommunikation bedeutet, dass Unternehmen die Möglichkeit wahrnehmen, eine Botschaft über ausgesuchte Kanäle an spezifische Kundengruppen weiterzuleiten, um auf diesem Wege größtmögliche Synergien zu bilden und die Botschaft als solche um ein Vielfaches verstärken. Um widersprüchliche Botschaften zu vermeiden, muss einerseits die interne Kommunikation zwischen Callcenter, Verkaufsförderungsmaßnahmen, *Kanalmanagement, E-Commerce* oder Kundendienst funktionieren, und andererseits müssen die Aktivitäten inhaltlich und kommunikativ aufeinander abgestimmt sein. Basieren die Aktivitäten auf einer klar definierten Zielgruppensegmentierung sowie auf einer chronologischen Reihenfolge, lässt sich eine systematische Informationsverbreitung steuern, eine Überlagerung von Aktionen vermeiden, und der Erfolg der einzelnen Maßnahmen kann besser gemessen werden. Integrierte Kommunikation bezweckt, dem richtigen Kunden zur richtigen Zeit auf den richtigen Wegen Informationen zukommen zu lassen und diese Informationen auf allen von ihm genutzten Kanälen vernetzt derart zu verbreiten, dass der Kunde immer wieder auf dieselben Aussagen in unterschiedlicher medialer Form trifft. Vor dem Hintergrund, dass die Informationen auf eine bestimmte Zielgruppe zugeschnitten sind, werden sie in ihrer Anhäufung nicht nur verstärkt vom Kunden aufgenommen, sondern vielmehr erwartet. In diesem Sinne verfolgt die integrierte Kommunikation die Maxime des »Erlaubnis-Marketings«. Der Kunde wird gefragt, welche Leistungen seinen Bedürfnissen entsprechen und auf welchen Wegen er es vorzieht, mit dem Unternehmen zu kommunizieren. Beantwortet der Kunde diese Fragen, gibt er seine Erlaubnis zu einem Dialog und wird zukünftig Angebote und Informationen seitens des Unternehmens gerne erwarten.

Fallstudie *British Telecom*: Einer der größten Direktmarketer entdeckt die integrierte Kundenkommunikation

BT, die größte englische Telefongesellschaft, ist auch einer der größten Direktmarketingbetreiber Europas. Pro Jahr werden mehr als 50 Millionen Mailings an die *BT*-Kunden versandt, und mit mehr als 30 Millionen aktiven Telefonkontakten gehört das Unternehmen auch zu den Vorreitern des Telemarketings. Trotz des großen Erfolgs, insbesondere im Telemarketing – 1995 wurden in dem Bereich neun Millionen Euro umgesetzt und 1998 bereits 60 Millionen Euro –, waren alle bisherigen Maßnahmen unfokussiert, wenig individuell und auch nicht durch integrierte Botschaften miteinander verbunden. Bei den Aktionen stand Masse statt Qualität im Vordergrund, und vor diesem Hintergrund bombardierte das Unternehmen die Briefkästen und den Kunden telefonisch zu Zeiten und Gelegenheiten, zu denen er dies nicht wünschte. *BT* hat die Nachteile seiner Vorgehensweise erkannt und gestaltet zurzeit den Kontaktprozess grundlegend um.

Auf der Basis einer detaillierten Datenbank erarbeitete *BT* ein neues Kontaktstrategiekonzept für sein *Kundenbeziehungsmanagement*. Im Rahmen des Konzepts werden die Kunden nach Wert und Aktivitäten unterschieden, in entsprechende Gruppen eingeteilt und erhalten segmentspezifische Kommunikationsarten. Typische Kundensegmente von *BT* sind beispielsweise Teleworker, Personen, die zu Hause per Telefon arbeiten, Internet-User und Personen mit verschiedenen Haushalten und entsprechend vielen Telefonanschlüssen. Die Kommunikation ist immer an ein durchgehendes Leitthema oder Motto (»Reasons

Abbildung 17:

Losgelöste Kommunikation (vorher)

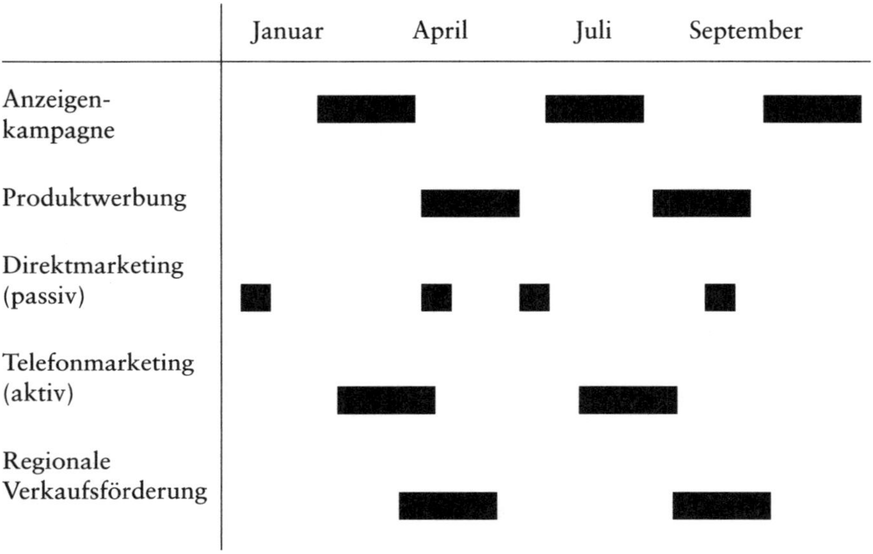

	Januar	April	Juli	September
Anzeigen-kampagne	■	■	■	
Produktwerbung		■	■	
Direktmarketing (passiv)	■	■ ■		■
Telefonmarketing (aktiv)	■	■		
Regionale Verkaufsförderung		■	■	

for Conversation«) angelehnt. Die Leitthemen können spezifische oder neue Produkte, bessere Services für bestimmte Zielgruppen oder auch Aktivitäten im Kundenverhalten sein. Sämtliche Kommunikationsmaßnahmen, wie Mailings, Internet-Ansprache oder Tele-Sales-Aktivitäten, orientieren sich an dem jeweiligen Motto und sind in einer vorher festgelegten zeitlichen Abfolge organisiert. Beispielsweise wird zuerst das Motto über TV-Commercials erläutert, dann mit Direktmails unterfüttert, später über Internet kommuniziert, und via Telefongesprächen wird dieselbe Botschaft dann noch einmal über ein persönliches Gespräch vermittelt. Im preissensitiven Segment kann die Botschaft beispielsweise dazu dienen, ein neues Zeitsystem anzukündigen. Dieses neue, für den Kunden attraktive Angebot wird emotional unterfüttert und konzentriert über alle Medien der entsprechenden Zielgruppe übermittelt.

»Unser Ziel ist nicht mehr, jede Information und jede Innovation zu jedem Zeitpunkt an alle Kunden weiterzugeben, sondern selektiv vorzugehen und an bestimmte Zielgruppen für sie relevante Botschaften

Abbildung 18:

Integrierte Zielkunden-Kommunikation (nachher)

Quelle: CRM Research

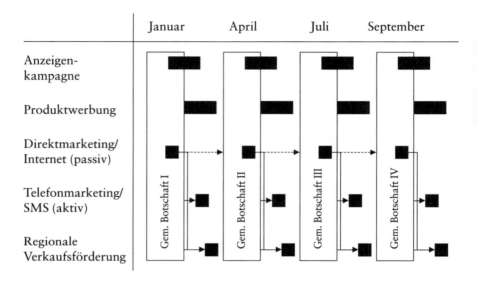

über das für sie adäquate Medium und zu dem für sie richtigen Zeitpunkt zu übermitteln. Dieses Procedere mag auf den ersten Blick kompliziert und aufwändig erscheinen, arbeitet aber, wenn es durch die richtigen Datensysteme unterstützt wird, äußerst effektiv und effizient. Es garantiert, dass die relevanten Botschaften wirklich beim Kunden ankommen und exakt in dem Medium, in dem er eine Kommunikation mit *BT* präferiert. Wenn sich der Weg nachvollziehen lässt, welche Inhalte über welche Medien am besten transportiert werden, kann man viele Störfaktoren ausschalten und Kosten sparen. Gleichzeitig gelingt eine Verstärkung der Botschaft durch ihre stufenweise und multimediale Aufbereitung. Die Kunden beschweren sich nicht mehr über die vielen Mailings, die sie erhalten, sondern wissen, dass die Informationen für sie interessant sein können, weil *BT* sie zielgruppenspezifisch auf sie zuschneidet. »Das erhöht die Akzeptanz und die Aufmerksamkeit des Kunden um ein Vielfaches«, so *BT*-Direktor Mike Wagner zu den Kerninhalten der CRM-Strategie von *BT*.

Tele-Marketing wird inzwischen nicht mehr primär als Verkaufskanal benutzt, sondern als idealer Kanal, um Informationen über die Kunden zu generieren. Auf Basis der Informationen lassen sich die Segmente verfeinern und entsprechend zukünftige Maßnahmen zielgerichteter realisieren. Von *BT* unabhängige Umfragen belegen, dass

Checkliste 5:
Die Umsetzung von CRM

	Trifft zu	Trifft bedingt zu	Trifft nicht zu
1. Unsere Callcenter haben die Entwicklung zum CRM-Center bereits erfolgreich vollzogen.			
2. Wir haben im CRM-Center eine vollständige Integration des Kundenwissens erreicht.			
3. Wir haben mit unseren CRM-Centern Serviceverbesserungen und Transaktionseinsparungen realisiert.			
4. Unser Beschwerdemanagement löst die Kundenprobleme umfassend und schnell.			
5. Wir nutzen die Erkenntnisse des Beschwerdemanagements zur spürbaren Verbesserung unserer Leistungspalette.			
6. Wir haben die Kundeninformationen aus unseren operativen Systemen zu strategischen Maßnahmen verfügbar gemacht.			
7. Unsere Messeorganisation und -durchführung basiert auf einem klaren Kundentypisierungskonzept.			
8. Unsere Events werden für verschiedene Kundentypen unterschiedlich konzipiert und durchgeführt.			
9. Unser Vertrieb ist ein aktiver Bestandteil in unserem CRM-Konzept.			
10. Unsere Vertriebsmitarbeiter haben den Wandel zum Kundenbeziehungsmanager bereits vollzogen.			

die Kunden die maßgeschneiderte Ansprache schätzen, in deren Rahmen *BT* ihre Interessen bezüglich der Produkte und Services abfragt, und in deren Anschluss sie auf sie zugeschnittene Informationen erhalten. Das zielgerichtete Interesse an den Kunden und ihren Bedürfnissen wirkt sich messbar positiv auf den Unternehmenserfolg aus. Zu attraktiven Kundengruppen konnten in diesem wettbewerbsintensiven Markt gute Beziehungen aufgebaut werden, die zudem auch für andere Unternehmensbereiche genutzt werden können, wie zum Beispiel für das Segment Mobilfunk und Calling Cards. *BT* macht damit deutlich, dass auch auf einem riesigen Massenmarkt mit gezielten Segmentierungsstrategien Kundenbeziehungen auf- und ausgebaut werden können, und die finanziellen Erfolge sich bereits nach kurzer Zeit einstellen. *BT* verfügt heute über eine der wichtigsten Datenquellen zum Kundenverhalten und ist bei richtiger strategischer Nutzung der Daten hervorragend für die Zukunft gerüstet.

6. Der Lerntransfer durch CRM

Erfolgscontrolling: Das Lernen aus der Kundenbeziehung

Der klassische Marketingansatz ist ein Ansatz des immer neuen Erfindens von Kampagnen und Ideen, ohne einen Rückgriff auf das Bestehende zu erlauben. Ähnlich verhält es sich mit dem *Marketingcontrolling*. Man steuert Aktionen und prüft, ob einzelne Aktivitäten die Umsatz- und Kostenannahmen erfüllt haben. Hierbei kann also eine Aktion durchaus positiv sein, jedoch die Wirkung auf die Kundenbeziehung wird dabei vollkommen vernachlässigt, und eine solche aktionsbezogene oder zeitraumbezogene Vorgehensweise (Überprüfung der Budgets) lässt keine Möglichkeit des Lernprozesses über die Kundenbeziehung. Kundenbeziehungen werden aber erst wirklich ertragreich, wenn man sie als Lernplattform versteht, die Beziehung steuert und nicht die Aktion.

Wo setzt nun der Lernprozess beim CRM ein? Er setzt dort ein, wo sich auf der Basis einer Aktion und der Reaktion der Kunden Schlussfolgerungen ziehen lassen mit dem Ziel, die nächsten Aktionen besser zu prognostizieren, zu planen und zu realisieren. Ohne ein kontinuierliches Kundenlernen, also Lernen aus dem Kundenverhalten, bleiben die Resultate der Marketingaktionen nicht nur gleich, sondern nehmen mit der wachsenden Resistenz des Kunden sogar deutlich ab. Diese negative Entwicklung wurde bereits bei den Grenzen des bisherigen Marketingansatzes verdeutlicht. Sie belegt, dass die bisherige Vorgehensweise dazu tendiert, eine Aktion mit Erfolg durchzuführen, im Anschluss aber nicht die Aktion und die Erkenntnisse über die Kundenbeziehung verfeinert, sondern sich stattdessen auf eine nächste Maßnahme konzentriert, die häufig vollkommen unabhängig von der Zielgruppe und den bisher angesprochenen Personen durchgeführt wird. Der Erfolg pro Zielgruppe lässt somit nach und kann höchstens wieder mit einer zielgruppenspezifischen Maßnahme zu einem späteren Zeitpunkt erreicht werden.

Abbildung 19:
Systematische Erfolgsverbesserung durch Kundenlernen

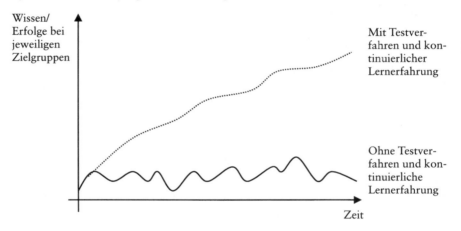

Über das kontinuierliche Lernen des Kundenverhaltens einer speziellen Zielgruppe lassen sich exponenzielle Lernerfolge erzielen, indem Unternehmen immer spezifiziertere Programme und Inhalte auf sie zuschneiden. Wo setzt nun das Lernen über spezifisches Kundenverhalten ein?

- Ein Unternehmen lernt von jedem Kundenkontakt und kann das Gelernte beim nächsten Kontakt anwenden, um die einzelne Kundenbeziehung erfolgreicher zu gestalten.
- Jeder Kundenkontakt ist ebenfalls eine Möglichkeit, zu erfahren, wie das allgemeine Programm, die Durchführungen oder die angebotenen Produkte optimiert werden können.

- Auf der Ebene der Programme lernt man im Rahmen der Prozess-durchführung, wie man andere Programme und Produkte erfolgreicher realisieren kann.
- Im übergeordneten Sinne ermittelt man, wie das Geschäftssystem prinzipiell verbessert werden muss, um sich auf spezielle Kundengruppen gezielter auszurichten.

Das Lernen ist kein automatischer Vorgang. Um lernende Strukturen innerhalb eines Unternehmens zu installieren, müssen im Vorfeld Systeme, Raum und die organisatorischen Voraussetzungen geschaffen werden. Dabei geht es weniger um eine Optimierung der IT-Systeme als vielmehr um die Realisation einer Kultur und Plattform, auf der sich die Programmmanager bezüglich der Erfolge, und insbesondere Misserfolge, von Aktionen und Kampagnen austauschen können. Der amerikanische Transportdienstleister *Federal Express* hat bereits seit langem eine so genannte »Stunde des Horrors« installiert, in der ganz gezielt die Misserfolge des Unternehmens im Serviceprozess zur Sprache kommen. Später ist diese Horrorstunde ebenfalls für den Marketingprozess eingeführt worden. Die Marketingverantwortlichen treffen sich regelmäßig zu einer bestimmten Zeit und berichten über Problemfelder ihrer Kampagnen: Datenanalyse, Marketinglogistik, interne Abstimmungen und Vertriebsprobleme. Jede Fehlerquelle wird detailliert aufgedeckt, um aus ihr für zukünftige Marketingaktionen zu lernen. Auf diese Weise entsteht eine Fehlerkultur, die ein fruchtbares und zukunftsorientiertes Lernen innerhalb dieser Gruppe ermöglicht.

Fallstudie *Fingerhut*: Ein Katalogversender lernt, sich auf Kundenevents zu konzentrieren

Fingerhut, ein amerikanischer Direktmarketer mit einem umfangreichen Katalogangebot, hat aus seinen CRM-Aktivitäten wichtige Kernlernerfolge erzielt, die das *Kundenbeziehungsmanagement* des Unternehmens gravierend verändert haben:

- Richtet man seine Marketingaktivitäten auf bestimmte Momente und Ereignisse im Leben eines Kunden aus, ist die Erfolgswahrscheinlichkeit überproportional höher als bei einer Ansprache – sei es direkt oder per Mailing –, die ohne kundenspezifischen Anlass erfolgt. Individuelle Ereignisse sind beim Endkunden Geburtstage von Kindern und Familienangehörigen, Hochzeitstage und bestimmte Jubiläen, wie beispielsweise bei einer dreißigjährigen Firmenzugehörigkeit. Bei Unternehmen sind spezielle Events in der Regel anstehende Fachmessen, zentrale wissenschaftliche Kongresse, Kunden- und Hausmessen oder ebenfalls Jubiläumsveranstaltungen. Wenn man als Anbieter im Besitz dieser Daten ist, schafft man sich die Möglichkeit, exakt zu den Anlässen spezifische Angebote zu offerieren und sich damit eng an die Welt des Kunden anzubinden. Diese zielgerichteten und individuellen Aktionen haben eine deutlich größere Treffsicherheit und kommen zu einem Zeitpunkt, in dem das Unternehmen bereit ist, Investitionen zu tätigen, für seine Events oder Messen die entsprechenden Dienstleister zu engagieren und sie über Werbemaßnahmen zu verkünden. Wenn *Fingerhut* beispielsweise spezielle Werbeprodukte anlässlich der Hausmesse zum richtigen Zeitpunkt, zwei Monate vor der Durchführung dieser Messe, anbietet, fügt sich der Katalogversender vorbildlich in den Entscheidungszyklus des Unternehmens ein. Unter Umständen offeriert er dem Unternehmen darüber hinaus neue Ideen und löst auf diese Weise Kundenprobleme.
- *Fingerhut* hat gelernt, dass besonders gute Kunden erfahrene Wiederkäufer sind und vor diesem Hintergrund einen ganz speziellen Service fordern. Die zusätzlichen Leistungen definieren sich nicht in Sonderpreisen oder Sondervereinbarungen für die Topkunden. Mehrwert schafft *Fingerhut*, indem der Katalogversender erfahrenen Kunden erfahrene Berater am Telefon gegenüberstellt. Vor dem Hingrund, dass die Kunden die Produktpalette von *Fingerhut* kennen, Erfahrung mit dem Unternehmen haben und nicht mehr den grundlegenden Bestellprozess durchlaufen müssen, erhalten sie eine spezielle Telefonnummer, über die sie ihren Einkauf tätigen können. Die hohen Wiederkaufraten und der dadurch messbar gesteigerte

Umsatz dokumentieren eindeutig, dass die Servicenummer von den Topkunden sehr positiv honoriert wird.
• Standardmaßnahmen sind unzureichend, um inaktive Kunden wiederzubeleben. Bisher versuchte *Fingerhut* das durch zusätzliche Offerten oder günstigere Produkte. Der Erfolg war gering, weil die Gründe für die Abwanderung beziehungsweise den Nichtwiederkauf sehr unterschiedlich gelagert waren. Ursachen für die Kundenabwanderungen konnten eine Unzufriedenheit mit den gelieferten Produkten sein oder die Betreuung und Servicekompetenz oder das Auftauchen neuer Wettbewerber. Um die Kunden wiederzugewinnen, bedurfte es deswegen verschiedener strategischer Ansätze. Um zielgerichtete Maßnahmen zu entwickeln, untersuchte *Fingerhut* zuerst, welche Gründe die Abwanderung von bestimmten Zielgruppen ausgelöst hatte, und basierend auf diesem Wissen initiierte der Katalogversender maßgeschneiderte Aktionen. Denjenigen Kunden, die das Unternehmen aufgrund von schlechtem Service verloren hatte, bot *Fingerhut* eine spezielle Telefonnummer an, unter der man sich intensiv den enttäuschten Kunden widmete. Diejenigen Kunden hingegen, die bei der Konkurrenz kauften, überzeugte man mit klaren Argumenten von den Vorteilen von *Fingerhut* und den Nachteilen des Wettbewerbs. *Fingerhut* machte ihnen deutlich, dass man nicht nur bereit ist, um sie zu kämpfen, sondern sich über seine Leistungen deutlich erkennbar aus dem Wettbewerbsumfeld heraushebt.

Diese drei Lernerfolge hätten sich ohne ein zahlen- und datenbasiertes Lernen nicht im vorgenannten Maße eingestellt. Das Hinterfragen von Aktivitäten und Kundenreaktionen bringt Unternehmen wie *Fingerhut* in die günstige Position, ihre Leistung und finanzielle Performance kontinuierlich zu optimieren. Das Hinterfragen muss bereits bei der Segmentierung beginnen, um sicherzustellen, dass man durch kundenbezogene Innovationen bleibend im Markt führt. Der Lernerfolg drückt sich bei *Fingerhut* in klaren Zahlen aus. Während der Wettbewerb in der Regel keine zweistelligen Zahlen erzielen konnte, lag bei *Fingerhut* der *Return on Investment* in den vergangenen Jahren bei 13 bis 15 Prozent. Um auch zukünftig seine führende Rolle beizube-

halten, wird *Fingerhut* im Sinne der CRM-Philosophie weiter kontinuierlich dazulernen, um seine Prozesse für den Kunden immer stärker
zu verfeinern.

Lernen durch Personalisierung oder Personalisierung durch Lernen?

All unsere Beziehungen, seien es diejenigen in unserem persönlichen
Umfeld oder im Geschäftsleben, sind in ihrer Tiefe und ihrem Wert
davon geprägt, inwieweit sie in der Lage sind, die persönlichen
Eigenschaften, Bedürfnisse und Erwartungen eines Individuums zu
berücksichtigen. Beziehungen werden erst dann erfolgreich, wenn sie
zu persönlichen Beziehungen werden. Dazu ist es grundsätzlich notwendig, die Person, mit der ich eine Beziehung aufbauen möchte,
persönlich kennen zu lernen und aus ihrem persönlichen und individuellen Verhalten zu lernen, was ihre Bedürfnisse sind, auf welche
Aktivitäten sie positiv oder negativ reagiert, und mit welchen Maßnahmen ich meine Beziehung ausbauen und verbessern kann. Lernen
über die Persönlichkeit wird somit zum wichtigsten Faktor im Zeit-
verlauf einer Beziehung, und gleichzeitig wird die Personalisierung
der Beziehung zum entscheidenden Faktor des Erfolges. Dieses Lernen über die persönlichen Reaktionen wird in einem Zeitalter des
Massenkonsums und des standardisierten Marketings und Vertrie-
bes immer mehr in den Hintergrund gerückt, zwar mit großem
Bedauern, aber man hat auf diesen ursächlichen Faktor wenig Wert
gelegt. Erst durch neue Technologien, wie die beschriebenen Verfahren des *Datenmanagements*, und durch neue Instrumente der *Kanal-
gestaltung*, wie das Internet, wird Personalisierung wieder in einem
großen Umfang möglich. Unter Personalisierung ist dabei jede Aktivität von Seiten des Kunden und des Lieferanten zu verstehen, die es
dem Individuum immer stärker möglich macht, seine individuellen
Bedürfnisse durch Produkte, Dienstleistungen oder Inhalte zu befriedigen. Lernt man diese individuellen Elemente kennen, so können
diese Informationen dazu beitragen, Beziehungen immer individuel-

ler zu gestalten und die Leistungen immer stärker maßzuschneidern.
Die Vorteile für den Kunden durch solch eine Personalisierung sind
offensichtlich:

- *Einfacheres Finden und Nutzen von Produkten und Dienstleistungen*
  Werden dem Kunden die Leistungen individuell angeboten, so findet er aus der Vielzahl der möglichen viel leichter seine geeignetsten
  Produkte und Leistungen und muss sich nicht mit viel Suchaufwand
  um verschiedene, möglichst optimale Optionen kümmern.
- *Relevante Inhalte*
  Durch immer stärkere Personalisierung der Kommunikation und
  des Angebotes vermeidet es der Kunde, mit sinnlosen und irrelevanten Informationen überladen zu werden. Idealerweise werden die
  Informationen so maßgeschneidert, dass nur die relevanten an ihn
  kommuniziert werden und er sich der Quellen bedient, die zu seiner
  Entscheidungsfindung wichtig sind, seien es unabhängige Institute
  oder die Meinung anderer Konsumenten.
- *Außergewöhnlicher, personalisierter Service*
  Allein die persönliche Adressierung mit dem Namen oder die Wiedererkennung bei einem Wiederkauf oder einem Wiederaufnehmen
  der Geschäftsbeziehung verblüffen insbesondere bei Massenkontakten die Kunden und lassen dieses Gefühl der Wichtigkeit der
  Beziehung erkennen. Ebenso verhindern sie, dass der Kunde immer
  wieder diese Angaben machen muss, um erkannt zu werden, wenn
  automatische Routinen und Datenzugriffe, sei es beim Einloggen
  auf eine Internetseite oder beim Anmelden in einem Hotel, möglich
  sind.

Vielerorts ist beschrieben, dass Kunden Personalisierung wünschen und
bereit sind, dafür auch bei erkennbarem Mehrwert zu zahlen. Personalisierung muss allerdings ernst gemeint sein und darf nicht mit einem
falsch verstandenen Verständnis der Privatsphäre verwechselt werden.
Gerade hier ist es notwendig, herauszufinden, was Kunden bereit sind,
an persönlichen Informationen dem Lieferanten zur Verfügung zu stellen, und wie er es schafft, mit diesen gewonnenen Informationen vertrauensvoll und Gewinn bringend umzugehen. Aber nicht nur für Kun-

den ist diese Personalisierung von Vorteil, sondern auch für das Unternehmen ergeben sich eine Vielzahl von Verbesserungsmöglichkeiten. Personalisierung verleiht Unternehmen folgende Möglichkeiten:

- *Zuverlässigere Kundeninformationen*
  Durch die Hinterlegung der Kundenpräferenzen und der Reaktionen gibt es eine individuelle Kundeninformationsbasis, die weitaus wertvoller und systematischer genutzt werden kann.
- *Effizienterer Einsatz der Ressourcen*
  Durch Personalisierung, insbesondere im Marketing- und Vertriebsbereich, kann ein Unternehmen seine Ressourcen zielgerichteter auf die jeweiligen persönlichen Bedürfnisse ausrichten und damit bessere Kundenbegegnungen ermöglichen und mit geringerem Aufwand zum selben Ergebnis oder mit dem gleichen Aufwand zu einem besseren Ergebnis gelangen.
- *Effektiveres Preis/Yield-Management*
  Durch Personalisierung lässt sich viel besser erfassen, welche Zielgruppen auf welche Preisniveaus wie reagieren. Hier lassen sich insbesondere Aktivitäten des *Yield-Managements* an einzelnen Lernfällen überprüfen und ständig weiter optimieren. Über neue Technologien geht man also von segmentspezifischen Preisgruppen immer stärker zu gelerntem Preisverhalten und kann hier die persönliche Bereitschaft eines Kunden viel besser feststellen. Preisspielräume nach oben werden besser ausgenutzt, und die Möglichkeiten von Preissenkungen werden wiederum weitaus besser prognostizierbar.
- *Zielgerichtete Angebote ermöglichen Umsatzerweiterung*
  Durch das Lernen über die Erwartungen und das Verhalten hinsichtlich eines Produkt-/Dienstleistungsbündels lassen sich Rückschlüsse auf andere Produkte, die im nahen Umfeld platziert sind, treffen. Maßnahmen des *Cross-Sellings* oder des *Up-Sellings* lassen sich viel besser durchführen und messen, wenn man die persönlichen Verhaltensgrundsätze eines Individuums kennt.

Lernen wird durch die Erfassung von individuellem Verhalten, Reaktionen und Wünschen möglich, und über das personalisierte Lernen werden die Gestaltungen von individuellen Produkten und Services verbessert. Dieser sich positiv entwickelnde Kreislauf wird schon heute durch Technologien ökonomisch möglich und immer intensiver gefördert. Insbesondere die Verfahren der Erfassung von Kundenreaktionen in unterschiedlichen Kanälen und die Verbindung mit existierenden Datenbanken zeigen bei vielen Unternehmen erste sehr erfolgreiche Reaktionen und werden den Ausbau von Personalisierungsmaßnahmen, sei es über das Internet, die Mobilkommunikation, interaktives Fernsehen oder personalisiert Papierkommunikation, weiter forcieren.

Fallstudie *RS Components*: Lernen durch Personalisierung

Ein schönes Beispiel für die Erfolge durch Personalisierung ist die englische Firma *RS Components*. *RS Components* ist ein Business-to-Business-Händler von elektronischen Komponenten und vertreibt seine mehr als 160 000 verschiedenen Produkte weltweit. Traditionell wurden diese Produkte im mehr als vier Kilo wiegenden Katalog an die mehr als eine Million existierenden Kunden kommuniziert. Zusätzlich zu den in 22 Ländern vorhandenen Shops hat man enorme Kosten der Kommunikation, aber keinerlei Informationen über die Reaktionen und die Notwendigkeiten der Personalisierung. Erst der Einsatz des Internets, und hier von Personalisierungssoftware der Firma *Broadvision*, ermöglichte *RS Components* eine Personalisierung der Kundenbeziehung. Heute hat sie in ihren Profilen nicht nur die unterschiedlichen Branchentypen und Vorstellungen, Erwartungen oder Wünsche, sondern jeder ihrer Kunden kann auf ihrer Begrüßungsseite im Internet relevante Informationen erhalten. Neue Produkte auf der Basis der bisher gekauften oder Empfehlungen aufgrund der Kundenprofile spielen eine enorme Rolle in der Erfassung, aber auch im Management der Kundenbeziehungen. Bei der Nutzung der Einkaufskarte von *RS Components* kann der Kunde jederzeit Informationen über den Stand seiner Lieferungen und seines Zahlungsverhaltens erhalten, und auf der Produktseite kann er die für ihn relevanten Informationen der *RS*-technischen Datenbank zurechtschneidern. *RS Components* lernt durch diese

Schnittstelle mit den Kunden das individuelle Verhalten einer riesigen Kundengruppe besser kennen, als es ihre Wettbewerber tun, und schafft es, durch die Reaktionen auf diese persönlichen Bedürfnisse Produkte und Informationen maßzuschneidern. Der Erfolg des *Kundenbeziehungsmanagements* zeigte sich bereits kurz nach der Einführung. *RS Components* hat seine Umsätze mit der existierenden Kundenbasis dramatisch gesteigert und verfügt über ein finanzielles Ergebnis, das weit über dem Branchendurchschnitt vergleichbarer Händler liegt. Gleichzeitig zeigen Untersuchungen, dass die Kunden sich viel besser verstanden und aufgehoben fühlen als vorher und die Personalisierung ihrer Beziehung sehr wertschätzen. Die Vorteile der Personalisierung werden von ihnen deutlich erkannt, und *RS Components* kann ebenfalls Nutzen aus den Informationen ziehen. *RS Components* macht den Kunden die Einsparungen deutlich, indem es ihnen mitteilt, dass durch das Online-Beschaffen und das Nutzen der Einkaufskarten 50 Pfund pro Bestellung einzusparen sind. Durch das Erkennen der persönlichen Daten und des Bestellvorganges werden Mitarbeiter und Systeme in die Lage versetzt, schneller und effizienter zu reagieren, die Lagerverfügbarkeit für die wichtigsten Kunden bereitzustellen und sich immer stärker mit den Beschaffungs- und Nutzungsprozessen des Kunden zu verbinden. *RS Components* zeigt deutlich, dass Personalisierung die Ertragspotenziale steigert, die Kosten der Prozesse verringert und Mitarbeitern ein größeres Maß an Flexibilität und Eigenverantwortung in der Gestaltung der Kundenbeziehung ermöglicht. Nicht umsonst ist dieser englische Großhändler mehrfach ausgezeichnet worden und ein Pionier der Wandlung der Geschäftsbeziehung vom anonymen Katalogversender zum personalisierten Gestalter von *Kundenmanagement* geworden.

E-CRM: Das Internet revolutioniert Kundenbeziehungen

Das Internet ist ein gigantischer, globaler Informationsladen, dessen Datenmenge täglich zunimmt, und dennoch bietet es selten exakt die Information, die der Benutzer sucht. Kann es vor dem Hintergrund seiner explodierenden Datenmenge den Kunden real unterstützen? Ist es ein Tool, die Kundenzufriedenheit und -beziehung zu verbessern, und ist es dabei behilflich, den Wertschöpfungsprozess des Kunden optimaler zu gestalten? Häufig wird das Internet nur als zusätzliches Tool und nicht ausreichend genug als neues Geschäftsmodell zum Management der Kundenbeziehung verstanden.

Seit Jahrzehnten gilt beispielsweise die Möbelindustrie als ein Geschäftsbereich, der sich kaum am Kunden orientiert. Insbesondere die extrem langen Lieferzeiten zeigen ein deutliches Bild über die geringen Wertschätzungen der Kunden und ihrer Erwartungen. Obwohl gerade der Möbelkauf einen der wichtigsten Momente im Leben eines Kunden darstellt, ist die gesamte Industrie äußerst produktgetrieben und nutzt fast keine Möglichkeiten zur Gestaltung der Kundenbeziehungen. Während Kunden immer stärker Möbel als Ausdruck ihrer Persönlichkeit und ihres persönlichen Umfeldes betrachten, und die Neuproduktanschaffungen häufig mit positiven Ereignissen, wie Nachwuchs in der Familie oder dem Erwerb eines neuen größeren Hauses, zusammenhängen, werden die Frustrationen beim Kauf und der Zustellung der notwendigen Möbel immer größer. Der Kunde ist gezwungen, in unterschiedliche Geschäfte zu gehen und sich seine eigenen Möbelwelten zusammenzustellen. In den Kaufhäusern kann der Kunde aber keinesfalls die Produkte, so wie er sie sich wünscht, vorab sehen. Stattdessen muss er auf Basis von Modellen oder kleineren Musterbezügen seine Entscheidung treffen und dann zwischen sechs und neun Wochen auf die Lieferung der Ware warten. Zudem kommen die Möbel häufig in einer falschen Zusammenstellung. Das heißt: Die Ware muss zurückgehen, und der Prozess des Einrichtens wird nochmals verlangsamt. Diese in der Struktur der Industrie und im generellen Verhalten der Anbieter begründeten Nachteile lassen sich nur durch eine radikale Umstrukturierung verändern.

Fallstudie *furniture.com*: Ein kundenwertschöpfendes Möbelhaus im Internet

Einen solchen Wandel hat das Unternehmen *Empire Furniture* realisiert. Bereits 1947 gegründet, war es viele Jahre lang ein respektiertes Ladengeschäft an der Ostküste von Amerika, das aber jeden Tag mit den Unzulänglichkeiten der Möbelindustrie leben musste.

Im Januar 1999 entschieden sich die Besitzer, das Ladengeschäft zu schließen und ein neues Unternehmen zu eröffnen: *furniture.com*. Das Ziel des virtuellen Möbelhauses war, die Beziehung zu existierenden und neuen Kunden durch die Nutzung der neuen Technologie Internet zu revolutionieren. Heute hat *furniture.com* mehr als 50 000 verschiedene Möbelstücke in seinem Web-Angebot, fast doppelt so viele wie ein vergleichbarer Wettbewerber in seinen Ladengeschäften. Aber nicht die Menge oder die Breite des Angebots ist die primäre Antriebsfeder von *furniture.com*, sondern die Personalisierung der Produkte und der Dienstleistungen. *Furniture.com* fand heraus, dass nicht die Menge für den Kunden relevant ist, sondern dass sich der Kunde in einem Umfeld bewegen möchte, das seine persönlichen Bedürfnisse abbildet. Einen jungen Studenten interessiert kein Angebot von 150 verschiedenen Sofas, sondern ein Sofa, das in seinen persönlichen Wohnraum und zu seinem individuellen Lebensstil passt. *Furniture.com* setzt Technologien ein, um schnell den Kundengeschmack zu identifizieren und einen Rückgriff auf bestehende Produkte und Käufe zu ermöglichen. Der wichtigste Bestandteil der Personalisierung ist aber nicht die Technologie, sondern die Beratungskomponente. *Furniture.com* beschäftigt mehr als 20 so genannte Design Consultants (Design-Berater), gelernte Innenarchitekten, die im Kundendialog – durch Telefonberatung, E-Mail-Botschaften oder Live-Chats – die Kundenbedürfnisse ermitteln. Die Design-Berater können mit der Erlaubnis des Kunden in seinen Einkaufskorb schauen, ihn beraten oder ihm zusätzliche Informationen und Muster zusenden, welche die Kaufentscheidung erleichtern. Der kontinuierliche Dialog ermöglicht *furniture.com*, seine Leistungen viel stärker maßzuschneidern und das relevante Angebot für seine jeweilige Zielgruppe auf Lager zu haben. Ebenso nutzt das Unternehmen die Kundeninformationen, um den

Lieferprozess zu beschleunigen. Die Schnittstelle zur Kundenberatung ist der Design Consultant, der Customer Care Agent hingegen ist verantwortlich, dass die gewünschte Leistung dem Kunden schnellstmöglich zur Verfügung steht. Auf der Basis der bestehenden Kundeninformationen hat *furniture.com* Verträge mit Herstellern abgeschlossen, die bestimmte Einrichtungsbestandteile, die häufig von Kunden gewünscht werden, wie beispielsweise Standard-Bettrahmen oder oft gekaufte Bezüge, vorfertigen. Das bessere *Informationsmanagement* bewirkte, dass die Lieferfristen, die bisher zwischen sechs und zwölf Wochen lagen, bei einem Großteil der gewünschten Produkte auf drei Wochen verringert werden konnten. In der Welt des Internets sind drei Wochen immer noch eine Ewigkeit, aber in der Welt der Möbelindustrie bedeuten sie bereits eine enorme Verkürzung. Der Internet-Anbieter plant, durch noch gezielteren Einsatz der gewonnenen Informationen die Lieferzeiträume in der Zukunft weiterhin herabzusetzen. *Furniture.com* gibt seinen Kunden das Versprechen, dass das Unternehmen die Kundenbeziehung besser managt als alle anderen Wettbewerber. Dieses Versprechen und seine Durchführung schätzen die Kunden. Über das optimierte *Customer-Relationship-Management-Modell* ist *furniture.com* zu einem Liebling der Kunden, aber auch der Aktionäre avanciert.

Die Fehler der Internet-Strategie der ersten Welle

Viele Verkaufsprozesse im Internet sind heute noch sehr kompliziert und fügen sich nur bedingt in die Kundenprozesse ein. *Forester Research*, eine auf das Internet spezialisierte Marktforschungsgesellschaft, fand heraus, dass zwei Drittel der Besucher von virtuellen Shops die Einkaufskörbe zwar füllen, aber den Shop wieder verlassen, ohne tatsächlich etwas eingekauft zu haben. Welche Ursachen haben die nicht getätigten Einkäufe? Die virtuellen Kunden sind online-affin, und dennoch stoßen sie auf Hindernisse, die ihren beinah getätigten Einkauf verhindern. Vor dem Hintergrund, dass die gestörte Kaufentscheidung kein Einzelfall ist, muss von systematischen Fehlern ausgegangen werden. Tatsache ist, dass das Internet, wie es zurzeit aufgebaut ist, Kundenbeziehungen nicht unterstützt, sondern die gleichen systemimmanenten Fehler hat, die den klassischen Marketing- und Vertriebsansatz zum Scheitern bringen. Das Internet passt sich nicht dem Kundenprozess an, sondern versucht, den Kunden in sein System hineinzupressen. Warum aber kann eine hervorragende Technologie, die Zeit spart und Preisvergleiche ermöglicht, das ungeahnte Potenzial des *Kundenbeziehungsmanagements* nicht sinnvoll und systematisch nutzen? Um diese Frage zu beantworten, muss man sich den Weg ins Internet von einem typischen Unternehmen näher anschauen. Einer der Pioniere für die Nutzung dieses Mediums als Plattform für *Geschäftsbeziehungsmanagement* ist die Firma *Cisco Systems*. Der Hersteller von netzwerkbasierten Produkten, wie Rootern, Verbindungsinstrumenten und Netzwerkknoten, begann ab 1994 mit seinem ersten Web-Auftritt – und hat diesen als wirkliche Benchmark für das Gestalten eines E-Business-Systems der ersten Generation aufgebaut.

Fallstudie *Cisco Systems*: Best Practice der Internet-Strategien der ersten Welle

Wie bei vielen anderen Unternehmen stand bei dem Markteintritt von *Cisco* in das Internet die Unternehmensdarstellung im Vordergrund, welche die Fragen beantwortete: Wer ist *Cisco*? und Was macht *Cisco*? In der nächsten Stufe wurde eine Dialogmöglichkeit »Wie können Sie mit *Cisco* in Kontakt treten« hinzugefügt. Der Hintergrund des Angebots war, den Kommunikationsprozess zu vereinfachen sowie kostengünstiger zu gestalten. 1994 erhielt *Cisco* 350 000 Produktbestellungen per Fax. Zur Überprüfung, Verbesserung und Bearbeitung mussten die Faxe abgeschrieben und computerisiert werden. Um diesen extrem aufwändigen Prozess abzukürzen, initiierte *Cisco* folgende Entwicklungen:

- 1996 eine Netcommerce-Seite, über die Geschäftskunden und direkte Handelspartner die mehr als 12 000 verschiedenen *Cisco*-Produkte online kaufen konnten.

- Ab Juni 1996 ermöglichte man den Kunden, Serviceunterstützungs-funktionen – wie beispielsweise Produktpreisregelungen, Produkt-konfigurationen und Lieferstatus – über das Internet abzufragen. Bereits 1996 erzielte *Cisco* durch die Installation seiner Netcom-merce-Site 60 Prozent des gesamten Umsatzes über das Internet.
- Generierung einer individuellen Website für die Kunden, auf der sie ihre Produktbestellungen und Interessen hinterlegen konnten; auf diese Weise wurde ein personalisierter Dialog ermöglicht. Bereits ein Jahr später hatte *Cisco* für mehr als 34 000 registrierte Kunden, die nur über das Internet bestellten, eine persönliche Seite erstellt.
- Aufwertung des Web-Auftritts in den folgenden Jahren durch Zusatzangebote und -leistungen wie Auktionen, Sonderverkäufe oder noch stärkere Personalisierung.

Diese Erfolgsgeschichte zeigt deutlich den klassischen Entwicklungs-weg, dem viele andere Unternehmen, sei es im Business-to-Business- oder im Business-to-Consumer-Sektor, im neuen Medium Internet gefolgt sind – die so genannte erste Welle. Allerdings steht sie beispiel-haft für die bisher beste Möglichkeit, nämlich für eine von innen nach außen entwickelte Internetstrategie. 1994 war der *Cisco*-Weg der

Abbildung 20:
Die Internet-Entwicklung nach dem bisherigen Geschäftsmodell (von innen nach außen)

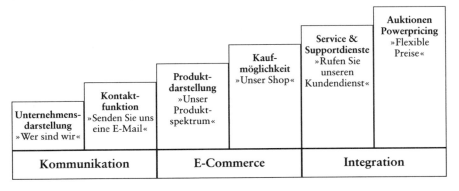

allerbeste, heute setzt *Cisco* jedoch längst andere intelligentere E-CRM-Strategien ein, um sich besser auf die unterschiedlichen Kundenbeziehungen einzustellen (»die zweite Welle«).

Denn bisher wurden ausgehend von den internen Vorstellungen – eben der Unternehmenspräsentation *Wer sind wir* – kontinuierlich weitere Bestandteile hinzugefügt, mit dem Ziel, den existierenden Vertriebsservice- und Supportprozess zu unterstützen und zu optimieren. Dieser Weg bedeutet nichts anderes, als das alte, klassische Geschäftsmodell auf ein neues Medium zu übertragen und die Möglichkeiten und Chancen des Internets zu verschenken. Heute lassen die Möglichkeiten von CRM ganz andere Optionen zu, und damit wird die zweite Welle der E-CRM-Strategien eingeleitet. Die kontinuierliche Weiterentwicklung und Migration der einzelnen Internetstufen, die das Hinzuaddieren von ständig neuen Systemen verlangt, machen die Internetseiten und die Navigation im Internet derart aufwändig, dass viele Kunden den komplizierten und langatmigen Weg durch die Webpages scheuen.

Die Nachteile dieser Herangehensweise liegen klar auf der Hand:

- Der Kunde steht am Ende der Prozesskette. Er muss sich in die zuerst abgebildeten, internen Prozesse einfügen. Parallel zum zunehmenden Wettbewerb im Internet verringert sich seine Bereitschaft, sich dem Unternehmen anzupassen, und die Unternehmen stehen vor den gleichen Problemen wie im klassischen Marketing und Vertrieb.
- Aufgrund des starren, dahinter liegenden Systems, das nur durch sehr aufwändige Personalisierungssoftware kundenspezifisch aufgearbeitet werden kann, ist eine gezielte, segmentspezifische Ansprache schwierig und aufwändig.
- Die Messbarkeit der Erfolgswirkungen basiert vorwiegend auf Verkäufen und Aktionen, nicht aber darauf, inwieweit die personalisierte Website tatsächlich Kundennutzen generiert.
- Dieser Entwicklungsweg ist sehr kostspielig, weil immer wieder neue Funktionen dazuaddiert werden müssen, und diese Funktionen in den wenigsten Fällen spezifisch für einzelne Kundengruppen konzipiert werden.

Die Mehrzahl der Unternehmen überfordert die Kunden, weil sie ihnen statt maßgeschneiderten Aktivitäten und Produkten breit gestreut alle Maßnahmen und Leistungen des Unternehmens anbieten und dem Kunden die Entscheidung überlassen, was er sich heraussuchen möchte. Diese Wahl bedeutet für den Kunden einen extrem aufwändigen Prozess, und die Folge ist, dass er seinen Einkauf einschränkt oder im schlechtesten Fall die Webseite verlässt, ohne eine einzige Leistung des Internetanbieters wahrgenommen zu haben.

Ein unter *Customer Relationship Management* begangener Internet-Entwicklungsweg überwindet vorgenannte Problemfelder und nutzt die vielfältigen, innovativen Möglichkeiten dieses neuen Mediums weitaus besser. Stellen Unternehmen sich vorab die Frage, für welche Kundentypen sie bestimmte Leistungen und Möglichkeiten generieren möchten, kommen sie zu unterschiedlichen Strategien und Umsetzungsmöglichkeiten. Sie stellen fest, dass einem für alle Kundengruppen identischer Internet-Auftritt kein Erfolg beschieden ist, und dass man in keinem Fall alle Kunden gleichermaßen bedienen kann. Eine Fokussierung und Konzentration auf interessante Kundengruppen ist sowohl unter ökonomischen Aspekten als auch vor dem Hintergrund der technischen Möglichkeiten unbedingt notwendig. Nachfolgend sollen beispielhaft für einige Zielgruppen und anhand ausgewählter Fallbeispiele die unterschiedlichen Vorgehensweisen dokumentiert werden. Kundengruppen sind unter anderem:

* potenzielle Kunden,
* existierende Kunden,
* Organisationen als Kunden,
* Individuen als Kunden,
* Kunden in der Zulieferkette,
* Kunden in der Vertriebskanalkette sowie
* interne Kunden.

Für diese Kundengruppen kann ein maßgeschneiderter Internet-Auftritt spezifisch realisiert werden. Dies soll am Beispiel der Neukunden/potenziellen Kunden verdeutlicht werden. Insbesondere für Unternehmensgründer oder für Unternehmen, die in neue Geschäftsfelder hineinwachsen und sich diversifizieren wollen, ist die Neukundenakquisition ein wichtiges Instrument. Für sie bietet das Internet die ungeahnten Möglichkeiten eines weltumspannenden, globalen Netzwerkes, aber zugleich auch die Gefahr, neben wirtschaftlich attraktiven auch unattraktive Kunden auf sich aufmerksam zu machen. Über E-CRM lässt sich herausfinden, welche Merkmale und Attribute diejenigen Kunden, die ein Unternehmen gewinnen möchte, aufweisen, und wie ein Unternehmen zügig, bereits während der Akquisitionsphase, feststellen kann, ob es sich bei dem Kunden, der mit ihm in Kontakt tritt, tatsächlich um einen Wunschkunden handelt. Genauso bietet E-CRM das Instrumentarium, um sicherzustellen, dass Kunden, die man nicht gewinnen möchte, schnell wieder aus der Kontaktschiene heraus bewegt werden. Der effektive und effiziente Einsatz der Technik und der Marketingmittel spielt besonders bei der Neukundenakquisition die entscheidende Rolle, bei den ungeahnten Möglichkeiten im Internet die wirklich wichtigen Potenziale zu entdecken und zu bedienen.

Fallstudie *Dell* Computer: Personalisierte Homepages als Grundlage für Beziehungsmanagement zu Organisationskunden

Bereits an verschiedenen Stellen haben wir auf die Vorreiterrolle von *Dell*-Computer als Verfechter des neuen Geschäftsmodells und Revolutionär beim Einsatz von neuen Technologien und dem Management der Kundenbeziehungen hingewiesen. *Dell* zeigt, wie man auch eine in der Regel sehr unterschiedliche Kundenstruktur bei einer im Sinne von CRM geführten Organisation im Internet angehen kann. Die Basis für CRM ist bei *Dell* das *Dell*-Premier-Page-Programm, das inzwischen von mehr als 5000 Unternehmen genutzt wird. *Dell* hat für *Bayer* eine Premier-Page erstellt, über die die komplette Verwaltung der mehr als 20 000 geleasten PCs kostengünstig, schnell und zu einem hohen Anteil automatisiert vorgenommen wird. Das Programm ist ein personalisiertes Intranet, auf dem *Dell* und der

Kunde alle wichtigen Informationen ihrer Geschäftsbeziehungen hinterlegen.

Mit diesem Programm können die Mitarbeiter des Kunden ihren PC konfigurieren, ihn bestellen, die Zahlung vollziehen und auch den Status der Lieferung abrufen. Nachdem der Computer am Arbeitsplatz installiert ist, kann über die Premier-Page ebenso der technische Support abgerufen werden, und wichtige Informationen über die eigene Maschine hinterlegt und zur Verfügung gestellt werden. *Bayer* spart auf diese Weise nicht nur die Kosten der Koordination des Lagerbestandes und der Zahlungsvorgänge, sondern hat auch einen weitaus besseren Überblick über den Stand und die Nutzung der zur Verfügung gestellten PCs. Ebenso profitiert *Dell* von dieser Maßnahme, denn der Computerhersteller bekommt ein viel besseres Verständnis für die unterschiedlichen Kundenbedürfnisse in einer sehr großen Organisation und hat deswegen auch die Möglichkeit, zügig auf Reaktionen, Beschwerden, Probleme und Ähnliches zu reagieren. Ebenso kann *Dell* das Programm als einen Marketingkanal zum Ausbau der Geschäftsbeziehung nutzen. *Dell* kann beispielsweise mitteilen, wo Updates und Upgrades für bestimmte Maschinen sinnvoll und notwendig sind und zielkundengerecht darüber berichten, wo sich ein neues Modell rentabler einsetzen lassen würde.

Ebenso optimiert *Dell* über das Programm kontinuierlich den Kundenservice für die installierte Basis und liefert *Bayer* damit nicht nur die fertigen Produkte, sondern übernimmt auch die Verantwortung für den reibungslosen Ablauf. *Dell* zeigt mit dieser Vorgehensweise klar auf, dass man sowohl die Ziele einer Großorganisation sowie der zentralen Vertreter erfüllen kann, als auch einen hervorragenden Service und personalisierte Leistung für die einzelnen Mitarbeiter des Unternehmens erbringen kann. Mit der Premier-Page-Vorgehensweise werden alle Ziele und Nutzenkategorien des Buying Centers von *Bayer* und den anderen *Dell*-Kunden optimal erfüllt, und man hat sich Potenziale zum Ausbau der Geschäftsbeziehungen geschaffen.

Fallstudie *Philips/Carrefour*:
Management von Kundenbeziehungen
über mehrere Distributionsstufen

Häufig wollen Unternehmen mit ihrer Internetstrategie nicht nur Zielgruppen auf einer Ebene erreichen, sondern den mehrstufigen Prozess, den sie in ihrer klassischen Distribution abgebildet haben, auch über das Internet aufzeigen. Oftmals führt dieses Ziel zu großen Konflikten mit der existierenden Handelsstruktur, da das Internet als Konkurrenz zu der bestehenden Distribution bei Fachhändlern sowie Fach- und Großhändlern angesehen wird. Wie man diesen Konflikt geschickt umgehen und die existierende Handelsstruktur stärken kann, zeigt das Beispiel der Kooperation des holländischen Herstellers *Philips* mit der französischen Handelskette *Carrefour*. Der *Philips*-Bereich Elektronische Konsumgüter, der Fernseher, Musikanlagen und Haushaltsgeräte herstellt, hat die Möglichkeit, diese Produkte direkt über das Internet abzusetzen. In Frankreich entschied sich *Philips* für einen anderen Weg. Hier nutzt *Philips* das Internet als Medium, um Kunden auf neue Produkte und Möglichkeiten aufmerksam zu machen, diese geschickt zu gruppieren und zu klassifizieren und dann bei bestehendem Kaufinteresse an den Handel weiterzureichen. *Philips* als Hersteller verfügt heute über eine solide Datenbasis der Käufer von verschiedenen Konsumgütern, zum Beispiel über Mobiltelefonkäufer. Diese werden mit Anreizen angeregt, die den Produkten beiliegenden Garantiekarten an *Philips* zurückzusenden, wenn sie ein neues Mobiltelefon gekauft haben. Während dieses Prozesses wird abgefragt, ob diese Daten für Marketingzwecke genutzt werden können, und ob der Käufer Interesse hat, neue Angebote zugesandt zu bekommen. Bejaht ein Käufer die Frage, reagiert *Philips* beispielsweise mit einem Mailing, das einen neuen Videorekorder offeriert, wenn aus dem Anmeldebogen eine Präferenz zu diesen Produkten ersichtlich wird. Statt des Mailings kann das Angebot auch über eine SMS-Nachricht auf das Mobiltelefon des Kunden direkt gesandt werden.

Darüber hinaus weist *Philips* die französischen Käufer darauf hin, dass der angebotene Videorekorder zu einem speziellen Einführungspreis im *Carrefour*-Handelsgeschäft ganz in der Nähe seines Wohnorts erhältlich ist. Der Käufer geht zur näheren Informationsaufnahme dorthin und wickelt das Geschäft mit *Carrefour* ab. Ähnlich läuft der Online-Kontakt. Über die Kundenregistrierung erhält der Kunde einen Hinweis auf der jeweiligen persönlichen Website oder einen direkten Link in einer personalisierten E-Mail. Interessiert er sich für den Kauf des Geräts, wird er über die Intranet-Anwendung zu *Carrefour* geführt. Der Kauf des Videorekorders erfolgt dann über die *Carrefour*-Seite, und es wird ein persönlicher Serviceberater aus der *Carrefour*-Mitarbeiterschaft dem jeweiligen Kunden zugeordnet. Der Aufbau einer persönlichen Beziehung ist dann durch die Namensnennung (und Foto) möglich, und man hat so einen ersten Ansprechpartner, falls man für technische Rückfragen oder Serviceangelegenheiten diesen benötigt. Der Kreis der Kundenbeziehung wird wiederum von *Philips* geschlossen, denn der Kauf ist nur der Anfang der Beziehung. Der Käufer kann den Erwerb des Videorekorders im *Philips*-Loyalitätsprogramm gutschreiben lassen und diese Bonuspunkte später zum Einlösen verschiedener Produkte nutzen. *Philips* zeigt hier deutlich auf, dass über einen mehrstufigen Vertrieb die Interessen der unterschiedlichen Marktpartner – Endkunden oder der Handel – integriert werden können. Dabei gibt *Philips* jedoch nicht seine führende Rolle auf, denn die Kundenbeziehung wird primär vom Hersteller gesteuert, der die Anwerbung, Registrierung und Pflege des Kunden durch das *Philips*-Loyalitätsprogramm vornimmt. Des Weiteren unterstützt *Philips* die Händlerschaft mit dem Aufbau des Intranets und der Zuführung neuer Kunden. Darüber hinaus offeriert *Philips* auch die Auktions-Software für *Carrefour*, sodass *Carrefour* und *Philips* gemeinsam bestimmte Lagerbestände über geschickte Käuferakquisitionsaktivitäten absetzen können. *Philips* und der Händler haben hier ebenfalls gemeinsam eine Win-Win-Situation kreiert: Der Händler kann attraktive Angebote machen und über Auktionen zusätzliche Kunden auf seine Internet-Anwendung anlocken, und *Philips* hat einen viel schnelleren Abbau der Lagerbestände und kann so eine zielgerichtete Optimierung durchführen.

Fallstudie *Ford*: Intranetanwendungen, um den Mitarbeiter als Kunden zu gewinnen

In vielen Fällen stellen die Mitarbeiter eines Unternehmens ebenfalls eine attraktive Kundengruppe dar. Nicht selten werden erhebliche Umsätze über die Mitarbeiter abgewickelt, und deswegen sollte ihnen als Kunden eine besondere Aufmerksamkeit zuteil werden. Dies gilt nicht nur für den Einzelhandel, der Umsätze zwischen 15 und 20 Prozent mit den eigenen Mitarbeitern realisiert, sondern für viele andere Bereiche auch. Eine gewisse Vorreiterrolle spielt hier die Automobilindustrie. Noch heute setzen Unternehmen wie *DaimlerChrysler* in Deutschland mehr als ein Fünftel ihrer Personenwagen an die jeweiligen Mitarbeiter ab. Grund genug, sich Gedanken zu machen, wie diese mit einer CRM-Strategie angegangen werden können. Ein sehr gutes Beispiel, wie man dieses Ziel erreicht, zeigt der amerikanische *Ford*-Konzern. Er verknüpft zwei Ziele mit seiner Intranetanwendung für die Mitarbeiter:

- erstens, die Mitarbeiter stärker in den Unternehmensprozess zu involvieren und
- zweitens, die Mitarbeiter stärker als Kunden zu betrachten.

Beide Ansätze bedingen einander. Dadurch, dass die Mitarbeiter die Attraktivität des Intranets/Internets erkennen lernen und auf diesem Wege ihre Arbeit besser verstehen und leisten können, versetzt es sie in die Lage, ebenso über diesen Kommunikationskanal ihre Autos zu erwerben. Zur Erreichung der besseren Einbindung der Mitarbeiter hat *Ford* das Intranet für mehr als 100 000 Mitarbeiter aufgebaut. 80 Prozent der angeschlossenen Mitarbeiter benutzen täglich das Intranet, und jedes Automodell hat seine eigene Website, auf welcher sich beispielsweise der Mitarbeiter in der Produktion die Daten seines Fahrzeuges detaillierter ansehen kann. Hier wird über den Status des Designs, der Produktion, Qualitätskontrolle und des Auslieferungs- und Vertriebsprozesses berichtet. Wann kommt die nächste neue Stoßstange? Wie wird das Mobiltelefon ins Auto integriert? Und welche Veränderungen ergeben sich in der Vertriebspolitik dieses Modells?

Anstatt Unmengen von Papier zu wälzen, können auf diese Weise zielgerichtet Fragen beantwortet und Informationen abgerufen werden. Über diesen Lernprozess findet der Mitarbeiter auch immer mehr Details über die Automodelle, die ihn interessieren. Schlussendlich kann er über das Intranet dann sein eigenes Auto zusammenstellen, konfigurieren und bestellen. Ebenso wird er in Zukunft den Produktionsprozess seines Fahrzeuges überwachen können und feststellen, wann genau es ausgeliefert wird. Dadurch hat *Ford* nicht nur einen direkten Zugang und ein Monitoring der Bestellungen und Interessen seiner wichtigen Kundenzielgruppe, nämlich seiner Mitarbeiter, sondern kann auch durch die elektronische Optimierung des Vertriebs- und Auslieferungsprozesses erhebliche Kosten sparen. Diese Informationen können darüber hinaus auch für das Marketing genutzt werden, denn man kann beispielsweise feststellen, welche Mitarbeiter für welche Fahrzeuggruppen in Frage kommen, und wer wieder an der Reihe wäre, ein neues Auto zu bestellen.

Die E-CRM-Strategie im Internet und ihre Umsetzung

All diese Beispiele haben gezeigt, dass die Prinzipien des *Customer Relationship Managements* ebenso für das Management einer elektronisch basierten Kundenbeziehung gelten. E-CRM ist damit eine weitere große Möglichkeit, das Kundenbeziehungsspektrum zu erweitern, aber es ist keine eigene, unabhängige Vorgehensweise. Kunden bleiben Kunden, unwichtig, ob sie über klassische Medien und Kanäle oder über die elektronischen Wege des Internets oder der mobilen Kommunikation ihre Beziehung aufgebaut, ausgebaut, gepflegt und beendet haben wollen. Das Internet und auch die Möglichkeiten der Telekommunikation – das so genannte *M-Commerce* – lassen aber ganz neue Spielarten und Dimensionen zu und beschleunigen die Konzepte des *Customer Relationship Managements* enorm. Noch niemals war es möglich, Daten in so großer Menge und so hoher Geschwindigkeit mit seinen Kunden auszutauschen, aufzuarbeiten und diesen zur Verfügung zu stellen. Erst über das Medium Internet wird ein tatsächlicher personalisierter Kundendialog möglich. Dabei ist aber das Internet nur das Mittel zum Zweck, nicht die Lösung an sich.

Wie bereits beschrieben, nutzt es sehr wenig, mit herkömmlichen Ansätzen im Internet präsent zu sein. Im Gegenteil, die Möglichkeiten dieses Mediums werden überhaupt nicht ausgenutzt, und man verbaut sich die Chance, einen ökonomisch sinnvollen Weg zu seinen Kunden aufzubauen. Erst wenn man die Mittel des *Customer Relationship Managements*, die genaue Analyse seiner Kunden und der Wert schöpfenden Prozesse anwendet und je nach Kundengruppe einen dezidiert unterschiedlichen Weg einschlägt, wird man seine Kunden begeistern können. Ebenso hängt die Messung des Erfolgs und die Umsetzung in der Organisation davon ab, dass man sehr segmentiert vorgeht und deutlich macht, welche Zielgruppen und Kundentypen über dieses Medium überhaupt erfolgreich ansprechbar sind.

Grundsätzlich gilt also für alle Medien des elektronischen Kundenkontaktes die in den Kapiteln vorher beschriebene Vorgehensweise:

- Erkenne erst deine Kunden und ordne dann die Kanäle entsprechend und versuche nicht dadurch, dass du neue Kanäle installierst, wie das Internet, Callcenter oder die mobile Kommunikation, zu erreichen, dass sich die Kunden nach deinem System und deinen Technologien ausrichten.

Eine Organisation muss es schaffen, ihren Kunden die besten Zugangsmöglichkeiten anzubieten und diese nach den Regeln der beschriebenen integrierten Kommunikation zu steuern und zu nutzen. Durch diese neuen Medien werden jedoch alle Maßnahmen des *Kundenbeziehungsmanagements* weiter revolutioniert:

- *Bisher haben es Unternehmen verstanden, den Kunden gezielt zu steuern.* Durch das Medium Internet ist es aber beinahe ausschließlich der Kunde, der die Steuerung vornimmt. Er sucht sich seine Information, die er benötigt, und mit einem Mausklick kann er schon auf der Wettbewerbsseite sein. Nur wenn es ein Unternehmen schafft, durch die spezifischen Informationen und Leistungen attraktiv für die Kunden zu sein, werden sie dort verweilen. Im

Gegensatz zum stationären Handel beispielsweise ist es kaum möglich, während der Verweildauer einen gezielten Einfluss auszuüben und den Kunden zu überzeugen.

• *Der Kunde weiß mehr über das Geschäft als die Unternehmen.* Durch die enorme Transparenz des Internets ist der Kunde heute in der Lage, alle Informationen, die er von einem Hersteller des Wettbewerbs benötigt, sehr schnell zu erhalten und zu verarbeiten. Dadurch wissen häufig Kunden mehr über die Wahlmöglichkeiten, als es die Unternehmen tun. Der durchschnittliche Automobilkäufer ist dem Verkäufer bezüglich des Informationsstands ebenbürtig und hat darüber hinaus eine Informationsdichte bezüglich der Alternativprodukte. Ähnliches gilt für den Finanz- und Einzelhandelsbereich. Durch diese Informationshoheit haben Produkte mit Schwächen kaum noch Chancen, und die Unternehmen werden dazu getrieben, ihre Mitarbeiter noch stärker aus- und weiterzubilden, damit sie dem Kunden ein ebenbürtiger Partner sind.

• *Personalisierung der Kommunikation und Dienstleistung wird ermöglicht.* Durch die Verarbeitung von individuellen Profilen sowie die Steuerung und Integration unterschiedlicher Datenbanken gelingt über das Medium Internet eine Personalisierung in noch nie dagewesenen Dimensionen. Kunden bekommen immer stärker den Eindruck, dass die Produkte, Services und Informationen tatsächlich für sie konzipiert und zusammengestellt werden, und ihre Ansprüche werden dadurch noch höher und fordernder. Lieferanten, die diese Personalisierung nicht mitmachen wollen oder können, werden erhebliche Wettbewerbsnachteile in Kauf nehmen müssen und ins Hintertreffen geraten. Unternehmen, die es schaffen, durch die Personalisierung eine intensive Kundenbeziehung zu pflegen, werden dadurch wiederum zusätzliche Informationen zur weiteren Personalisierung gewinnen.

• *Der Kunde bekommt seine Informationen immer stärker durch andere Kunden.* Durch die vielfältigen Informationsmöglichkeiten des Internets werden immer mehr Kunden ihre Erfahrungen und Empfehlungen in Foren, Communitys, Nutzergruppen, aber auch auf den Herstellerseiten hinterlegen. So ist heute schon eine der wichtigsten Informationsquellen, um ein Buch zu erwerben oder nicht zu erwerben, die Beurteilung der verschiedensten Leser bei *Amazon.com*. Ähnliches gilt für viele technische Produkte oder auch für die Leistungen von Servicebetrieben. Damit wird die Mundpropaganda, die es auch bisher gab, auf ein völlig neues Niveau in Menge, Dokumentation und Verfügbarkeit gestellt. Wie schnell sich Bewertungen zu schlechten Leistungen über das Internet ausbreiten, haben wir schon bei vielen Produktkampagnen, wie zum Beispiel den Problemen mit der schädlichen *Coca Cola*-Auslieferung in Belgien, gesehen.

- *Der Kundenservice findet in »real time« statt. Bisher waren Service und Kundenbetreuungsprozesse sehr aufwändig.* Vom ersten Moment des Feedbacks, beispielsweise einer Beschwerde, bis zur Lösung vergingen mehrere Tage, wenn nicht sogar Wochen. Dies wird durch den Internetkontakt heute vom Kunden nicht mehr akzeptiert. Er erwartet nahezu ein sofortiges Feedback auf seine Fragen, Wünsche und Vorstellungen und möchte Lösungsangebote im Moment des Kontakts erhalten. Hier können die Möglichkeiten des Internets durch automatisierte Benutzerführungen, Bereitstellung von zusätzlichem Detailwissen, durch interaktive Fragen und Antworten sowie durch die intensive Verbindung des Internets mit Callcenter-Applikationen vollzogen werden. Ebenso ist es durch die Registrierung und den Datenzugriff über Kundendaten möglich, die Kunden über Probleme in der Nutzung oder über neue Dienstleistungen ohne großen Zeitverzug zu informieren.

- *Das Internet entwickelt sich damit zum zentralen Instrument zur Steuerung von vielfältigen, komplexen, aber auch intensiven Kundenbeziehungen.* Durch seine großen Vorteile wird es neue Möglichkeiten, aber auch einen enormen Druck auf die Unternehmen ausüben, ihre selektiven Kundenstrategien zu überdenken und neu zu definieren. Es kann nicht das Ziel sein, alle Möglichkeiten zu nutzen, sondern diese so zielkundengerecht einzusetzen, dass eine ertragreiche Beziehung mit den Kunden gewährleistet wird. Bietet man alle Aspekte allen Kunden an, so wird man sehr schnell feststellen, dass sowohl die Kosten ins Unermessliche wachsen als auch die Kunden unzufrieden werden, denn sie müssen sich durch das reichhaltige und wenig segmentierte und selektive Angebot durchkämpfen. Diese Zeit haben Kunden immer weniger, und sie erwarten von ihren Anbietern, dass diese sich auf ihre Erwartungen einstellen. Die Unternehmen, die es schaffen, die Möglichkeiten des Mediums strategisch und systematisch einzusetzen, können aber enorme Erfolge im Management ihrer Kundenbeziehung realisieren.

Die nächste Welle: Elektronische Services definieren die Kundenbeziehungen neu

Es bahnt sich der nächste Entwicklungsschritt an. Über die Integration verschiedener Technologien werden auch die Lieferungen von ganz spezifischen Dienstleistungen möglich, und die Kundenbeziehungen können sich dadurch neu definieren. Der individualisierte Trackingservice der Paketdienstleister *Federal Express* und *UPS*, die persönlichen Finanzinformationsdienstleistungen von Online-Banken wie *Schwab* oder der *Comdirect Bank* sind die ersten Stufen einer persönlichen Leistung, die durch technologische Integration möglich wird. Hierbei geht es nicht mehr um den Verkauf von Produkten, sondern um die Generierung von neuen Leistungen, die vom Kunden erwartet werden. Dies kann uns das Leben erleichtern, indem Prozesse, die bisher durch Personen vollzogen wurden, durch die Kommunikation individueller Websites und Technologien automatisiert werden.

So ist beispielsweise vorstellbar, dass man in Zukunft nur noch über seinen persönlichen digitalen Assistenten eingibt, dass man eine Reise von München nach Hamburg zu einem Geschäftstreffen realisieren möchte. Der elektronische Dienstleister hat sämtliche dafür notwendigen Informationen bereits gespeichert: Er weiß, wie die präferierte Fluglinie aussieht, der Hoteltyp et cetera. In Zukunft müssen sich allerdings keine Personen mehr mit den Dienstleistern auseinander setzen, sondern die Systeme erarbeiten den Vorschlag selbst, und der Kunde kann nur noch einmal kurz vor Schluss eine Prüfung vornehmen und der Regelung zustimmen beziehungsweise Änderungen vorgeben. Wichtig ist die Datenhinterlegung dieser Information in zentralen Systemen.

So kann zum Beispiel bei einer vom Kunden beabsichtigten Verschiebung des Termins das komplette System wieder reorganisiert werden. Ist es nicht möglich, an dem Tag in Hamburg zu sein, storniert das System alle bestellten Produkte und organisiert die neue Leistung. Bisher mussten hier verschiedene Mitarbeiter und Unternehmen zusammenarbeiten, um dieses komplizierte Paket zu ermöglichen. In Zukunft wird dies durch die Integration von Computersprachen und Datenbanken nicht mehr nötig sein. Die Dienstleistung wird elektronisiert und kundenbezogen gespeichert. Damit wird der Kundenkontakt enorm erleichtert, und die Beziehung zu einem Anbieter, der solche elektronischen Services kombinieren kann, gestärkt.

Der Kunde braucht nicht mehr eine bestimmte Website zu suchen beziehungsweise sich auf verschiedenen Websites die unterschiedlichen Angebote anzusehen, sondern kann sich von verschiedenen Anwendungen – wie Telefon, interaktivem Fernsehen oder Internet – in einen E-Service einwählen, der seine persönlichen Bedürfnisse befriedigt. Damit werden sich diese Technologien von einem *Do-it-yourself-Modell* (ich muss meine Leistungen selbst zusammenstellen) zu einem *Do-it-for-me-Modell* entwickeln. Hinter den Kulissen werden Technologien die Integration der Kundenwünsche vollenden und dadurch dem Kunden eine erhebliche Zeitersparnis und eine persönliche Leistung ermöglichen.

Fallstudie *Biztravel* – Vom Reisebüro zum Anwalt der Kunden

Einer der am stärksten wachsenden Bereiche des *E-Commerce* ist die Reiseindustrie. Hierbei geht es jedoch weniger um immer günstigere Pauschalangebote, sondern darum, auf Basis der neuen Technologien den vom Unternehmen anvisierten Zielgruppen bessere Leistungen anzubieten. Ein sehr schönes Beispiel für die Revolutionierung des *Beziehungsmanagements* ist der amerikanische Internet-Anbieter *biztravel.com*. *Biztravel* gehört zu den Unternehmen, die Kunden – und hier primär die Geschäftsreisenden – persönlich betreuen und die Personalisierung zum wichtigsten Element ihrer Leistung erheben. Beispielsweise offerieren sie ihren Kunden den so genannten *bizAlert*, eine individuelle Reiseinformation, die eine Stunde vor Reiseantritt dem Kunden entweder auf den Pager, an das Mobiltelefon oder an die E-Mail-Adresse gesendet wird. Hier wird der Kunde noch einmal über die aktuellen Abflugszeiten, gegebenenfalls über Verspätungen informiert, über Abflug-Gates, Bahnsteige, oder er erhält zusätzliche Nachrichten über Umbuchungsmöglichkeiten oder Upgrade-Chancen. Im Rahmen dieses persönlichen Service von *biztravel.com* ist die Wahrscheinlichkeit, upgegradet zu werden, viel höher als bei klassischen Reisebüros. Das Unternehmen steht in einer deutlich intensiveren Verbindung zu den Lieferanten und ermöglicht seinen besten Kunden deswegen gezielter, präferierte Leistungen auch zu erhalten. Die guten Kunden von *biztravel.com* haben eine Upgrade-Wahrscheinlichkeit zwischen 85 und 90 Prozent im Vergleich zur Upgrade-Wahrscheinlichkeit bei traditionellen Reisebüros, die bei 10 bis 20 Prozent liegt. Die Ursache für die höhere Wahrscheinlichkeit ist der persönliche Einsatz eines jeden *biztravel*-Mitarbeiters. Sie sehen es als ihr Ziel an, jederzeit ihren Kunden die besten Leistungen zur Verfügung zu stellen und sich damit vom Wettbewerb abzuheben. Die Philosophie von *biztravel* beinhaltet nicht nur das kontinuierliche Lernen und Befragen der Kunden, sondern ebenfalls das kontinuierliche Angebot von Leistungen, die für den Kunden neu sind. Beispielsweise kann *biztravel*, wenn dem Unternehmen die entsprechenden Kundeninformationen vorliegen, bei einer Flugverspätung das Hotel des Kunden verständigen und mitteilen, dass die Reservierung weiterhin gültig ist. Diese Leistungen erfolgen ohne das Zutun des Kunden. *Biztravel* verfügt über ein enormes Maß an Kundeninformationen, die dazu verwandt werden, immer bessere Leistungen anzubieten.

»Wenn ein Hotel aufgrund von Überbuchungen Kunden absagen muss, wollen wir sicherstellen, dass eine Absage keinen unserer Kunden trifft. Deshalb stellen wir sowohl den Kunden als auch den mit uns kooperierenden Hotels alle nötigen Informationen zur Verfügung. Dabei geht der Informationsaustausch weit über das originäre Reisegeschäft hinaus. Beispielsweise gibt es seit neuestem Reisekostenabrechnungsformulare, die mit der Website verbunden sind und die den Kunden ermöglichen, schon bei der Bestellung ihre Daten zu erheben und nachher automatisch auszudrucken. Diese kleinen Dinge und das permanente Einsetzen für unsere Kunden sind der Erfolgsfaktor für *biztravel.com*. Wenn wir es schaffen, einem Kunden mitzuteilen, dass sein Flug annulliert wurde, wir ihn aber auf einen anderen Flug umbuchen konnten, weil wir die Ersten waren, die von dieser Annullierung wussten und am schnellsten reagiert haben, so haben wir ein Kunden-

Checkliste 6:
Der Lerntransfer durch CRM

	Trifft zu	Trifft bedingt zu	Trifft nicht zu
1. Unser Unternehmen lernt durch jeden Kundenkontakt und kann das Gelernte im nächsten Kontakt anwenden.			
2. Das Lernen aus Kundenbeziehungen führt bei uns zu direkt spürbaren Verbesserungen in unserem Leistungsangebot.			
3. Unseren Kunden werden Angebote hinsichtlich personalisierter Leistungen gemacht.			
4. Unsere Kunden nutzen die Möglichkeiten von personalisiertem Service intensiv.			
5. Durch die Personalisierung erhalten wir einen intensiven Überblick zu unseren Kunden und lernen Kunden individuell kennen.			
6. Durch personalisiertes Lernen gelingt es uns, Zusatzgeschäfte mit unseren existierenden Kunden abzuschließen.			
7. Unser Controlling ist kundenbezogen ausgerichtet und hilft uns, das Kundenverhalten besser zu erklären und zu lernen.			
8. Unsere Mitarbeiter profitieren von den Lernerfolgen aus der Kundenbeziehung.			
9. Unser Kundenwissen wird systematisch gemanagt und den Mitarbeitern zur Verfügung gestellt.			
10. Wir haben eine konkrete Vorstellung, was unser angesammeltes Kundenwissen wert ist.			

erlebnis kreiert, das dazu beiträgt, die Kundenbeziehung lebenslang anhalten zu lassen. Damit wir langfristig unser Wachstum sichern, müssen wir bei unseren Leistungen dem Wettbewerb immer einen Schritt voraus sein«, so George Roukas, Vizepräsident für *Customer Relationship Management* bei *biztravel.com*.

Checkliste 7:
CRM mit neuen Medien

	Trifft zu	Trifft bedingt zu	Trifft nicht zu
1. Wir haben eine klare Vorstellung, wie wir den Erfolg unserer Internet-Strategie berechnen.			
2. Wir haben eine klare Strategie, wie wir von »Hits« zu erfolgreichen Umsätzen bei unserem E-Business gelangen.			
3. Wir haben unseren Internet-Ansatz auf unterschiedliche Kundentypen ausgerichtet.			
4. Unser Internet-Auftritt lässt ein Höchstmaß an Personalisierung für den Kunden zu.			
5. Wir haben unsere Internet-Auftritte für unterschiedliche Zielgruppen unterschiedlich aufgebaut und ausgerichtet.			
6. Wir führen eine Profilierung unserer gewünschten Kunden durch und gleichen diese mit unserer Kundentypisierung systematisch ab.			
7. Wir werten die Informationen, die wir über unsere Kunden im Internet gewinnen, systematisch aus.			
8. Wir haben die Kanalkonflikte geklärt und managen alle unsere Kontakte nach dieser Kanalstrategie im Internet.			
9. Unser Intranet wird zum Kundenbeziehungsmanagement und zum Lernen über die Kunden eingesetzt.			
10. Wir haben E-Services konzipiert, und unsere Kunden nutzen diese.			

7. Kundenbeziehungen ohne Gewähr

So – wem gehört nun der Kunde, und wer wird die Kundenbeziehung erfolgreich gestalten? Hierauf fällt die Antwort in einer immer dynamischeren Wirtschaft, in der nicht nur die Kundenvorstellungen, sondern auch die Möglichkeiten der Technologien und neue Unternehmensorganisationen – man denke nur an die wachsende Zahl von Zusammenschlüssen, Startups und neuen Geschäftsmodellen – immer stärker zunehmen, verständlicherweise schwer. Sehen wir uns doch einmal die Entwicklungen der letzten Jahre im Automobilmarkt an, und wir beginnen zu spüren, was uns die nächsten fünf bis zehn Jahre dort an Veränderungen bringen werden.

Gehört der Kunde den Automobilherstellern, so wie es von diesen in ihren Strategien und Kommunikationsmaterialien kommuniziert wird? Ist er Bestandteil des Unternehmenswerts des Händlers, der vor Ort den direkten Draht hat und mit Fug und Recht behaupten kann, dass der Hersteller den Kunden überhaupt nicht kennt? Gehört der Kunde dem Automobilverkäufer, der die persönliche Kundenbeziehung aufgebaut hat und der bei seinem Wechsel zu einem Wettbewerber bereit ist, diesen Kunden mitzunehmen? Oder ist es so, dass neue Anbieter und neue Geschäftsmodelle die Kundenbeziehung für sich erobern und reklamieren?

Man könnte allerdings ebenso davon ausgehen, dass die Kundenbeziehung im Automobilbereich den Automobilclubs gehört, denn diese haben vollkommen fahrzeug- und herstellerunabhängig schon längst den Mobilitätsgedanken aufgegriffen und begleiten ihre Mitglieder beim Service, bei der Kaufberatung und bei der Reiseplanung mit ihren Fahrzeugen. Was läge näher, als diese Beziehung auszubauen und auch über den Verkauf und die Finanzierung von Fahrzeugen intensiver nachzudenken? Schlussendlich ist es auch nicht auszuschließen, dass bei all den dynamischen Entwicklungen, die wir beobachtet haben, vollkommen neue Mitspieler und Wettbewerber um diese Kundenbeziehung in den Markt eintreten werden. Warum sollten die Banken, die einen erheblichen Teil der Finanzierung und das Leasing dieses Geschäftes bereits übernommen haben, nicht in vollständige Integration eintreten? Ist es auszuschließen, dass eine Mobilfunkgesellschaft den Wandel vollzieht und über ihre Telekommunikationsbeziehung anfängt, Kundenservice anzubieten? Wenn man die Historie beispielsweise von *Nokia* betrachtet, scheint nichts mehr ausgeschlossen.

Ist es denn wirklich so einfach, Kundenbeziehungen zu übernehmen und neue aufzubauen? Als Fazit dieses Buches kann man dies sowohl mit ja und nein beantworten – abhängig von der Qualität der Kundenbeziehung. Ja, es ist einfach: Wenn sich die existierenden Verantwortlichen nicht um die Kundenbeziehung bemühen, wenn sie kein Verständnis haben, wenn sie über die Profitabilität nicht Bescheid wissen und wenn sie keine Tools zum systematischen Management dieser Kundenbeziehung eingesetzt haben, ist es leicht für neue Mitwettbewerber, in den Kampf um die immer wichtigere Kundenbeziehung einzutreten. Aber ebenso können wir erkennen, dass diejenigen Unternehmen, die frühzeitig den Wert ihrer Kundenbeziehung erkannt haben, die *Kundenbeziehungsmanagement* praktizieren und die entsprechenden Technologien zum Nutzen des Kundens und der eigenen Organisation einsetzen, in erheblichem Maße Loyalität, Treue und profitable Beziehungen aufbauen. Diese Unternehmenswerte lassen sich dann leicht in das systematische *Kundenmanagement* investieren, und diese Form des Managements wird von den Shareholdern gewürdigt, weil sie langfristig den Unternehmenswert stärkt und steigert.

Kundenbeziehungen können nicht als endgültig reklamiert werden, und es gibt nur einen, der über die Beziehungen tatsächlich entscheidet: Ein Kunde, der den Wert in der Kundenbeziehung mit einer Organisation erkennt und für den der Nutzen größer ist, diese Kundenbeziehung aufrechtzuerhalten, als eine neue einzugehen. Dazu müssen Unternehmen endlich das wahr machen, was sie schon viele

Jahre lang predigen: Den Kunden an den Ausgangspunkt ihrer Prozesse zu stellen und ihr Unternehmen so umzubauen, dass sie die Generierung von Kundenwerten im klaren Fokus haben. Mithilfe dieses Buches sind strategische Konzepte zum systematischen *Kundenbeziehungsmanagement* vorgestellt worden, es sind Methoden und Tools zur Messung der Kundenprofitabilität präsentiert worden und die Möglichkeiten, aber auch die Hürden in der Verwirklichung dieser Ideen anhand von praktischen Beispielen und Fallstudien vorgestellt worden.

In Zukunft werden wir noch viele neue Methoden und Technologien kennen lernen, wie wir noch schneller, noch intensiver und noch analytischer diese Kundenbeziehung steuern und von ihr profitieren können. All diese Tools und Ideen werden einer kritischen Prüfung zu unterwerfen sein, und sie sollen nicht um der Technologie willen oder wegen des Neuigkeitswertes eingesetzt werden. Sie sollen von den Unternehmen systematisch verwendet werden, die gelernt haben, den Kundenprozess zu verstehen, unterschiedliche Kunden unterschiedlich zu behandeln und ein integriertes *Kundenmanagement* auf allen Ebenen und in allen Kanälen stringent durchzuführen.

Danksagung

Auf dem Wege der Erstellung dieses Buches haben mich zwei Personen intensivst begleitet – ohne ihr Mitwirken wäre dieses Buch überhaupt nie erschienen. Der eine ist einer der Pioniere und Wegbereiter des Gedankengutes des *Customer Relationship Managements* und hat bereits 1994 das erste Unternehmen mit dem gleich lautenden Namen gegründet: Dr. Kaj Storbacka, dessen wissenschaftliche und praktische Leistung zur Entstehung und der Weiterentwicklung der Ideen, Konzepte und Tools gar nicht hoch genug eingeschätzt werden kann. Er war Initiator, kritischer Begleiter, Unterstützer sowie Motivator zur Erstellung der konzeptionellen Grundlagen und hat damit einen enormen Beitrag für die Fertigstellung dieses Buches direkt und indirekt geleistet. Die andere Person hat es geschafft, meine Gedanken und Vorstellungen, Erfahrungen und Beobachtungen in eine Sprache zu bringen, die nicht nur leichter verständlich ist als die des wissenschaftlich und konzeptionell Geprägten, sondern hat durch ihre intensive Be- und Überarbeitung dieses Konzeptes einen wesentlichen Beitrag geleistet, die dort beschriebenen Ideen auf den Punkt zu bringen: Corinna Schindler, meiner Presseagentin, gebührt der Dank für die intensive und Nerven aufreibende Be- und Überarbeitung des Konzeptes und für die intensive Recherche.

Darüber hinaus gilt mein Dankeschön allen Unterstützern und Ratgebern in den Unternehmen, die mir freundlicherweise ihre Erfahrungen und Fallstudien zur Verfügung gestellt haben und mich mit ihren praktischen Anregungen immer wieder gefordert und aufgefordert haben, den umfassenden Überblick über das Themengebiet in Form dieses Buches zu erstellen.

Ebenso haben mir zahlreiche Kollegen in unserer Beratungsgruppe Vectia sowie meine akademischen Kollegen an der Cranfield University/School of Management jederzeit mit Rat und Tat, ihrem Input und ihrer kritischen Reflexion zur Seite gestanden. Auch ihnen gilt mein herzlicher Dank und die Hoffnung, diese guten Taten auch bei ihnen vollbringen zu können.

Meinem Lektor Dr. Rainer Linnemann, der mich von Beginn an in der Konzeption und Aufarbeitung dieses Werkes begleitet, mich mit seinem strengen Zeitmanagement gefordert und Verständnis für alle kreativen Wegabweichungen aufgebracht hat, sowie dem gesamten Publikationsteam bei *Campus* gilt meine Anerkennung für die operative und technische Umsetzung des vor Ihnen liegenden Buches.

Der größte und intensivste Dank jedoch gilt meiner Familie. Sie hatte am meisten unter der Erstellung dieses Werkes zu leiden und hat mir trotzdem die Freiheit und Freizeit gegeben, dieses Buch fertig zu stellen.

Glossar

Business Intelligence
Statistische Analysetools, die zur Analyse von Daten verwendet werden, beispielsweise bei der Auswahl von geeigneten Adressen oder bei der Untersuchung von Reaktionen. Dazu gehören Data-Mining-Tools oder Scoring-Verfahren.

Cross-Selling
Möglichkeiten, über den Ursprungskauf hinaus weitere Käufe innerhalb eines zusätzlichen Sortiments zu realisieren, beispielsweise zusätzliche Dienstleistungen oder Accessoires.

Customer Interaction Center (CIC)
Weiterentwicklungsstufe des Call- und Servicecenters. CIC integrieren Kundenservice, Support, Beschwerdemanagement, Outbound-Sales, Marketingaktivitäten und Vertriebssteuerung. Die Ausstattung des CIC ist abhängig von der Entwicklung der Computer-Telefon-Integration (CTI).

Computer-Telefon-Integration (CTI)
Das Zusammenwirken von Computer- und Telefontechnologie zur Produktion neuer Dienste. Beispiele hierfür: Automatische Anrufverteilung (Automatic Call Distribution – ACD) oder Stimmerkennung (Voice Recognition).

Customizing
Die maßgeschneiderte Anpassung der Produkte und Leistungen an die Kundenerwartungen mit dem Ziel, durch eine personalisierte Bereitstellung die Beziehung auszubauen.

Data Cleaning
Datenaufbereitung und Fehlerbeseitigung im existierenden Bestand der Kundendatenbank. Wird insbesondere bei der Zusammenführung von Data Warehouses

und der Vorbereitung umfassender Kampagnen notwendig, sollte jedoch permanent durchgeführt werden, um die Datenqualität sicherzustellen.

Data Mining

Analyse-Instrument zur Beobachtung von Kundenverhalten, insbesondere der Gewinnung von Informationen aus Daten zur Selektion, Vorbehandlung und Generierung von Aussagen.

Data Warehouse

Ein Data Warehouse ist eine speziell für die Entscheidungsfindung aufgebaute Datenbank, in der historische Daten aus unternehmensweiten, operativen IT-Systemen (beispielsweise von Callcenter, Vertrieb und E-Commerce) und externen Datenquellen gesammelt, transformiert, konsolidiert, gefiltert und fortgeschrieben werden. Ergänzt um Berichts- und Analysewerkzeuge, lässt es sich mit einem Warenhaus vergleichen: einem Informationswarenhaus, in dem gut sortiert und schnell auffindbar alle Informationen auf Lager liegen und die Möglichkeit bieten, interessante und wichtige Informationen schnell und einfach auszuwählen.

E-Commerce

Alle Möglichkeiten, mit elektronischen Interaktionen Geschäfte zu tätigen. Insbesondere durch die Verbreitung des Internets möglich, aber auch bestimmte Kiosk-Systeme können zum elektronischen Handel gezählt werden.

Intranet

Internet-Anwendung innerhalb einer abgeschlossenen Gruppe, in den meisten Fällen innerhalb eines Unternehmens oder einer ähnlichen Organisation. Wird ein Intranet auch gemeinsam mit anderen Organisationen genutzt, spricht man vom Extranet.

Enterprise Marketing Automation (EMA)

Prozesse, Software und Tools zur Unterstützung des Marketingprozesses. EMA umfasst beispielsweise Adressengenerierung, Kampagnenausführung sowie gewisse Prognose- und Planungsfunktionen. EMA wird seine stärkste Verbreitung im Business-to-Business-Bereich mit dem Wachstum von E-Commerce in diesem Feld haben, und man kann davon ausgehen, dass die Mehrheit der Marketingkampagnen zwischen Unternehmen in Zukunft auf EMA-Anwendungen beruhen wird.

Kampagnenmanagement

Software, um Planung und Realisation sowie Erfolgscontrolling bei Marketingmaßnahmen durchzuführen. Gehört zu den EMA-Anwendungen.

Kundenbasis
Die absolute Anzahl von Kunden, über die ein Unternehmen verfügt. Häufig spiegelt sich die Kundenbasis in der Kundendatenbank wider.

Kundendatenbank
Herzstück jeder gezielten Marketing-Anwendung. Die Datenbank sammelt und speichert sämtliche Informationen über die Kunden und ihre Interessen. Die Datenbank kann als Data Warehouse (ganzheitlicher Ansatz über das gesamte Unternehmen) oder als Data Mart (kleiner Ansatz für eine Abteilung des Unternehmens) organisiert sein.

Lifetime Value
Der Wert eines Kunden, der durch den Aufbau einer lebenslangen Beziehung erwirtschaftet werden kann. Kann beim Endkunden mit dem tatsächlichen Lebensalter korrelieren, hat beim Business-to-Business-Kunden jedoch andere Bezugsgrößen, z. B. Branchenentwicklung.

Migration
Weiterentwicklung von einer Generation zur nächsten, insbesondere bei Technologie-Entwicklungen angewendet.

One-to-one-Kommunikation
Definiert die individuelle Kommunikation mit dem Kunden, beispielsweise personalisierter Dialog via Direct Mailing oder Internet. Als One-to-one-Marketing noch umfassender als personalisierte Marketingmaßnahme zu verstehen (Distribution, Produktmanagement und Pricing).

Sales Force Automation (SFA)
Prozesse, Software und Tools zur Unterstützung und Automatisierung des Verkaufsprozesses. SFA umfasst beispielsweise Kontakt- und Lead-Management, Prognosen und Verkaufsadministration.

Share of Wallet
Anteil der Gesamtausgaben für eine bestimmte Produktgruppe, die ein Kunde bei einem bestimmten Anbieter ausgibt. Kauft er alles innerhalb der Produktgruppe nur bei einem Anbieter, so ist der Share of Wallet 100 %.

Workflow-Management und Trigger
Die konkrete Durchführung von Kampagnen. Beispielsweise erfolgt eine Woche nach Versand eines Mailings, auf das der Kunde nicht reagiert hat, ein Anruf aus dem Callcenter. Dieser Prozess wird durch Trigger (Auslöser) gesteuert, die einzelne Funktionen einer Kampagne je nach Ereignis (z. B. Anruf bei ausbleibender Aktion, Bestätigung von Auftragseingängen, Unterlagenversand bei Informationsanforderung) automatisch realisieren.

Yield Management
Ertragsoptimierung durch immer spezifiziertere Preisstellungsverfahren, die je nach Nachfrage unterschiedliche Preise stellen. Wird insbesondere in den Dienstleistungsbereichen zur Optimierung von Kapazität, z. B. bei Fluglinien oder Hotels, eingesetzt.

Zielkundenmanagement
Hebt auf den zielgruppenspezifischen Umgang mit analysierten und segmentierten Kunden ab. Schwerpunkt ist die segmentspezifische Entwicklung von Marketingkampagnen.

Register